普通高等学校材料类新形态系列教材

材料工程基础

主　编　王小红

副主编　王　平　黄本生　吕东莉

科 学 出 版 社

北　京

内 容 简 介

本书从材料科学与工程一级学科的教学需求出发，以金属材料的制备、成形为主线，系统地介绍金属材料从矿石原料到成品材生产过程中涉及的主要基础理论及工艺方法，在此基础上介绍薄膜材料及复合材料的基础理论与常见工艺。

本书可作为材料科学与工程等专业的教材，也可作为与材料科学相近专业的研究生或本科生的教材或参考书，同时能为材料工程的相关工作人员及工程技术人员提供参考。

图书在版编目（CIP）数据

材料工程基础 / 王小红主编. — 北京：科学出版社，2019.6
普通高等学校材料类新形态系列教材
ISBN 978-7-03-061171-0

Ⅰ. ①材… Ⅱ. ①王… Ⅲ. ①工程材料 Ⅳ. ①TB3

中国版本图书馆 CIP 数据核字（2019）第 086739 号

责任编辑：任 俊 邓 静 / 责任校对：樊雅琼
责任印制：赵 博 / 封面设计：迷底书装

科 学 出 版 社 出版
北京东黄城根北街 16 号
邮政编码：100717
http://www.sciencep.com
固安县铭成印刷有限公司印刷
科学出版社发行 各地新华书店经销
*
2019 年 6 月第 一 版 开本：787×1092 1/16
2024 年 7 月第五次印刷 印张：13
字数：318 000

定价：59.00 元

（如有印装质量问题，我社负责调换）

前　言

“材料工程基础”是材料科学与工程专业的专业核心课程之一，是“材料科学基础”的后继课程。

当前，我国正处于由制造大国向制造强国转变的关键时期，为适应“中国制造 2025”对材料类人才培养的需求，本书在编写过程中着重于主流工艺、先进工艺的介绍，对落后的工艺内容进行了删减，如在第 1 章钢铁冶金中仅介绍转炉炼钢、电炉炼钢和连铸工艺，删除平炉炼钢工艺及模铸工艺的相关内容。

本书的核心任务是阐明材料制备、加工的基础理论和基本工艺原理、方法、质量控制。其主要特点是以在工业生产过程中占主导地位的钢铁材料为主线，着重介绍其熔炼、连铸、液态成形、压力加工、焊接的基本原理和常用方法，以及冶金质量控制；在此基础上阐述薄膜材料、复合材料的基础理论与常见制备工艺及其特点。

本书是在“西南石油大学教材建设项目”和西南石油大学材料科学与工程学院 2018 年“双一流建设”教材专项（2018CLY-JC-005）的资助下，借鉴北京工业大学出版社 2004 年出版的《材料工程基础》，结合近 5 年本课程的教学改革实践精心编写而成的一本高等理工科院校材料科学与工程专业本科生用专业基础课教材。全书共 6 章，其中第 1 章、第 2 章、第 6 章由王小红编写，第 3 章由吕东莉编写，第 4 章由黄本生编写，第 5 章由王平编写。

材料工程所涉及的知识范畴十分广泛，学科交叉，内容丰富，新工艺、新技术的发展日新月异，由于编者的专业知识和理论水平有限，书中难免存在疏漏和不足之处，恳请读者指出，以便修改。最后，编者对编写过程中参考的国内外有关教材、科技著作、文献的作者致以深切的谢意，对所有支持、帮助和关心“材料工程基础”课程建设和教材编写工作的专家、同仁表示诚挚的感谢。

编　者

2019 年春

目　录

第1章　钢铁冶金

1.1　钢铁冶金热力学基本原理

在等温、等压条件下，有几种物质参加的化学反应可写为

$$aA + dD = qQ + rR \tag{1-1}$$

对此反应，有

$$\Delta G = (qG_Q + rG_R) - (aG_A + dG_D) = \sum G_{prod} - \sum G_{react} \tag{1-2}$$

$\Delta G < 0$，反应正向进行；$\Delta G > 0$，反应逆向进行；$\Delta G = 0$，反应达到平衡。

标准生成吉布斯自由能（$\Delta G^{\ominus}$）是指处于标准状态的最稳定单质生成处于标准状态下的物质(1mol)的吉布斯自由能变化，单位为J/mol。在冶金过程中，常采用简单的线性二项式表示标准吉布斯自由能随温度的变化[①]：

$$\Delta G^{\ominus} = \Delta H^{\ominus} - \Delta S^{\ominus} T \tag{1-3}$$

图1-1为各种氧化物的$\Delta G^{\ominus}$-T关系图，可以反映纯物质和氧气生成氧化物的标准生成吉布斯自由能变化。

$$\Delta G^{\ominus} = RT\ln\left(\frac{\mu_{O_2}}{D^{\ominus}}\right)$$

式中，$\Delta G^{\ominus}$为氧化物的氧势；R为气体常数，8.314J/(mol·K)；T为热力学温度(K)；μ_{O_2}为氧分压为p_{O_2}时的化学势；$D^{\ominus}$为氧分压为1个大气压时的标准化学势，故图1-1也称为氧化物的氧势图。由图1-1可见，氧化物的氧势线越低，该氧化物越稳定，对应的金属元素越活泼。钢铁冶金中主要氧化物的稳定性由强到弱的顺序是：CaO、MgO、Al_2O_3、SiO_2、MnO、FeO、P_2O_5。FeO、P_2O_5最不稳定，在生产过程中几乎全部被还原；MnO大部分被还原；SiO_2小部分被还原；CaO、MgO、Al_2O_3几乎不被还原。

1. *金属还原剂*

在标准状态下，氧势线在下的氧化物对应的元素可以还原氧势线在上的氧化物。用位置低的元素还原位置高的氧化物时，两者相距越远越好，因为反应的$\Delta G^{\ominus}$的负值越大，反应进行得越彻底。Mn、Si、Al能还原FeO。Al还原FeO最彻底，Si次之，Mn最弱。

2. *碳质还原剂*

图1-1中绝大多数直线倾斜向上，说明这些氧化物的稳定性随温度升高而降低。由碳和氧反应生成CO的氧势线向右下方倾斜，即随温度升高，CO的稳定性升高。由于CO线的斜

---

① 我国国家标准中规定101.325kPa为标准压力，用$p^{\ominus}$表示。对于气相系统，每种气态物质的压力均处于标准压力时为标准态；对于液体和固体物质，其标准态是纯液体和固体中最稳定的晶态。处于标准压力下的理想溶液，浓度为标准浓度$C^{\ominus}$=1mol/L时的状态即该溶液的标准态。标准态没有特别指明温度，通常用的是298.15K(可近似为298K)，可不必指出。若为其他温度，则需在右下角标出该温度数值。

率与其他氧化物线的斜率相反，它与每条线都有交点，交点对应的温度就是碳还原该氧化物的最低温度，高于该温度，碳即为该氧化物的还原剂。理论上讲，只要温度足够高，碳可以还原所有金属氧化物。

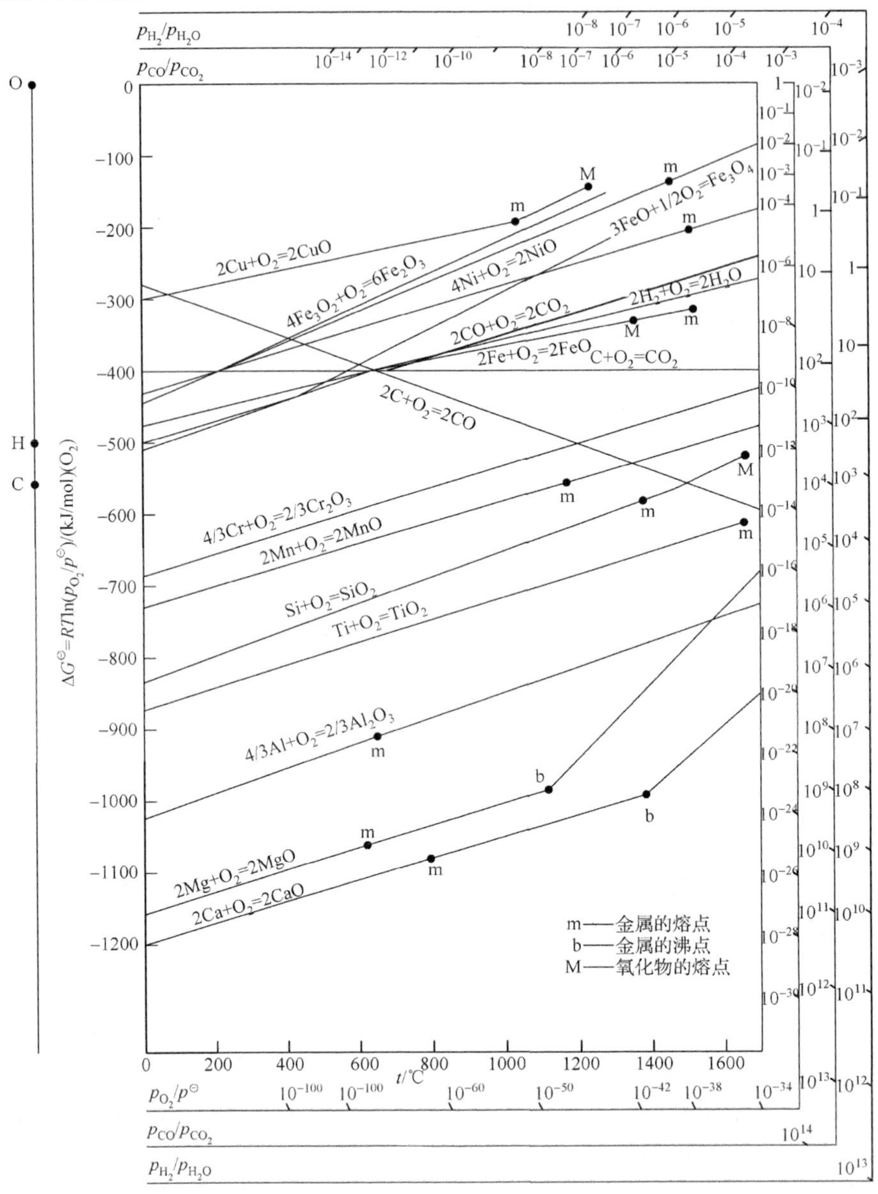

图 1-1　氧化物的标准生成吉布斯自由能与温度（$\Delta G^{\ominus}$-T）的关系图

1.2　高 炉 炼 铁

1.2.1　炼铁原料

高炉(blast furnace)炼铁的原料主要是铁矿石、燃料和熔剂。

1. 铁矿石

铁矿石通常由一种或几种含铁矿物和脉石组成。含铁矿物中的铁以磁铁矿(Fe_3O_4)、赤铁矿(Fe_2O_3)、褐铁矿($m\text{Fe}_2\text{O}_3 \cdot n\text{H}_2\text{O}$)或菱铁矿($FeCO_3$)等化合物形式存在，主要含铁矿物特征如表 1-1 所示。

表 1-1　主要含铁矿物特征

矿石名称	化学式	理论含铁量(质量分数)/%	矿石密度/(t/m³)	颜色	冶炼性能		
					实际含铁量(质量分数)/%	有害杂质	强度及还原性
磁铁矿	Fe_3O_4	72.4	5.2	黑色	45～70	S、P 高	坚硬、致密、难还原
赤铁矿	Fe_2O_3	70.0	4.9～5.3	红色	55～60	S、P 低	软、较易破碎、易还原
褐铁矿	$2Fe_2O_3 \cdot H_2O$	66.1	4.0～5.0	黄褐色 暗褐色 绒褐色	37～55	S 低 P 高低不等	疏松、易还原
	$Fe_2O_3 \cdot H_2O$	62.9	4.0～4.5				
	$3Fe_2O_3 \cdot 4H_2O$	60.9	3.0～4.4				
	$2Fe_2O_3 \cdot 3H_2O$	60.0	3.0～4.2				
菱铁矿	$FeCO_3$	48.2	3.8	灰色带黄褐色	30～40	S 低 P 高	易破碎、焙烧后易还原

高炉炼铁对铁矿石的质量要求主要有以下六个方面。

(1) 含铁量高。铁矿石中的含铁量在很大的范围内(30%～70%)变动。含铁量小于 45%的为贫矿，含铁量大于 45%的为富矿。富矿含铁量多，杂质较少，可直接进行冶炼。贫矿在冶炼前需要进行选矿，以提高其含铁量，然后制成烧结矿或球团矿，才能进行冶炼。

(2) 还原性好。气孔率是影响还原性最重要的因素，凡是气孔率大的矿石(如褐铁矿的气孔率可达 40%～80%)或气孔呈开口状多的、孔径较大的矿石，其还原性就较好。

(3) 粒度。粒度直接影响还原的速度。粒度太大时，由于矿石与还原气体的接触面较小，还原所需的时间长，所以矿石的粒度越小越好。但是粒度也不能太小，因为太小的粒度会使高炉的透气性变差。

(4) 脉石成分。脉石的主要成分是 SiO_2 和 Al_2O_3，$CaCO_3$ 或 MgO 含量很少。一般希望脉石中酸性氧化物少，碱性氧化物多。碱性氧化物与酸性氧化物的比值越接近于 1，炼铁所需的熔剂就越少。当铁矿石中碱性氧化物与酸性氧化物的比值在 1 以上时，这种铁矿石称为自熔性矿石，冶炼时不需要添加熔剂。

(5) 杂质含量少。铁矿石中的有害杂质主要有硫、磷、铅、锌、砷等。一般规定铁矿石中 $w(\text{S}) < 0.15\%$，$w(\text{P}) < 0.40\%$，$w(\text{As}) < 0.10\%$，$w(\text{Zn}) < 0.10\%$。在铁矿石中也常含有一些有益的元素，如锰、镍、铬、钒、钛。这些元素可改善钢的性能，但在生铁冶炼过程中，某些元素的含量过多也会发生不好的作用，所以对这些元素的含量也要适当控制。习惯上，当铁矿石中 $w(\text{Mn}) > 5\%$，$w(\text{Ni}) > 0.2\%$，$w(\text{Cr}) > 0.6\%$，$w(\text{V}) > 0.15\%$时，称为复合铁矿石。

(6) 一定的强度。铁矿石需具有一定的强度，使其在高炉中不易被炉料压碎或被炉气吹走。

铁矿石的性质在不同程度上影响着高炉的产量、焦比、成本及其他技术经济指标。由于自然开采的铁矿石大小不均，或含脉石、砂粒过多，为保证高炉冶炼过程的顺利进行，在冶炼前必须对铁矿石进行破碎、筛分、选矿、烧结或造块处理，使其满足高炉炼铁对铁矿石质量的要求。

2. 燃料

高炉冶炼主要依靠燃料的燃烧而获得热量，高炉燃料包括焦炭和煤粉。

高炉冶炼常用的燃料是焦炭。焦炭是把炼焦的煤粉或几种煤粉的混合物装在炼焦炉内，隔绝空气加热到 1000～1100 ℃，干馏后留下的多孔块状物质。焦炭在高炉炼铁中的主要作用如下。

(1) 燃烧时放热作为热源。焦炭在风口前燃烧放出大量热量并产生煤气，煤气在上升过程中将热量传给炉料，使高炉内的各种物理化学反应得以进行。高炉冶炼过程中的热量有70%～80%来自焦炭的燃烧。

(2) 提供还原剂。焦炭燃烧产生的 CO 气体及焦炭中的碳是铁矿石中金属氧化物的还原剂。

(3) 起支撑料柱的骨架作用。焦炭在料柱中占 1/3～1/2 的体积，尤其在高炉下部高温区只有焦炭以固体状态存在，对料柱起骨架作用，维持高炉下部料柱的透气性。

焦炭作为燃料应满足含碳量高，有害杂质硫、磷及水分、灰分、挥发物含量低，在常温及高温下有足够的机械强度，气孔率大，粒度均匀等要求。对焦炭的要求见表 1-2。

表 1-2 高炉炼铁用焦炭的成分及物理性质

成分 w/%					物理性质			
挥发物	硫	磷	水分	灰分	发热量/(J/kg)	抗压强度/(kg/cm^2)	气孔率/%	粒度(直径)/mm
＜1.5	0.5～1.0	≤0.05	2～6	7～13	25080～29288	＞100	49～80	25～80

3. 熔剂

高炉炼铁时加入熔剂主要是为了实现渣、铁的良好分离，使铁液能顺利从炉缸流出。铁矿石中的脉石及燃料中的灰分都含有一些熔点很高的化合物，这些化合物在冶炼温度下不能熔化成液体，但可与加入的熔剂生成低熔点化合物，造成密度小于铁的渣，从而使脉石与铁液分离。

高炉炼铁时加入熔剂生成具有一定碱度的炉渣，利用硫与钙结合生成 CaS 的特性，使硫与熔剂反应并以 CaS 的形式进入渣中，起到脱硫的作用，确保生铁质量。

根据矿石中脉石成分的不同，高炉冶炼使用的熔剂可分为碱性、酸性和中性三类。

(1) 碱性熔剂。矿石中的脉石主要为酸性氧化物时，使用碱性熔剂。由于燃料灰分的成分和绝大多数矿石的脉石成分都是酸性的，普遍使用碱性熔剂。常用的碱性熔剂有石灰石($CaCO_3$)、白云石($CaCO_3 \cdot MgCO_3$)、菱镁石($MgCO_3$)，其中石灰石是最常用的熔剂。

(2) 酸性熔剂。高炉使用主要含碱性脉石的矿石冶炼时，可加入酸性熔剂。酸性熔剂主要有硅石(SiO_2)、蛇纹石($3MgO \cdot 2SiO_2 \cdot 2H_2O$)、均热炉渣(主要成分为 $2FeO \cdot SiO_2$)及含酸性脉石的贫铁矿等。生产中用酸性熔剂的情况很少，只有在某些特殊情况下才考虑加入酸性熔剂。

(3) 中性熔剂。当矿石和焦炭灰分中 Al_2O_3 很少，渣中 Al_2O_3 含量很低，炉渣流动性很差时，在炉料中加入高铝原料作为熔剂，如铁矾土和黏土页岩。生产中极少遇到这种情况。

1.2.2　高炉设备

高炉设备由高炉本体及附属的上料系统(料车、料箱)、送风系统(7)、煤气除尘系统(5)、渣铁处理系统(炉缸、炉腹及盛渣桶)、喷吹系统(7)组成，如图 1-2 所示。上料系统的主要任务是及时、准确、稳定地将合格的原料送入高炉。送风系统的主要任务是连续、可靠地供给高炉所需要的热风。煤气除尘系统的主要任务是回收高炉煤气，使其含尘量降至 10mg/m^3 以下，满足用户对煤气质量的要求。渣铁处理系统的主要任务是及时处理高炉排放的渣铁，保证高炉生产正常进行。喷吹系统的主要任务是向高炉内喷吹煤粉、富氧鼓风，使高炉节焦增产。

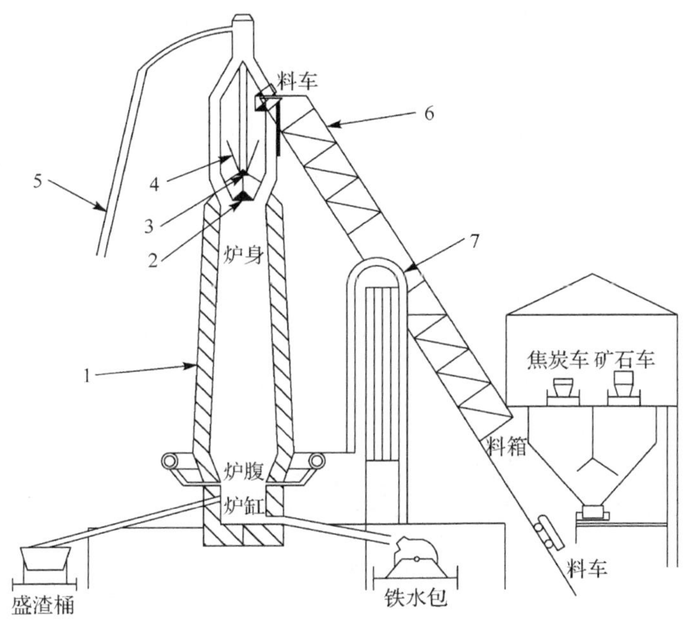

图 1-2　高炉设备示意图

1-高炉；2-大料钟；3-小料钟；4-料斗；5-煤气排气管；6-加料装置；7-热风炉

高炉本体是炼铁的主体设备，其结构如图 1-3 所示。高炉本体包括高炉内型、高炉钢结构、炉衬(13)、高炉基础(1,2)、风口(20)、渣口(22)、铁口(21)以及高炉冷却设备(14,15,16,17)。高炉内型是由炉墙围成的内部工作空间，包括炉喉(7)、炉身(8)、炉腰(9)、炉腹(10)、炉缸(11)，高炉冶炼就在该空间中进行。高炉钢结构包括炉壳(3)、炉体支柱(4)。高炉炉衬(13)(包括炉底(12))由耐火砖砌筑而成，它构成了高炉内部工作空间并防止部分热量向外散发。高炉基础由基座(1)和基墩(2)组成。基座用钢筋混凝土构成，它的上方基墩则用耐热混凝土，以防高温破坏。冷却设备埋没在炉衬与炉壳之间，以便对炉衬进行冷却。

高炉内型需具备如下条件。

(1) 能燃烧较多数量的燃料，在炉缸形成环形循环区，有利于活跃炉缸和疏松料柱，能贮存一定量的渣和铁。

(2) 适应炉料下降和煤气上升的规律，减少炉料下降和煤气上升的阻力，为顺行创造条件，有效地利用煤气的热能和化学能，降低燃料消耗。

(3) 易于生成保护性的渣皮，有利于延长炉衬寿命，特别是炉身下部的炉衬寿命。

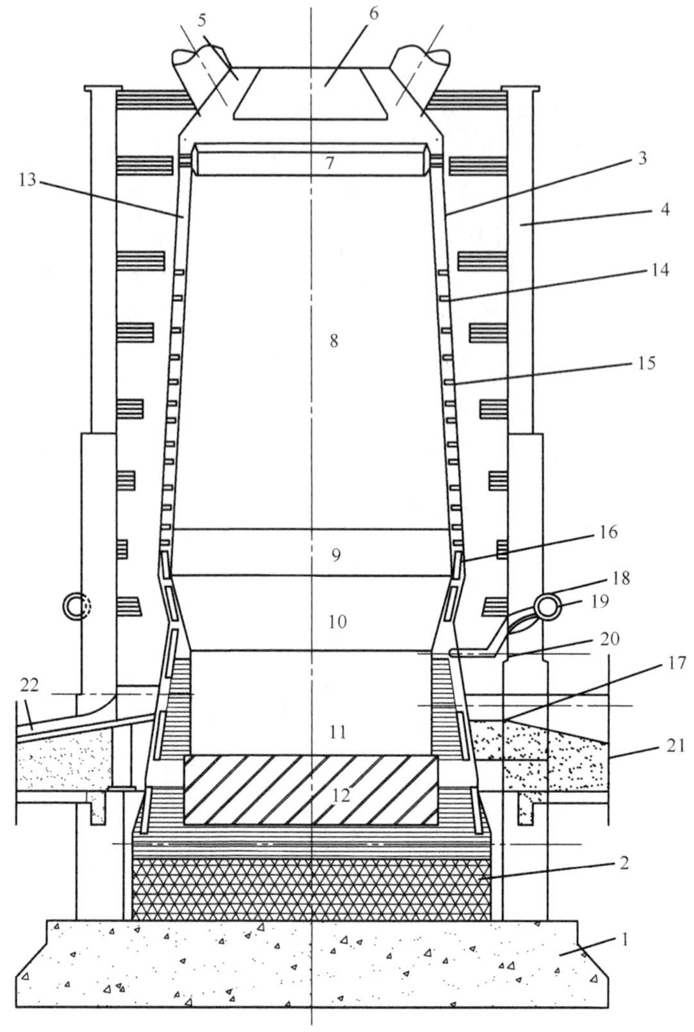

图 1-3　高炉本体

1-基座；2-基墩；3-炉壳；4-支柱；5-大料斗；6-大料钟；7-炉喉；8-炉身；9-炉腰；10-炉腹；11-炉缸；12-炉底；13-炉衬；14-冷却水箱；15-冷却板；16-镶砖冷却壁；17-光面冷却壁；18-热风围管；19-热风弯管；20-风口；21-铁口；22-渣口

1.2.3　高炉冶炼过程主要理化反应

高炉工作时，炉料由料车按一定程序和数量倒入小料钟，然后根据布料器工作制度旋转一定角度，打开大料钟，把小料钟内的炉料装入大料钟。待炉喉料面下降到预定位置时，提起探料设备，同时发出装料指示，打开大料钟，把一批炉料装入炉喉。

高炉冶炼是一个连续生产过程。整个过程是从风口前燃料燃烧开始的，风口区煤气温度高达 1800～2000℃。燃料燃烧产生的高炉煤气不断上升，并与下降的炉料进行热交换，高炉煤气到达炉顶时，温度下降到 150～500℃。高炉内的原料受逆流而上的高温还原气流的作用，不断加热、分解、还原、熔融、滴落，并最终形成渣铁熔体而分离。下面着重介绍高炉冶炼的理化过程。

1. 燃料的燃烧

当红热的焦炭从上而下落到风口附近时，与风口吹入的热空气按式(1-4)进行燃烧，放出大量的热，产生1600～1750℃的高温。

$$C + O_2 \longrightarrow CO_2 \tag{1-4}$$

焦炭燃烧生成的CO_2气体上升遇到赤热的焦炭被还原成CO(式(1-5))，生成的CO热气体上升并与铁矿石接触，使铁矿石中的铁氧化物发生还原反应。

$$CO_2 + C \longrightarrow 2CO \tag{1-5}$$

2. 铁的还原

高炉中铁矿石的还原分为直接还原和间接还原。

间接还原是指铁矿石入炉后，在加热温度未超过1000℃的高炉中上部，以煤气中的CO作为还原剂将铁氧化物中的高价铁还原为铁的过程。由于这种还原过程不是直接用焦炭中的固定碳作为还原剂，称为间接还原。

炉温低丁570℃时，间接还原反应分为两步：

$$3Fe_2O_3 + CO \longrightarrow 2Fe_3O_4 + CO_2 + 27130kJ \tag{1-6}$$

$$Fe_3O_4 + 4CO \rightleftharpoons 3Fe + 4CO_2 + 17160kJ \tag{1-7}$$

炉温高于570℃时，间接还原反应分为三步：

$$3Fe_2O_3 + CO \longrightarrow 2Fe_3O_4 + CO_2 + 27130kJ \tag{1-8}$$

$$Fe_3O_4 + CO \rightleftharpoons 3FeO + CO_2 - 20888kJ \tag{1-9}$$

$$FeO + CO \rightleftharpoons Fe + CO_2 + 13600kJ \tag{1-10}$$

上述反应的特点如下。

(1)从Fe_2O_3还原成FeO，除式(1-9)为吸热反应外，其余反应均为放热反应。

(2)Fe_2O_3分解压力较大，可以被CO全部还原成Fe_3O_4。

(3)除从Fe_2O_3还原成Fe_3O_4的反应不可逆外，其余反应都是可逆的，反应进行的方向取决于气相反应物和生成物的含量。

直接还原是指在950℃以上用固定碳还原铁氧化物的过程，其反应方程式如式(1-11)所示。在直接还原的过程中，由式(1-12)生成的碳起了很大作用。

$$FeO + C \rightleftharpoons Fe + CO - 152200kJ \tag{1-11}$$

$$CO_2 + C \rightleftharpoons 2CO - 165800kJ \tag{1-12}$$

3. 生铁的渗碳过程

从矿石中还原出的铁是固态海绵状的，含碳量极低。还原出的海绵铁在下落过程中不断吸收碳并熔化，最后得到含碳量较高(一般为4%左右)的液态生铁。

高炉中铁的渗碳包括三个阶段。

第一阶段是固体金属铁的渗碳，即海绵铁的渗碳。其反应为

$$3Fe_{固} + 2CO \rightleftharpoons Fe_3C_{固} + CO_2 \tag{1-13}$$

在这一阶段的渗碳过程中，CO 在低温下分解产生的炭黑(粒度极小的固定碳)(式(1-14))化学活泼性很强，可与海绵铁发生反应生成固态的 Fe_3C(式(1-15))。因此，第一阶段的渗碳通常发生在 800℃以下的区域，即高炉炉身的中上部位有少量金属铁出现的固相区域。这一阶段的渗碳量占全部渗碳量的 1.5%左右。

$$2CO \rightleftharpoons CO_2 + C_{黑} \tag{1-14}$$

$$3Fe_{固} + C_{黑} \longrightarrow Fe_3C_{固} \tag{1-15}$$

第二阶段为液态铁的渗碳。在铁滴形成之后，铁滴与焦炭直接接触产生渗碳，其反应如式(1-16)所示。在液态条件下铁滴与焦炭接触条件得到改善，加快了渗碳过程，生铁含碳量立即增加到 2%以上，到炉腹处的金属铁中已含有 4%的碳了，与最终生铁的含碳量差不多。

$$3Fe_{固} + C_{黑} \longrightarrow Fe_3C \tag{1-16}$$

第三阶段是指炉缸内的渗碳过程。炉缸部分渗碳量很少，一般只有 0.1%～0.5%。

4. 非铁元素的还原

高炉内除铁元素外，还有锰、硅、磷等其他元素的还原。根据各氧化物的分解压，可知铜、砷、钴、镍最易还原，在高炉内几乎全部被还原，锰、钒、硅、钛等较难还原，只有部分被还原进入生铁。

1) 锰的还原

高炉中的锰是由铁矿石带进的，以 MnO_2 形态存在。高炉内锰氧化物的还原是从高价向低价逐级进行的，即

$$MnO_2 \rightarrow Mn_2O_3 \rightarrow Mn_3O_4 \rightarrow MnO \rightarrow Mn$$

气体还原剂把高价锰氧化物还原到低价 MnO 是比较容易的，因为 MnO_2 和 Mn_2O_3 的分解压比较大。在 p_{O_2}=98066.5Pa 时，MnO_2 分解温度为 565℃，Mn_2O_3 分解温度为 1090℃，其反应是不可逆的：

$$2MnO_2 + CO \longrightarrow Mn_2O_3 + CO_2 + 226690\text{kJ} \tag{1-17}$$

$$3Mn_2O_3 + CO \longrightarrow 2Mn_3O_4 + CO_2 + 170120\text{kJ} \tag{1-18}$$

Mn_3O_4 的还原为可逆反应：

$$Mn_3O_4 + nCO \rightleftharpoons 3MnO + CO_2 + (n-1)CO + 51880\text{kJ} \tag{1-19}$$

但 MnO 是相当稳定的化合物，其分解压比 FeO 分解压小得多。在 1400℃的纯 CO 气流中，只有极少量的 MnO 被还原，平衡气相中的 CO_2 含量只有 0.03%，由此可见，高炉内 MnO 不能进行间接还原。MnO 的直接还原也是通过气相反应进行的，反应式为

$$MnO + C \rightleftharpoons Mn + CO - 287190\text{kJ} \tag{1-20}$$

2) 硅的还原

生铁中的硅主要来自铁矿石中的脉石和焦炭灰分中的 SiO_2。SiO_2 是比较稳定的化合物，其分解压很低(1500℃时为 3.6×10^{-19}MPa)，生成热很大，所以 Si 比 Fe、Mn 更难还原。SiO_2 只能在高温下靠固定碳直接还原，其反应方程式为

$$SiO_2 + 2C \longrightarrow Si + 2CO - 627980kJ \tag{1-21}$$

高炉内由于 Fe 的存在，还原出来的 Si 能与 Fe 在高温下形成很稳定的硅化物 FeSi(包括 Fe_3Si 和 $FeSi_2$ 等)而溶解于铁中，因此降低了还原时的热消耗和还原温度，有利于 Si 的还原。其反应式为

$$SiO_2 + 2C + Fe \longrightarrow FeSi + 2CO - 547647kJ \tag{1-22}$$

3) 磷的还原

炉料中的磷主要以磷酸钙($(CaO)_3\cdot P_2O_5$，又称磷灰石)的形式存在，有时也以磷酸铁($(FeO)_3\cdot P_2O_5\cdot 8H_2O$，又称蓝铁矿)的形式存在。

磷灰石是较难还原的，它在高炉内首先进入炉渣，被炉渣中的 SiO_2 置换出自由态的 P_2O_5 再进行直接还原：

$$2[(CaO)_3\cdot P_2O_5] + 3SiO_2 \longrightarrow 3Ca_2SiO_4 + 2P_2O_5 - 917340kJ \tag{1-23}$$

$$2P_2O_5 + 10C \longrightarrow 4P + 10CO - 1921290kJ \tag{1-24}$$

蓝铁矿脱水后比较容易还原，在 900℃时用 CO(用 H_2 则为 700℃)可以从蓝铁矿中还原出 P。低于 950℃时，蓝铁矿发生间接还原：

$$2[(FeO)_3\cdot P_2O_5] + 16CO \longrightarrow 3Fe_2P + P + 16CO_2 \tag{1-25}$$

高于 1000℃时进行直接还原：

$$2[(FeO)_3\cdot P_2O_5] + 16C \longrightarrow 3Fe_2P + P + 16CO \tag{1-26}$$

还原生成的 Fe_2P 和 P 都溶于铁水中。

5. 去硫

高炉中的硫主要来自铁矿石、焦炭和喷吹燃料。炉料中的焦炭带入的硫量最多，占 60%～80%，而铁矿石带入的硫一般不超过 1/3。焦炭中的硫主要是有机硫，另一部分以硫化亚铁(FeS)和硫酸盐的形态存在于灰分中。矿石及熔剂中的硫则主要以黄铁矿(FeS_2)的形态存在，有少量以硫酸钙、硫酸钡及其他金属(Cu、Zn、Pb)的硫化物形态存在。

生铁中的硫以 FeS 的形式存在，降低了生铁的质量。为了限制生铁中的含硫量，可在炉料中加入石灰石使其发生式(1-27)的反应，生成的 CaS 进入渣中。

$$FeS + CaO \longrightarrow CaS + FeO \tag{1-27}$$

6. 造渣

造渣是矿石中的废料、燃料中的灰分与熔剂的熔合过程，熔合后的产物就是渣。高炉炉渣主要由 SiO_2、Al_2O_3 和 CaO 组成，并含有少量的 MnO、FeO 和 CaS 等。炉渣不与熔融的金属液互溶，又比熔融的金属液轻，因此浮在熔体的上面。

根据添加剂的种类不同，炉渣可分为酸性渣、碱性渣和中性渣。

炉渣具有重要的作用，它通过熔化各种氧化物控制金属的成分；浮在金属液表面的炉渣能保护金属，防止金属被过分氧化，防止热量损失，起到绝热作用，保证金属不致过热。

1.2.4 高炉冶炼产品

1. 生铁

高炉冶炼的主要产品是生铁。生铁是指含有 C、Si、Mn、P、S 等元素的合金，其含碳量一般为 2.11%～4.30%。根据生铁里碳存在形态的不同，可将生铁分为炼钢生铁、铸造生铁、特种生铁。炼钢生铁中碳以 Fe_3C 形式存在，断面呈银白色，故又称白口生铁，常用作炼钢原料。铸造生铁的特点是含硅较多，其中的碳以游离的石墨形式存在，断面呈灰色，故又称灰口生铁，常用作铸造车间的原料。特种生铁包括高锰、高硅生铁，在炼钢时作为脱氧剂或炼制合金钢时的附加材料。

2. 高炉煤气

高炉煤气中含有 CO、CO_2、CH_4、H_2 和 N_2，可作为工业上的燃料，经除尘后可用来加热热风炉、炼焦炉和满足日常生活需要。

3. 炉渣

炉渣成分与水泥相近，其中含有约 50%的 CaO，可用来制造水泥、砖或高温陶瓷等材料。

1.3 炼　　钢

1.3.1 炼钢原料

1. 金属料

1) 铁水

铁水是转炉炼钢的主要原材料，一般占装入量的 70%～100%。铁水的物理热和化学热是转炉炼钢的主要热源，因此，对入炉铁水的温度和化学成分有一定的要求。

(1) 铁水温度。铁水温度是铁水含物理热的标志，铁水物理热占转炉热量收入的 50%左右。铁水温度过低，会导致炉内热量不足，影响熔池升温和元素氧化进程，同时不利于化渣和去除杂质，还容易导致喷溅。我国企业一般规定铁水入炉温度应高于 1250℃，并保持稳定。

(2) 铁水化学成分。铁水中元素氧化放热是转炉炼钢的主要热源，硅、锰、磷氧化都会放热。硅是重要的发热元素之一，计算表明铁水中含硅量每增加 0.1%，废钢加入量可提高 1.3%～1.5%，铁水中含硅量以 0.5%～0.8%为宜。锰不仅是弱发热元素，还是有益元素，其氧化后生成的 MnO 能促进石灰溶解，加速成渣，减少助熔剂的用量和炉衬侵蚀，减少合金化时的锰铁消耗，有利于提高钢水纯净度并减少硫的危害。但是，高炉冶炼含锰量高的铁水会增加焦比，使生产率降低，因而对铁水增锰的合理性还有待研究。磷是强发热元素，但对一般钢种来说磷也是有害元素，因此，铁水含磷量越低越好。由于磷在高炉冶炼中是不能去除的，只能要求进入转炉的铁水含磷量尽可能稳定。硫在大多数钢中都是有害元素。在转炉的氧化性气氛下，脱硫率只有 30%左右，脱硫比较困难，故通常要求进入转炉的铁水含硫量低于 0.05%。

(3) 铁水带渣量。高炉渣中 S、SiO_2、Al_2O_3 含量高，过多的高炉渣进入转炉内会导致转炉渣量增大、石灰消耗增加，容易造成喷溅，缩短炉衬寿命。因此，兑入转炉的铁水要求带渣量不得超过 0.5%。

2) 废钢

废钢是转炉炼钢的主要金属料之一，是电炉炼钢的基本原料。氧气转炉由于热量有富余，可加入 10%～30%的废钢，它是冷却效果比较稳定的冷却剂。增加转炉废钢用量可以降低转炉炼钢成本、能耗和炼钢辅助材料的消耗。

废钢质量对炼钢技术经济指标有明显影响，从合理使用和冶炼工艺出发，要求废钢表面应清洁、干燥、少锈，尽量避免泥土、沙石、耐火材料和炉渣等杂质；严防废钢中混入爆炸物、易燃物、密闭容器和毒品；严防废钢中混入铜、铅、锡、锑、砷等有色金属元素；不同性质的废钢应分类堆放，以避免贵重元素损失和熔炼出废品；废钢应有明确的化学成分、合适的块度和外形尺寸。

3) 生铁

与铁水相比，生铁没有显热，成分与铁水相似。一般情况下，转炉很少用大量生铁作为炉料，在铁水不足时，可用生铁作为辅助原料，优质生铁还可以在转炉冶炼终点前用于增碳和预脱氧。

电炉炼钢时加生铁的主要目的在于提高炉料或钢中的含碳量，并解决废钢来源不足的问题。由于生铁中碳及杂质含量较高，电炉钢炉料中生铁配比通常为 10%～25%，最高为 30%。电炉钢对生铁的要求较高，一般 S、P 含量要低，Mn 含量不能高于 2.5%，Si 含量不能高于 1.2%。

4) 直接还原铁

直接还原铁是以铁矿石或精矿粉球团为原料，在低于炉料熔点的温度下，以气体(CO 和 H_2)或固体碳作为还原剂，直接还原铁氧化物而得到的金属铁产品。直接还原铁包括海绵铁、金属化球团、热压块铁等三种形式。

直接还原铁的含铁量较高，S、P 含量较低，杂质较少。电炉炼钢采用直接还原铁代替废钢，不仅可以解决废钢供应不足的问题，而且可以大大缩短冶炼时间，提高电炉钢的生产率，满足冶炼优质钢的要求。

5) 合金

合金主要用于调整钢液成分和脱除钢中杂质，常作为炼钢的脱氧剂和合金元素添加剂。

转炉常用的合金有 Fe-Mn、Fe-Si、Si-Mn、Si-Ca、Fe-Al、Si-Al-Fe、Ca-Al-Ba、Si-Al-Ba。电炉常见的合金有 Fe-Mn、Fe-Si、Fe-Cr、Fe-Mo、Fe-W、Fe-Ti、Fe-V、Fe-B、Fe-Nb、Fi-Ni、Fe-Al 等。

作为炼钢原料的合金应满足：块状合金块度控制在 10～40mm；在保证钢质量的前提条件下，选用适当牌号的合金，以降低成本；合金使用前要经过烘烤，特别是冶炼含氢量要求严格的钢种，以减少带入钢中的气体；合金成分应符合技术标准规定，以避免炼钢操作失误，如硅铁中含铝、钙的量，沸腾钢脱氧用锰铁的含硅量，都直接影响钢水的脱氧程度；合金应按其成分严格分类保管，避免混杂；合金中含非金属夹杂和有害杂质磷、硫及气体要少。

2. 造渣材料

1) 石灰

石灰是炼钢用量最大且便宜的造渣材料。它具有很强的脱磷、脱硫能力，不损坏炉衬。

炼钢用石灰应满足：石灰(CaO)含量高、SiO_2和 S 含量低；石灰应保证清洁、干燥、新鲜；石灰的灼减率应控制在 3%左右；石灰应具有合适的块度，块度过大，溶解缓慢，甚至到吹炼终点还来不及溶解，影响成渣速度且不能发挥作用，而块度过小的石灰容易被炉气带走，造成浪费；石灰活性度要高。

炼钢用石灰的具体要求如表 1-3 所示。

表 1-3　炼钢用石灰的具体要求

$w(CaO)$/%	$w(SiO_2)$/%		$w(Fe_2O_3+Al_2O_3)$/%	$w(S)$/%	$w(H_2O)$/%	块度/mm	
	转炉	电炉				转炉	电炉
≥85	≤3	≤2	≤3	≤0.15	≤0.3	20～50	20～60

2) 镁质石灰

镁质石灰由白云石质石灰石或石灰石与白云石混合煅烧而成，其石灰成分中含有 5%～8%的 MgO。镁质石灰中的 MgO 可与 CaO 形成 CaO-MgO 共晶体，其熔点比 CaO 低 280℃，因此，在熔渣中具有较好的熔化性能，同时能减轻熔渣对碱性炉衬的侵蚀。

3) 白云石

在氧气转炉炼钢中可采用生白云石或轻烧白云石代替部分石灰进行造渣。采用白云石造渣可以提高渣中 MgO 含量，减轻炉渣对炉衬的侵蚀，加速石灰的溶解，并保持渣中 MgO 含量达到饱和或过饱和，使终渣达到溅渣操作的要求。

转炉造渣用白云石的具体要求见表 1-4。

表 1-4　转炉造渣用白云石的具体要求

要求指标	$w(MgO)$/%	$w(CaO)$/%	$w(SiO_2)$/%	灼减率/%	块度/mm
生白云石	≥20	≥29	≤2.0	≤47	5～30
轻烧白云石	≥35	≥50	≤3.0	≤10	5～40

4) 萤石

萤石的主要成分是 CaF_2，熔点约为 930℃，在炼钢中作为助熔剂。萤石中的 CaF_2 能与 CaO 组成共晶体，其熔点为 1362℃，能使阻碍石灰溶解的 $2CaO\cdot SiO_2$ 外壳熔点降低，加速石灰溶解，迅速改善炉渣流动性。

炼钢用的萤石中 CaF_2 含量要高， SiO_2、S 等杂质含量要低；应具有合适的块度，转炉为 5～50mm，电炉为 10～80mm；使用前应在 100～200℃下干燥 4h 以上；萤石需清洁干燥，不得混有泥沙等杂物。

炼钢用萤石的具体要求如表 1-5 所示。

表 1-5　炼钢用萤石的具体要求

要求指标	$w(CaF_2)$/%	$w(SiO_2)$/%	$w(CaO)$/%	$w(S)$/%	$w(P)$/%
萤石	≥85	≤5	≤3	≤0.01	0.06

5) 合成造渣剂

合成造渣剂是将石灰和熔剂预先在炉外制成低熔点造渣材料，然后用于炉内造渣，即把炉内石灰块造渣过程的一部分甚至全部移到炉外进行。显然，这是一种提高成渣速度、改善冶金效果的有效措施。

合成造渣剂中的熔剂有氧化铁、氧化锰和其他氧化物、萤石等。可用一种或几种熔剂与石灰粉一起在低温下预制成形，这种预制料一般熔点较低、碱度高、颗粒小、成分均匀，在高温下容易碎裂，是效果较好的合成造渣剂用料。高碱度烧结矿或球团矿也可作为合成造渣剂，它的化学成分和物理成分稳定，造渣效果良好。

6) 菱镁矿

菱镁矿也是天然矿物，主要成分为 $MgCO_3$，焙烧后用作耐火材料，也是目前转炉溅渣护炉的调渣剂。

7) 火砖块

火砖块是浇注系统的废弃品，其主要成分为：SiO_2 约 60%，Al_2O_3 约 35%。火砖块可以改善电炉炼钢炉渣的透气性，特别是对 MgO 含量高的炉渣，其稀释作用比萤石好。火砖块中的 Al_2O_3 可改善炉渣的透气性，使氧化渣形成泡沫而自动流出，促进了氧化期操作的顺利进行。在还原期炉渣碱度较高时，用一部分火砖块代替萤石是比较经济的。用碳粉还原炉渣时钢液也不易增碳。但因火砖块降低炉渣碱度，影响去磷、去硫效果，其用量不能太大。

3. 氧化剂、冷却剂和增碳剂

1) 氧化剂

(1) 氧气。氧气是转炉炼钢的主要氧源，其纯度应大于 99.5%，氧气压力要稳定，氧气应脱出水分。

电炉炼钢在熔化期要吹氧助熔，因此，氧气也是电炉炼钢的最主要氧化剂。电炉炼钢要求氧气纯度大于 98%，水分少于 $3g/m^3$，吹氧助熔时氧气压力应为 0.3～0.7MPa，氧化脱碳时氧气压力为 0.7～1.2MPa。

(2) 铁矿石。铁矿石中铁氧化物的存在形式是 Fe_2O_3、Fe_3O_4 和 FeO，其含氧量分别为 30.06%、27.64%和 22.28%。铁矿石是转炉中较少使用的氧化剂，要求含铁量高（$w(TFe)>55\%$，TFe 指全铁）、杂质含量少、块度合适。

电炉用铁矿石的含铁量要高。因为含铁量越高，密度越大，入炉后越容易穿过渣层直接与钢液接触，加速氧化反应的进行。电炉用铁矿石成分及块度要求如表 1-6 所示。

表 1-6　电炉用铁矿石成分及块度要求

要求指标	$w(TFe)$/%	$w(SiO_2)$/%	$w(Cu)$/%	$w(S)$/%	$w(P)$/%	$w(H_2O)$/%	块度/mm
铁矿石	≥55	<8	<0.2	<0.1	<0.1	<0.5	30～100

(3)氧化铁皮。氧化铁皮也称铁鳞，是轧钢车间的副产品，含铁量为70%～75%，有帮助转炉化渣和冷却的作用。电炉用氧化铁皮造渣可以改善炉渣的流动性，提高炉渣的去磷能力。电炉用氧化铁皮成分要求如表1-7所示。

表1-7　电炉用氧化铁皮成分要求

要求指标	w(TFe)/%	$w(SiO_2)$/%	w(S)/%	w(P)/%	$w(H_2O)$/%
氧化铁皮	≥70	≤3	≤0.04	≤0.05	≤0.5

除以上三种氧化剂外，电炉有时还使用一些金属氧化物作为氧化剂，如在冶炼某些合金钢时，为了节省合金元素的用量，有时利用它们的矿石或精矿粉来代替部分铁合金，如锰矿、铬矿、钒渣以及镍、钼、钨的氧化物，这些矿石在使钢液合金化的同时具有氧化剂的作用。

2)冷却剂

氧气转炉用冷却剂有废钢、生铁块、铁矿石、氧化铁皮、烧结矿、球团矿、石灰石和生白云石等。氧气转炉炼钢使用的冷却剂主要为废钢、铁矿石、氧化铁皮。

废钢是最主要的一种冷却剂。其优点是冷却效果稳定，利用率高、渣量少，不易造成喷溅；缺点是加入时占用冶炼时间，调节过程温度不方便。

铁矿石和氧化铁皮既是冷却剂又是化渣剂和氧化剂。铁矿石作为冷却剂常用天然富矿和球团矿两种，主要成分为Fe_2O_3、Fe_3O_4。铁矿石和氧化铁皮在熔化后被还原，吸收热量，能起到调节熔池温度的作用。

与废钢相比，铁矿石和氧化铁皮加入时不占用冶炼时间，冷却效率高，调节过程温度方便，还可以降低钢铁料消耗。但矿石中脉石含量高，增加石灰消耗和渣量，同时一次加入量不能过多，否则容易引起喷溅。而氧化铁皮细小体轻，容易浮在渣中，增加渣中氧化铁含量，有利于化渣，不仅起到冷却剂的作用，还起到助熔剂的作用。

3)增碳剂

电炉冶炼时由于配料或装料不当以及脱碳过量等，冶炼过程中含碳量达不到预期要求，必须对钢液增碳。氧气转炉用增碳法冶炼中、高碳钢时也要用增碳剂。

常用的增碳剂有沥青焦粉、电极粉、焦炭粉、生铁等。

转炉所用的增碳剂要求固定碳含量高且稳定(w(C)≥96%)，含硫量尽可能低(w(S)≤0.5%)，粒度应适中(1～5mm)。

1.3.2　炼钢设备

1. 转炉

转炉系统设备由转炉炉体(包括炉壳和炉衬)、炉体支承系统(主要包括托圈、耳轴、耳轴轴承及轴承座)、倾动机构组成，如图1-4所示。

(1)转炉炉型。转炉炉型是指用耐火材料砌成的炉衬内形。

(2)转炉炉壳。转炉炉壳由锥形炉帽、圆柱形炉身和炉底三部分组成，大型转炉炉壳如图1-5所示。转炉炉壳的作用是承受耐火材料、钢液、渣液的全部重量，保持炉子固定的形状，倾动时承受扭转力矩。

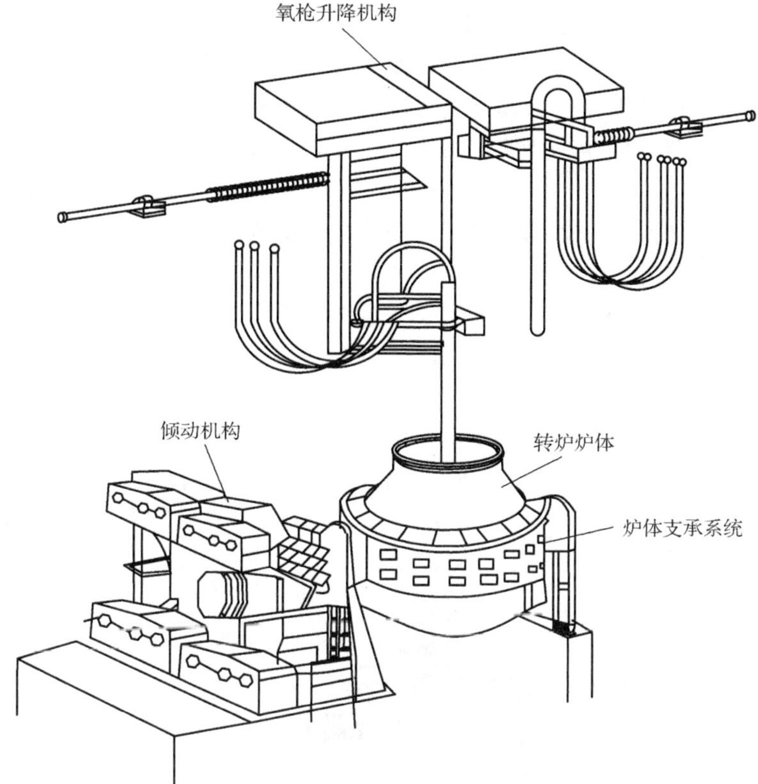

图 1-4　氧气顶吹转炉

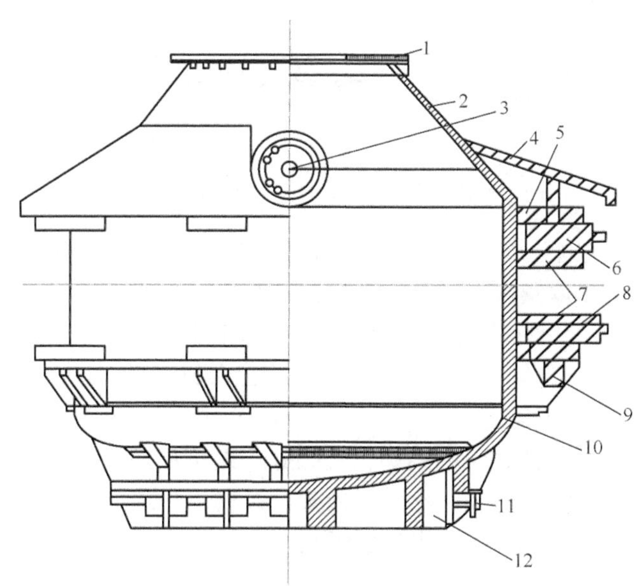

图 1-5　转炉炉壳图

1-水冷炉口；2-锥形炉帽；3-出钢口；4-护板；5，9-上、下卡板；6，8-上、下卡板槽；7-斜块；10-圆柱形炉身；11-销钉和斜楔；12-可拆卸活动炉底

(3) 炉体支承系统。炉体支承系统包括支承炉体的托圈、炉体和托圈的连接装置，以及支承托圈的耳轴、耳轴轴承和轴承座等。托圈与耳轴连接，并通过耳轴固定在轴承座上，转炉则坐落在托圈上。转炉炉体的全部重量通过炉体支承系统传递到基础上，而托圈又把倾动机构传来的倾动力矩传给炉体，并使其倾动。

(4) 倾动机构。在转炉设备中，倾动机构是实现转炉炼钢生产的关键设备之一。倾动机构一般由电动机、制动器、一级减速器和末级减速器组成。根据其传动设备安装位置可分为落地式、半悬挂式和全悬挂式等。

供氧系统是转炉炼钢的一个重要附属设备，由制氧机、加压机、中压储气罐、输氧管道、控制闸阀、测量计、氧枪等主要设备组成。

2. 电炉

电炉的机械结构主要由炉体装置、炉体倾动机构、电极升降机构及炉盖提升旋转机构四部分组成。电炉基本结构布置如图 1-6 所示。

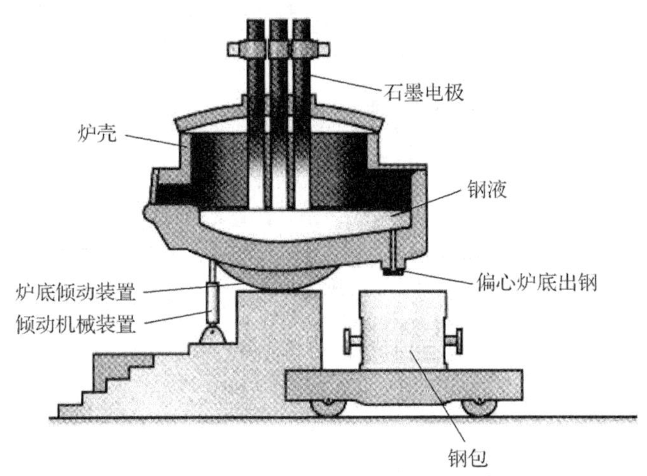

图 1-6　电炉的基本结构布置

(1) 炉体装置。现代电炉炉体包括炉壳与水冷炉壁、水冷炉门及开启机构、偏心炉底出钢箱及出钢口开启机构，以及水冷炉盖等部件。

(2) 炉体倾动机构。电炉炼钢时通过炉体倾动机构来实现炉体向出钢方向倾动 40°～42°、偏心底出钢电炉向出钢方向倾动 15°～20° 以达到出尽钢水的目的，向炉门倾动 10°～15° 以利出渣。

炉体倾动机构广泛采用摇架底倾结构。摇架底倾结构由两个摇架支持在相应的导轨上，导轨与摇架之间有齿条或销轴防滑、导向。摇架与倾动平台连成一体，炉体坐落在倾动平台上，并加以固定。炉体倾动机构多采用液压倾动，通过一个或两个柱塞油缸推动摇架，使炉体倾动，回倾一般靠炉体自重。

(3) 炉盖提升旋转机构。炉盖提升旋转机构大多为整体平台式，其炉体装置、炉体倾动机构、电极升降机构及炉盖提升旋转机构全部设置在一个大而坚固的平台上。因炉子基础为一个整体(整体式)，整个机构随炉体一起倾动。

(4) 电极升降机构。电极升降机构由电极夹持器、横臂、立柱及传动机构等组成。它的任务是夹紧、放松、升降电极和输入电流。

1.3.3 炼钢过程的理化反应①

炼钢过程的基本任务就是将生铁的碳、硅、锰氧化，炼到规定范围内，将有害元素硫、磷含量降到规定范围内。下面详细介绍炼钢过程的物理化学反应。

1. *脱碳反应*

炼钢用的铁水是含有铁、碳以及其他一些杂质的溶液。铁水中的含碳量通常稳定在 4%左右。炼钢的重要任务之一就是要把熔池中的碳氧化脱除至满足所炼钢号的要求。现代化大规模的炼钢生产中，吹氧精炼是必不可少的步骤。综合熔池中的脱碳反应，碳氧反应存在如下三种基本形式：在吹氧炼钢过程中，金属液中的一部分碳在反应区被气体氧化(式(1-28))；一部分碳与溶解在金属液中的氧进行氧化反应(式(1-29))；还有一部分碳与炉渣中的 FeO 反应，生成 CO(式(1-30))。

$$[C]+0.5\{O_2\}\longrightarrow\{CO\},\ \Delta G^{\ominus}=-139394-41.274T \tag{1-28}$$

$$[C]+[O]\longrightarrow\{CO\},\ \Delta G^{\ominus}=-22182-38.386T \tag{1-29}$$

$$[C]+(FeO)\longrightarrow\{CO\}+Fe,\ \Delta G^{\ominus}=98799-90.76T \tag{1-30}$$

从热力学条件考虑，影响脱碳反应的因素如下。

(1) 温度。[C]的直接氧化反应是放热反应，[C]与(FeO)的间接反应是吸热反应。当采用矿石脱碳时，由于矿石分解吸热和反应吸热，强调要在高温下加入矿石脱碳，即在 1480℃以上才可加入矿石。吹氧脱碳对温度没有特殊要求。

(2) 气相中 CO 的分压。降低气相中 CO 的分压有利于[C]的进一步氧化，钢液的真空脱碳就是依据这一原理进行的。

(3) 氧化性。强的氧化性可以给脱碳反应提供氧源，有利于脱碳反应的进行。

碳的氧化在炼钢过程中具有如下多方面的作用。

(1) 促进熔池成分和温度均匀。CO 上浮排出时，使熔池产生强烈沸腾和搅拌，强化热量和质量传递，促进成分和温度均匀。

(2) 加大钢-渣界面，提高化学反应速度。熔池的强烈沸腾和搅拌增加渣-金反应接触面积，有利于化学反应的进行。大量的 CO 气泡通过渣层是产生泡沫渣和气-渣-金三相乳化的重要原因。

(3) 有利于非金属夹杂物的上浮和有害气体的排出，降低钢中气体含量和夹杂物数量。CO 气泡中 H_2 和 N_2 的分压极低，对这些气体来说，CO 气泡是一个小真空室。小颗粒夹杂物会附着在 CO 气泡的表面上浮排出，从而提高钢的质量。

(4) 脱碳反应与炼钢中其他反应有着密切的联系。熔渣的氧化性、钢中含氧量等也受脱碳反应的影响。

(5) 造成喷溅和溢出。CO 气泡排除不均和造成的熔池上涨是产生喷溅和溢出的主要原因。当然，这与生产操作不稳定关系很大，这将使金属损失、造渣材料消耗过大。

① 本节中[C]表示溶解在钢液中的碳，{0}表示炉内的氧气，(FeO)表示炉渣中的氧化亚铁，以此类推。

(6) 有利于熔渣的形成。

(7) 放热升温。

2. 硅、锰的氧化

炼钢用的钢铁材料中含有硅、锰，成品钢对硅、锰的含量也有要求。因此，有必要了解硅、锰在炼钢过程中的氧化规律。

铁液中硅的氧化同样存在直接氧化和间接氧化两种方式。

$$[Si]+\{O_2\}\longrightarrow(SiO_2) \tag{1-31}$$

$$[Si]+\{O_2\}\longrightarrow(SiO_2),\quad \Delta G^{\ominus}=-541939+202.81T \tag{1-32}$$

$$[Si]+2(FeO)\longrightarrow(SiO_2)+2[Fe],\quad \Delta G^{\ominus}=-299942+98.05T \tag{1-33}$$

$$[Si]+2(FeO)+2CaO\longrightarrow(Ca_2SiO_4)+2[Fe] \tag{1-34}$$

硅的氧化反应的影响因素有温度、炉渣成分(炉渣碱度和炉渣的氧化性)、金属液成分和炉气氧分压。

(1) 温度。[Si]的氧化反应为强放热反应，温度升高，反应的平衡常数降低，不利于[Si]的氧化，即温度低有利于硅的氧化。

(2) 炉渣碱度。[Si]氧化生成的(SiO_2)在碱性渣中与(CaO)将发生式(1-35)和式(1-36)的反应，故提高炉渣碱度，有利于[Si]的氧化。

$$(2SiO_2)+2CaO\longrightarrow(2CaO\cdot SiO_2) \tag{1-35}$$

$$(3SiO_2)+3CaO\longrightarrow(3CaO\cdot SiO_2) \tag{1-36}$$

(3) 炉渣的氧化性。炉渣的氧化性可用炉渣中总氧化铁的活度来表示。炉渣的氧化性强，则炉渣中氧化铁的活度高。炉渣的氧化性强有利于[Si]的氧化。

(4) 金属液成分。金属液成分会影响[Si]的活度系数$f_{[Si]}$。$f_{[Si]}$的值大时有利于[Si]的氧化。凡是能提高[Si]的活度系数的因素，如铁水中存在的[C]、[P]、[S]，均有利于[Si]的氧化。

(5) 炉气氧分压。炉气氧分压越高，越有利于硅的氧化。

[Si]的氧化产生大量的化学热，是转炉炼钢的主要热源之一，金属液中增加含硅量有利于硅的氧化，放出的热量增多；在转炉吹炼初期，由于硅大量氧化，熔池温度升高，有利于增加废钢加入量和使初渣熔化。在钢液脱氧过程中，由于含硅脱氧剂的氧化，可补偿一些钢包的散热损失。总之，硅的氧化有利于保持和提高钢液的温度。[Si]的氧化产物是(SiO_2)，它影响石灰的加入量和碱度，对炉衬有侵蚀作用。

铁液中的锰在高温下能生成稳定的(MnO)。其反应式为

$$[Mn]+0.5\{O_2\}\longrightarrow(MnO) \tag{1-37}$$

$$[Mn]+[O]\longrightarrow(MnO),\quad \Delta G^{\ominus}=-244300+107.6T \tag{1-38}$$

$$[Mn]+[FeO]\longrightarrow(MnO)+[Fe],\quad \Delta G^{\ominus}=-123300+56.48T \tag{1-39}$$

与硅的氧化和还原反应一样，锰的氧化和还原反应的影响因素有温度、炉渣成分(熔渣碱度和炉渣的氧化性)、金属液成分和炉气氧分压。

(1) 温度。[Mn]的氧化也是放热反应，但反应热相对[Si]的氧化要小。低温有利于[Mn]的氧化。

(2) 炉渣碱度。(MnO) 为碱性氧化物，在低碱度酸性渣中，与 SiO_2 能形成硅酸锰，降低(MnO) 的活度，故在酸性渣中，[Mn]的氧化比较彻底，不易发生锰的还原。但在高碱度渣中，(MnO) 的活度大，不利于锰的氧化，炉渣中的 MnO 将被还原。

(3) 炉气氧分压。炉气氧分压越高，越有利于锰的氧化。

(4) 炉渣的氧化性。[Mn]的氧化需要提供氧，故炉渣的氧化性强有利于[Mn]的氧化。在碱性转炉炼钢过程中，当脱碳反应激烈进行时，炉渣中 FeO 大量减少，温度升高，这样使钢液中[Mn]回升，这就是锰还原。在酸性渣中，锰的氧化较为完全。

(5) 金属液成分。金属液成分会影响[Mn]的活度系数 $f_{[Mn]}$。$f_{[Mn]}$大时，有利于[Mn]的氧化。凡是能提高[Mn]的活度系数、使[Mn]含量增加的因素，均有利于锰的氧化。

[Mn]氧化产生化学热，是转炉炼钢的热源之一，但不是主要的。(MnO) 为碱性氧化物，在冶炼初期可形成低熔点的多元系炉渣，能降低炉渣的熔化性温度，有利于化渣，并减轻初期渣中 SiO_2 对炉衬耐火材料的侵蚀。在碱性炼钢法中，MnO 的还原有利于提高钢水中的残余含锰量。钢中的锰可提高钢的品质，降低钢的脆性，对钢有强化作用。

3. 钢液的脱磷

脱磷是炼钢过程的重要任务之一。铁水的含磷量因铁矿原料条件的不同而异。低磷铁水含磷量在 0.12%以下，高磷铁水含磷量则高达 2.0%以上。在绝大多数钢中，磷都属于有害元素，一般要求钢水含磷量低于 0.03%，易切削钢中含磷量也不得超过 0.08%～0.12%。

磷在钢中通常是有害元素，易使钢发生“冷脆”现象，含碳量高时影响更明显。含磷量越高，越易在结晶边界析出磷化物，降低钢的冲击值，在室温下使钢的冲击韧性急剧下降。磷是钢中偏析大的元素，含碳量高时[C]促进凝固过程中磷的偏析，一般规定高碳钢比低碳钢的含磷量要低。在现代洁净钢中对含磷量有更严格的要求，如表 1-8 所示。在某些钢中，磷以合金元素的形式加入具有有益影响，如炮弹钢、耐蚀钢中，除含有 Cu 外，还可加入小于 0.1%的 P，以增加钢的抗大气腐蚀能力。

表 1-8　洁净钢对含磷量的要求

钢种	轮机轴用钢	轿车板用钢	轴承钢	管线用钢
w(P)/%	0.003	0.01	0.01	0.004

在转炉和电炉炼钢过程中，最主要的脱磷方法是氧化脱磷，即脱磷处理在氧化气氛或添加氧化剂的条件下进行，金属中的磷被氧化为+5 价，以磷酸盐的形式固定在熔渣中。氧化脱磷的反应方程式为

$$2[P]+5(FeO)+4(CaO)\longrightarrow(4CaO\cdot P_2O_5)+5[Fe] \quad (1\text{-}40)$$

$$2[P]+5(FeO)+3(CaO)\longrightarrow(3CaO\cdot P_2O_5)+5[Fe] \quad (1\text{-}41)$$

影响脱磷的主要因素如下。

(1) 炉渣碱度。P_2O_5 是酸性氧化物，CaO、MgO 等碱性氧化物可以显著降低渣中 P_2O_5 的活度系数，从而提高炉渣的脱磷能力和增加磷的分配系数。碱度越高，渣中 CaO 的有效浓

度越高，磷的分配系数越大，脱磷越完全。但是，碱度并非越高越好，加入过多的石灰对化渣不好，炉渣变黏，影响流动性，对脱磷反而不利。

(2) 炉渣的氧化性。提高炉渣的氧化性，即提高炉渣中 FeO 的活度，可提高磷的分配系数。

(FeO) 对脱磷有双重影响。作为磷的氧化剂，(FeO) 可增大 FeO 的活度，但作为碱性氧化物则可降低 P_2O_5 的活度系数。因此，在一定的碱度下，随着炉渣 (FeO) 含量增加，有一个使磷的分配系数达到最大时的最佳 (FeO) 含量，低于最佳值时随 (FeO) 含量的增加，磷的分配系数增加，促进脱磷；当炉渣中 FeO 含量高到一定程度后，相当于稀释了炉渣中 CaO 的浓度，而 (FeO) 的脱磷能力远不及 (CaO)，故脱磷效果下降。

高 (FeO) 含量会促进 (CaO) 在渣中的溶解，而且 (FeO) 含量升高表明[O]含量也升高，渣钢界面处的氧化性能强，钢渣都具有高的氧化性，因此，有利于脱磷的进行。

(3) 温度。脱磷反应是强烈的放热反应，因此从热力学观点来讲，低温有利于脱磷。脱磷需要含 CaO 的碱性渣，而加入石灰则需要有一定的温度才能形成液态渣，因此，温度对脱磷的影响也应辩证地理解，即在保证炉渣具有一定碱度和流动性的较低温度下才能有效脱磷。

(4) 金属液成分。钢液脱磷首先需要较高的[O]含量，因此实际生产过程中，[Si]、[Mn]、[Cr]、[C]含量高时不利于脱磷，只有和氧结合能力高的元素含量降低时，脱磷才能顺利进行。另外，铁液中 C、Si、O、N、S 将使磷的活度系数增加，有利于脱磷，但一般影响不大。有些元素的氧化产物对渣的物化性质有影响，如[Si]，其脱氧产物将影响炉渣的碱度；[Mn]对磷的活度系数影响不大，但有助于石灰的溶解，从而促进脱磷。

(5) 渣量。增加渣量，可以在分配系数一定时降低钢水中的含磷量，从而有利于脱磷。冶炼中、高磷铁水时，常采用大渣量脱磷，增大渣量意味着稀释了 (P_2O_5) 的浓度，也就是说使 ($3CaO \cdot P_2O_5$) 含量减少，但一次造渣量过大会给操作带来困难，此时可采用双渣法造渣脱磷。

总之，脱磷的条件是：高碱度、高氧化铁含量 (氧化性)、良好流动性的熔渣、充分的熔池搅动、适当的温度和大渣量。

要保证钢水脱磷效果，必须防止回磷现象。回磷是指进入炉渣中的磷重新回到钢中，使钢水中含磷量增加的现象。氧化脱磷时，炉渣的氧化性下降、碱度降低、石灰化渣不好、温度过高等都可能引起回磷。出钢过程中脱氧合金加入不当、出钢下渣或合金中含磷量较高等因素也会导致成品钢中磷高于终点[P]。

(1) 炉内脱氧回磷。炉内脱氧时，强还原剂 Fe-Si、Al 等将使炉渣与钢水的氧化性下降，且脱氧产物将降低炉渣的碱度。炉渣中存在 P_2O_5 组元，将使磷的分配系数下降，引起回磷。因此，要在脱氧操作前将含 P_2O_5 的渣除尽。

$$2(3CaO \cdot P_2O_5) + 5[Si] \longrightarrow 4[P] + 5(SiO_2) + 6(CaO) \tag{1-42}$$

$$3(3CaO \cdot P_2O_5) + 10[Al] \rightarrow 6[P] + 5(Al_2O_3) + 9(CaO) \tag{1-43}$$

(2) 钢包内脱氧回磷。出钢过程中，如果含 (P_2O_5) 的渣进入钢包中，在进行包内脱氧时可能发生包内回磷现象。

避免钢水回磷的措施有：挡渣出钢，尽量避免下渣；适当提高脱氧前的炉渣碱度；出钢后向钢包渣面加一定量石灰，增加炉渣碱度；尽可能采取钢包脱氧，而不采取炉内脱氧；加入钢包改质剂。

4. 钢液的脱硫

钢中的硫主要来自铁水、废钢、铁合金、造渣剂(如石灰、铁矿石等)。硫的危害主要表现为钢的热脆现象。硫在固体钢中主要以硫化亚铁形式存在，其熔点为 1190℃，在铁液冷凝过程中，这种硫化物主要分布在晶界上，形成连续的或不连续的网状薄膜结构。在轧制或锻造时，由于温度升高，晶界上的这一结构又会变成液态，在力的作用下会引起富硫液相沿晶界滑动，造成钢材破裂。在钢中加入足够量的钛或锰，可使钢中的硫形成高熔点的硫化物，消除热脆现象。

低温下，钢中含硫量高也会使钢的冲击值或冲击韧性显著降低。硫劣化变压器硅钢片的磁性，故磁性材料中的含硫量应低于 0.01%。较高的含硫量还使钢的抗腐蚀性能降低，因而输送石油的管线钢对含硫量的要求很严格。硫易使焊缝处产生热裂，从而降低钢的焊接性能。

硫在钢中的有利之处是改善钢的切削性能，改善工件的表面质量，节省切削动力。

硫是活泼的非金属元素之一，性质与氧类似，通常以单质态溶解于铁液中。对于大多数钢种而言，硫的存在都会降低其加工与使用性能。一般钢种要求含硫量低于 0.03%，优质钢种要求含硫量更低一些，而极低硫钢则要求含硫量不高于 0.005%。只有含硫的易切削钢，含硫量可高达 0.3%。炼钢过程的氧化气氛不利于脱硫，而且炼钢辅助原料中不同程度地含有硫，这些都增加了脱硫的困难程度。现代钢铁生产中的脱硫主要是在铁水预处理和钢水二次精炼阶段进行的。某些洁净钢对含硫量的要求见表 1-9。

表 1-9 洁净钢对含硫量的要求

钢种	汽轮机轴用钢	轿车面板用钢	轴承钢	管线用钢	不锈钢板	硅钢
w(S)/%	0.001	0.005	0.001	0.007	0.02	0.0015

钢液脱硫主要通过炉渣脱硫和气化脱硫两种途径实现。在一般的炼钢操作条件下，炉渣脱硫占主导，渣钢间的脱硫反应如下：

$$[\mathrm{S}]+(\mathrm{CaO})\longrightarrow(\mathrm{CaS})+[\mathrm{O}],\ \Delta G^{\ominus}=98474-22.82T \tag{1-44}$$

$$[\mathrm{S}]+(\mathrm{MnO})\longrightarrow(\mathrm{MnS})+[\mathrm{O}],\ \Delta G^{\ominus}=133224-33.19407.6T \tag{1-45}$$

$$[\mathrm{S}]+(\mathrm{MgO})\longrightarrow(\mathrm{MgS})+[\mathrm{O}],\ \Delta G^{\ominus}=191462-32.70T \tag{1-46}$$

影响钢渣间脱硫的因素主要有熔池温度、炉渣成分(包括炉渣碱度和炉渣的氧化性)和金属液成分等，具体如下。

(1)熔池温度。钢渣间的脱硫反应属于吸热反应，吸热在 108.2～128kJ/mol，温度升高，反应的平衡常数和硫的分配系数增加，有利于脱硫。另外，升高温度还可加速石灰的溶解、提高渣的流动性和脱硫速度。因此，高温有利于脱硫反应进行。

(2)炉渣碱度。碱度提高，可提高炉渣中(CaO)或(O^{2-})的活度，有利于提高硫的分配系数。但提高碱度时，应注意保持炉渣良好的流动性。

(3)炉渣的氧化性。在生产过程中，钢液的[O]含量受脱氧剂的限制，往往比渣中(FeO)相平衡时的[O]含量低，因此大大提高了炉渣的脱硫能力，如果渣中的(FeO)含量足够低，更会提高钢液的脱硫能力。

(4) 金属液成分。金属液成分会影响金属液中硫的活度系数 $f_{[S]}$。$f_{[S]}$ 越大，硫在渣-金间的分配系数就越大。金属液中的[C]、[Si]、[P]使 $f_{[S]}$ 增大，故这些元素有利于脱硫。铁水中 $f_{[S]}$ 大且[O]含量低，故铁水预处理是最适宜脱硫的。钢液中[O]含量低，氧活度小，硫分配比大，有利于脱硫。

(5) 渣量。增大渣量可使钢水中的含硫量降低。在转炉炼钢中，由于炉内具有高氧化性，硫的分配比只有 8～10，因而转炉的脱硫效果不好，单渣操作只有 40%～60%。电炉还原期炉渣的氧化性低，硫的分配比高达 30～50，因而脱硫效果好。

5. 钢液的氧化与脱氧

1) 钢液的氧化

不管哪种炼钢方法，都需要在熔池中供氧去除 C、Si、Mn、P 等杂质元素。往熔池吹氧时，气体氧分子分解并吸附在铁液的表面上，然后吸附的氧溶解在铁液中。

$$\frac{1}{2}\{O_2\} \longrightarrow [O] \quad \Delta G^{\ominus} = -117150 - 2.89T \tag{1-47}$$

铁基溶液是炼钢过程处理的基本对象，由于与铁液平衡的氧分压非常低，当氧化性气氛与钢液接触时，钢液中的铁元素迅速被氧化生成 FeO 膜，如式(1-48)所示：

$$[O] + [Fe] \longrightarrow (FeO) \tag{1-48}$$

钢液的氧化还包含除铁以外的其他元素的氧化。Al、Ti、Si、B 等元素很容易被氧化，冶炼合金钢时，Fe-Ti、Fe-B 合金必须在脱氧后才能加入；Cr、Mn、V、Nb 等元素的氧化程度随冶炼温度而变化，当温度低于图 1-1 中这些元素氧化的 $\Delta G^{\ominus}$-T 线与 C 氧化生成 CO 的 $\Delta G^{\ominus}$-T 线的交点时，Cr、Mn、V、Nb 优先于 C 氧化，反之，则 C 优先氧化。冶炼合金钢时，V、Cr 可在冶炼后期炉温升高后加入；Cu、Ni、Mo、W 等元素不会被氧化。由此可知，当废钢中含有 Cu、Ni 时，在整个冶炼过程中也不能去除，而会残留于钢中，冶炼合金钢时，可以将镍铁、钨铁、钼铁直接装入炉内。

2) 钢液的脱氧

脱氧是指向炼钢熔池或钢水中加入脱氧剂进行脱氧反应，脱氧产物进入渣中或成为气相排出。根据脱氧发生地点的不同，脱氧方法分为沉淀脱氧、扩散脱氧、真空脱氧。

(1) 沉淀脱氧，又称为直接脱氧。将块状脱氧剂加入钢液中，脱氧元素在钢液内部与钢中氧直接反应，生成的脱氧产物上浮进入渣中的脱氧方法，称为沉淀脱氧。出钢时向钢包中加入硅铁、锰铁、铝铁或铝块的脱氧方式就是沉淀脱氧。这种脱氧方法脱氧速度快，但脱氧产物有可能难以全部上浮排除而成为钢中的夹杂。

(2) 扩散脱氧，又称为间接脱氧。它是将粉状脱氧剂(如 C 粉、Fe-Si 粉、Ca-Si 粉、Al 粉)加到炉渣中，降低炉渣中的氧势，使钢液中的氧向炉渣中扩散从而降低钢液中含氧量的一种脱氧方法。在电炉的还原期和炉外精炼中向渣中加入粉状脱氧剂进行的脱氧就是扩散脱氧。其特点是：脱氧反应在渣中进行；钢液中的氧向渣中转移，脱氧速度慢；脱氧时间长；不会在钢中形成非金属夹杂物。

(3) 真空脱氧。真空脱氧是利用降低系统的压力来降低钢液中含氧量的方法。只适用于脱氧产物为气体的脱氧，如[C]-[O]反应。RH 真空循环脱气精炼、真空电弧加热脱气精炼

(vacuum arc degassing，VAD)、真空脱气精炼(vacuum degassing，VD)等精炼方法就属于真空脱氧。真空脱氧不会造成非金属夹杂物的污染，但需要专门的设备。

三种脱氧方法的特点如图1-7所示。

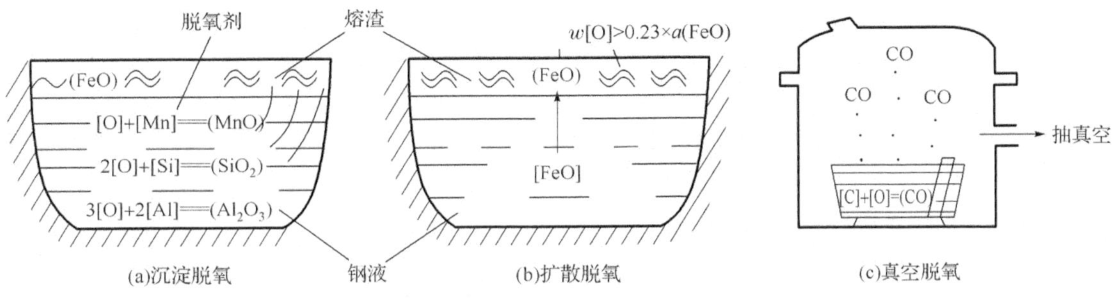

图1-7　三种脱氧方法的特点

常用脱氧元素有Mn、Si、Al。Mn和Si常以铁合金的形式作为脱氧剂。

(1)锰脱氧的反应如式(1-49)～式(1-51)所示，其脱氧产物是MnO和FeO的熔体。在炼钢生产中，锰作为脱氧剂能提高铝和硅的脱氧能力、减轻硫的危害，同时锰是冶炼沸腾钢不可替代的脱氧元素，因此，锰是一种应用最广泛的脱氧元素。

$$[O]+[Mn]\longrightarrow(MnO)，\Delta G^{\ominus}=-244300+107.6T \tag{1-49}$$

$$[O]+Fe(l)\longrightarrow(FeO) \tag{1-50}$$

$$[Mn]+(FeO)\longrightarrow(MnO)+Fe(l) \tag{1-51}$$

(2)硅脱氧。硅的脱氧生成物为SiO_2或硅酸铁($FeO\cdot SiO_2$)，其脱氧反应如式(1-52)所示。单独使用硅脱氧时，当钢液的w(Si)由0.06%增加到0.37%时，脱氧产物逐渐由液态的$2FeO\cdot SiO_2$(1250℃)变成固态的SiO_2(1710℃)。硅与铝、锰共用时能提高它们的脱氧能力，且脱氧产物为低熔点的复合化合物，炼钢温度下呈液态，容易上浮而排除。

$$2[O]+[Si]\longrightarrow(SiO_2)\Delta G^{\ominus}=-593840+233T \tag{1-52}$$

(3)铝脱氧。铝是强脱氧剂，具有非常强的脱氧能力，在生产过程中为绝大多数钢种采用。其脱氧反应如式(1-53)所示：

$$3[O]+2[Al]\longrightarrow Al_2O_3(s) \tag{1-53}$$

(4)硅、锰、铝复合脱氧。硅、锰同时存在可进一步提高铝的脱氧能力。当锰、硅、铝三者成分配合适当时，可以得到低熔点的液态脱氧产物，其组成类似$3MnO\cdot Al_2O_3\cdot SiO_2$。实践表明，采用硅铝铁脱氧时，铝的脱氧能力升高，铝的烧损下降。

6. 气体的溶解与钢液脱气

钢中的气体是指溶解在钢中的氢和氮。钢中气体来源包括金属料、潮湿的造渣剂分解出来的水蒸气、耐火材料用的焦油、沥青、树脂黏结剂中含有的氢(8%～9%)、与空气接触的钢液吸收的氢、炼钢用不纯的氧气中含有的氮气。

氢以原子的形式固溶于钢中，与铁形成间隙固溶体。氢使钢产生白点，又称发裂，使用时易造成钢材脆断。氢在冷凝过程中因溶解度降低而析出，产生点状偏析。具有点状偏析的钢材质量极差，不能使用而报废。随含氢量的增加，钢的抗拉强度下降，塑性和断面收缩率急剧降低。

氮固溶于铁，形成间隙固溶体。氮在α铁中的溶解度在590℃时达到最大值，约为0.1%，在室温时其溶解度降至0.001%以下。含氮量高的钢从高温快速冷却时，铁素体会被氮饱和，在高温下，此种钢中的氮将以 Fe_4N 的形式逐渐析出，使钢的强度和硬度上升、塑性和韧性下降，此种现象称为时效硬化。氮是钢蓝脆的主要原因。钢中的氮易形成气泡、疏松，或与钢中的 Ti、Al 等元素形成脆性夹杂物。

氮有时也作为合金元素。普通低合金钢中，氮和钒形成氮化钒，可以起到细化晶粒和沉淀强化的作用。渗氮用钢中，氮与钢表层中的铬、铝等合金元素形成氮化物，增加钢表层的硬度、强度、耐磨性及抗蚀性。氮可代替部分 Ni 用于不锈耐酸钢中。

降低钢中气体的措施包括：①提高炼钢原材料质量，若使用气体含量低的废钢和铁合金、对含水分的原材料进行干燥，采用高纯度的氧气；②不影响其他操作时，尽量降低出钢温度，减少气体在钢中的溶解度；③冶炼中，应充分利用脱碳反应产生的熔池沸腾来降低钢水中的气体含量；④采用炉外精炼技术降低钢水中的气体含量，如采用钢包吹氩搅拌、真空脱气、微气泡脱气等方法进行脱气处理；⑤采用保护浇注技术，防止钢水吸收气体，如采用保护渣、长水口、浸入式水口等技术。

1.4 连　铸

1.4.1 连铸设备

连续铸钢生产所用的设备通常可分为主体设备和辅助设备两个部分。主体设备主要包括连铸机及钢包旋转台、中间罐及运载小车。辅助设备主要包括出坯及精整设备——辊道、拉（推）钢机、翻钢机、火焰清理机等；工艺性设备——中间罐烘烤装置、吹氩装置、脱气装置、保护渣供给与结晶器润滑装置、电磁搅拌装置等；自动控制与测量装置——结晶器液面测量与显示系统、过程控制计算机、测温/测重/测压/测长/测速等仪表系统。

连铸机包括结晶器及其振动装置、二次冷却支撑导向装置、拉坯矫直设备、引锭杆、脱锭及引锭杆存放装置、切割设备等。

结晶器类似于一个强制水冷的无底钢锭模，是连铸机的关键部件。结晶器的作用是使钢液逐渐凝固成所需要的规格、形状的坯壳，且使坯壳不被拉断、漏钢及不产生歪扭和裂纹等缺陷，保证坯壳均匀稳定地成长。结晶器在工作过程中受到钢水静压力、摩擦力、钢水的热量等因素影响，工作条件较差。为保证结晶器正常工作，结晶器结构应简单，易于制造、装拆和调试；应具有一定的刚度，以满足巨大温差和各种力作用引起的变形，从而保证铸坯精确的断面形状；内壁应具有良好的导热性和耐磨性；质量要轻，以减少振动时产生的惯性力，使振动平稳可靠。

铸坯从结晶器下口拉出时，表面仅凝结成一层坯壳，内部仍为液态钢水。为了顺利拉出铸坯，加快钢液凝固，并将弧形铸坯矫直，需设置铸坯的导向、冷却及拉矫装置。该装置的主要作用是对带有液芯的初凝铸坯直接喷水、冷却，促进其快速凝固；给铸坯和引锭杆以必要的支承引导，防止铸坯变形和引锭杆跑偏；将弧形铸坯矫直，并在开浇前把引锭杆送入结晶器下口。

连铸机按照其结构外形可分为立式、立弯式、弧形、椭圆形及水平式等多种形式，如图 1-8 所示。

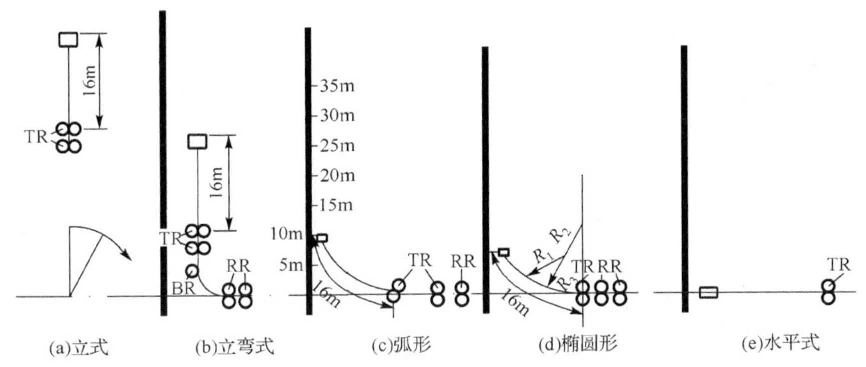

图 1-8　五种连铸机形式

立式连铸机是世界各国最早采用的连铸机，其整套设备全部配置到一条铅垂线上。立式连铸机设备高度大、基建投资多，且不适宜于旧钢厂改造，因此，近年来除少数特殊钢厂仍在使用外，一般情况不采用。

立弯式连铸机是在立式连铸机的基础上发展起来的连铸机，其特点是铸坯通过拉坯辊后，用弯坯装置将其顶弯，接着在水平位置上将铸坯矫直、切断、出坯。这种连铸机除高度有所降低外，其优越性并不明显。

弧形连铸机是 20 世纪 60 年代发展起来的，是目前应用最广、发展最快的一种类型。其特点是组成连铸机的各单体设备均布置在 1/4 圆弧及其水平延长线上，铸坯呈弧形后再矫直。弧形连铸机的高度较立式、立弯式连铸机大大降低，可在旧厂房内安装。但弧形连铸机的工艺条件不如立式或立弯式连铸机好，由于铸坯内、外弧不对称，液芯内夹杂物上浮受到一定阻碍，使夹杂物有向内弧富集的倾向。另外，由于铸坯经过弯曲和矫直，不利于浇注对裂纹敏感的钢种。

椭圆形连铸机(低矮形连铸机)除具有弧形连铸机的优点外，高度进一步降低，适用于在起重机轨面标高较低的旧厂房内布置。由于连铸机结晶器及头段二冷夹棍布置的曲线半径较小，钢水内夹杂物不易上浮而向内弧富集，对钢水纯净度要求更为严格。

水平式连铸机的基本特点是中间罐、结晶器、二次冷却装置和拉坯装置全部放在地面上呈直线水平布置。水平式连铸机的优点是机身高度低、适合旧厂房的改造，同时便于操作和维修；中间罐和结晶器之间采用直接密封连接，可以防止钢水二次氧化，提高钢水的纯净度；铸坯在拉拔过程中无须矫直，适合浇铸合金钢。

1.4.2　连铸工艺

由炼钢炉炼出的合格钢水经炉外精炼处理后，用钢包运送到浇铸位置注入中间包，通过中间包注入强制水冷的铜模——结晶器内。结晶器是无底的，在注入钢水之前，必须先装上一个“活底”，这个活底就是引锭杆。注入结晶器的钢水在迅速冷却凝固成形的同时，其前部与伸入结晶器底部的引锭杆头部凝结在一起。引锭杆的尾部则夹持在拉坯机的拉辊中，当结晶器内钢水升到要求的高度后，开动拉坯机，以一定的速度把引锭杆从结晶器中拉出。

为防止铸坯壳被拉断漏钢和减少结晶器中的拉坯阻力，在浇铸过程中既要对结晶器内壁润滑又要使结晶器做上下往复振动。铸坯被拉出结晶器后，为使其更快地散热，需要进行喷水冷却，称为二次冷却，通过二次冷却支撑导向装置铸坯逐渐凝固。这样，铸坯不断地被拉出，钢水连续地从上面注入结晶器，便形成了连续铸坯的过程。当铸坯通过拉坯机、矫直机（立式和水平式连铸无须矫直）后，脱去引锭杆。完全凝固的直铸坯由切割设备切成定尺，经运输辊道进入后步工序。

控制连铸工艺的主要参数是注温、注速和冷却强度。

(1) 注温通常指中间罐内钢液的温度，其确定原则与模铸相同，但连铸要求较严。由于连铸时间长，而且增加了中间罐散热，大包内钢液温度要求比模铸高 20～50℃。

(2) 注速即拉坯速度。钢液注入结晶器内的速度与自结晶器内拉出铸坯的速度是一致的。拉坯速度主要由铸坯断面形状、尺寸、钢种和设备状态等因素确定，通常可根据经验公式求得，并根据注温作适当调整。拉坯速度的计算公式为

$$V = KL / A \tag{1-54}$$

式中，V 为拉坯速度(m/min)；L 为铸坯横断面周长(mm)；A 为铸坯横断面面积(mm^2)；K 为系数(m·mm/min)，它由钢种、结晶器长度与结构、冷却速度等决定，方坯为 45～75m·mm/min，矩形坯为 45～60m · mm/min，圆形坯为 35～45 m · mm/min，一般小断面铸坯 K 值取上限，大断面铸坯 K 值取下限。

(3) 为了保证钢液及时凝固，要求结晶器和二次冷却支撑导向装置有相应的冷却强度。若冷却强度过小，不仅不能保证坯壳厚度，也不能保证铸坯在二次冷却区（简称二冷区）完全凝固，且容易引起拉漏或切漏事故，同时影响拉坯速度的提高。若冷却强度过大，则铸坯凝固快，在坯壳与结晶器间的气隙过早形成，使铸坯向结晶器传热减少，影响拉坯速度的提高，而且过分冷却易使铸坯产生裂纹。冷却强度主要取决于结晶器和二次冷却支撑导向装置的用水量。为保证铸坯冷却均匀，避免产生裂纹，水的分配原则上应上多下少，外弧多于内弧。

1.4.3　连铸坯的凝固结构

1. 凝固结构

一般情况下，连铸坯从表层到中心是由细小等轴晶带、柱状晶带和中心等轴晶带组成的，如图 1-9 所示。

(1) 细小等轴晶带。表层细小等轴晶带也称激冷层，是表层钢液在结晶器弯月面处冷却速度最高的条件下获得较大的过冷度，并在连续向下的运动中形成的。注入结晶器内的钢液在弯月面处与结晶器壁相接触，表层钢液被强烈冷却，温度迅速降到液相线以下，获得了较大的过冷度，使钢液的形核率大大超过了晶核的长大速率。同时，结晶器壁和过冷熔体中的杂质为形核提供了良好的条件，过冷熔体内几乎同时形成了大量的晶核，在连铸坯连续向下的运动中，它们彼此间妨碍各自的长大，因而，铸坯表层得到不同取向的细小等轴晶。浇注温度对激冷层的厚度有直接影响。浇注温度高，激冷层就薄；浇注温度低，激冷层就厚一些。

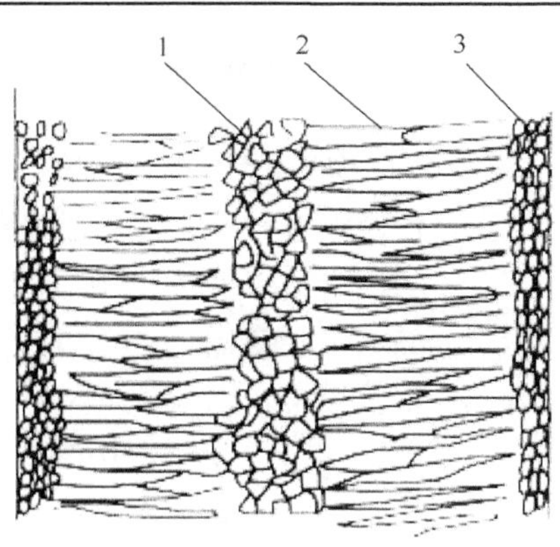

图 1-9 连铸坯凝固结构示意图

1-中心等轴晶带；2-柱状晶带；3-细小等轴晶带

(2)柱状晶带。激冷层形成过程中的收缩使坯壳与结晶器壁间产生气隙，增加热阻，降低传热速度，导致凝固前沿钢液中过冷度减小，不再生成新的晶核，而表现为已有晶核的继续长大。此时，钢液的过热热量和结晶潜热主要通过凝固层传出，产生了向结晶器壁的定向传热。在激冷层的内缘，树枝晶的一次轴朝向不同的方向，其中一次轴与模壁垂直的晶体由于通过它散热的路径最短，散热最快，得以向铸坯中心优先生长，而其余的晶体和这些晶体向其他方向的长大则受到彼此妨碍而被抑制。于是开始形成排列整齐，并有一定方向的柱状晶带。在二冷区，对铸坯的喷水冷却又使柱状晶继续生长，直到与沉积在液相穴的等轴晶相连接。浇注温度高，柱状晶带就宽；二冷区冷却强度加大，将增加温度梯度，也促进柱状晶发展；铸坯断面加大，则减小温度梯度，从而减小柱状晶带的宽度。

(3)中心等轴晶带。随着柱状晶的生长，凝固前沿向前推移，凝固层和凝固前沿的温度梯度逐渐减小，两相区宽度逐渐增大。当铸坯心部钢液温度降至液相线温度以下时，就为心部钢液的结晶提供了过冷条件。而液相穴固-液交界面的树枝晶被液体的对流运动而折断，其中下落到液相穴底部的部分可作为心部钢液结晶的核心。由于此时心部传热的单向性已很不明显，并且此时传热的途径长，传热受到限制，晶粒长大缓慢，故形成晶粒比激冷层粗大的等轴晶。

2. “小钢锭”结构

铸坯进入二冷区后，二冷区冷却不均匀导致柱状晶不稳定生长，使铸坯纵断面中心的某些区域规则地出现间隔 5～10cm 的“凝固桥”，并伴随疏松和缩孔的凝固结构称为“小钢锭”结构。“小钢锭”结构的形成过程如图 1-10 所示。由图 1-10 可知，柱状晶开始时为均匀生长。但由于二冷区喷水冷却的不均匀性，冷却快的局部区域的柱状晶将会优先生长，当某一局部区域两边相对生长的柱状晶相连接或等轴晶的下落被柱状晶所捕集时，就会出现“搭桥”现象，形成“凝固桥”，将液相穴内的钢液分隔开来。这样，“凝固桥”下面残余钢液的凝固收缩将得不到上面钢液的补充，凝固后就会形成明显的疏松和缩孔，并伴随严重的中心偏析。实际生产中，可采取二冷区铸坯均匀冷却、低过冷度浇铸、电磁搅拌等措施来减轻或避免连铸坯的“小钢锭”结构。

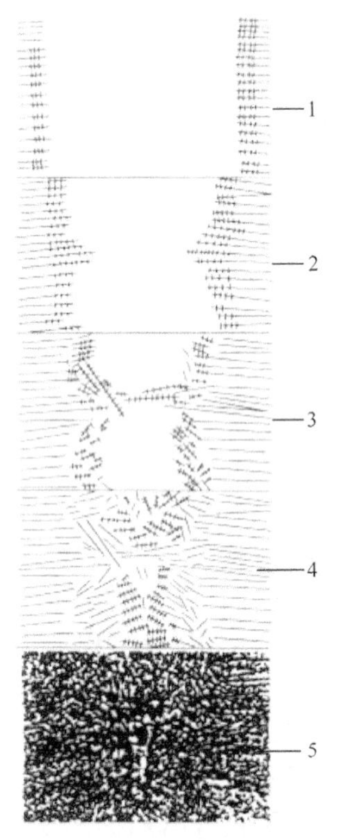

图 1-10 “小钢锭”结构形成示意图
1-柱状晶均匀生长；2-某些柱状晶优先生长；3-柱状晶搭接成“凝固桥”；4-“小钢锭”凝固并产生缩孔；5-实际铸坯的宏观结构

3. 连铸坯结构的控制

等轴晶结构较致密，没有明显的薄弱面，强度、塑性及韧性较高，加工性能较好，而且成分和结构比较均匀，钢材性能没有明显的方向性。与等轴晶不同，柱状晶的生长方向一致，偏析杂质浓度高，容易造成钢材的带状结构，引起各向异性。在铸坯角部柱状晶的交界面处，因杂质较多，构成薄弱面，是裂纹易扩展的部位。如果柱状晶充分发展，形成穿晶结构，就会加重中心偏析和中心疏松，对钢的力学性能的影响就更为严重。

因此，除某些特殊钢种，如电磁合金、电工钢、汽轮机叶片等，为改善导磁性能或耐腐蚀性能而要求定向的柱状晶结构外，绝大多数钢种都应尽量控制柱状晶的发展，扩大等轴晶带的宽度。

连铸坯中柱状晶带和等轴晶带的相对宽度主要取决于浇注温度。浇注温度高，柱状晶带就宽。这是因为高温浇注时，一方面靠近结晶器壁的过冷度小，形核率低；另一方面，一部分晶核会因为钢液温度高而重新熔化，不易形成等轴晶。与此相反，低温浇注时，容易形成数量较多的结晶核心，而当这些晶核长大形成等轴晶时，可进一步阻止柱状晶的长大。因此接近钢种的液相线温度浇注是扩大等轴晶带宽度的有效手段。但是钢液过热度控制得很低时，易使水口冻结，铸坯中夹杂物增加。为此，通常情况下应保持钢液在一定的过热度下(20～30℃)浇注。为扩大等轴晶带宽度可采取如下措施。

(1)加快凝固工艺。采用向结晶器内加入微型冷却剂(如钢带或微型钢块)的方法，可降低钢液的过热度，加快凝固。

(2)喷吹金属粉剂。在结晶器内喷入不同尺寸的金属粉，可吸收过热并提供结晶核心，增加等轴晶带宽度，改善产品性能。

(3)控制二冷区冷却水量。二冷区冷却水量大，铸坯表面温度低，横断面温度梯度大，有利于柱状晶生长，柱状晶带就宽。而降低二冷区冷却水量可使柱状晶带宽度减小，等轴晶带宽度增加。因此减小二冷区冷却水量是抑制柱状晶生长的一个积极因素。

(4)加入形核剂。在结晶器内加入固体形核剂，可以增加晶核数量，扩大等轴晶带宽度。

(5)电磁搅拌技术。电磁搅拌技术是在坯壳内钢水产生电磁力实施搅拌，过热液体绕树枝晶生长前沿流动，使树枝晶根部熔化，流动的钢水将枝晶带走成为晶核。另外，机械力也可折断正在长大的树枝晶，增加等轴晶晶核数目，增大等轴晶的比例。

思 考 题

1. 高炉炼铁的原料有哪些？有何质量要求？它们在炼铁过程中分别起什么作用？

2．高炉炼铁过程的实质是什么？在高炉内发生哪些基本冶金反应？

3．能否采用增加渣量的办法来降低高炉生铁的含硫量？在实际生产中降低高炉生铁中含硫量的基本措施是什么？

4．炼钢生铁和铸造生铁有何主要不同点？

5．为什么非高炉炼铁所得到的直接还原铁不能用于转炉炼钢，而主要适合于电炉炼钢？

6．炼钢过程的实质是什么？在炼钢过程中发生哪些基本冶金反应？

7．试分析炼钢过程中脱磷和脱硫的基本条件，在何种情况下出现回磷现象？应如何防止？

8．综合分析比较顶吹氧气转炉和电炉的冶金质量。

9．分析比较镇静钢钢锭、沸腾钢钢锭和半镇静钢钢锭的结构特点、冶金质量及其应用场合。

10．为什么连铸钢的质量优于模铸钢？

11．评定钢冶金质量的主要依据是什么？为提高钢的冶金质量可采取哪些主要措施？

第 2 章　金属材料的液态成形与半固态成形

2.1　液态成形基本理论

2.1.1　概述

液态成形是将材料熔化成一定成分和一定温度的液体，然后在重力或外力作用下浇入一定形状、尺寸的型腔中，经凝固冷却后便形成所需要的零件的技术。

固态金属具有很高的变形阻力，不容易制作成需要的形状；而液态成形是把金属变为变形阻力小的液态金属，浇入铸型后一次制作出需要形状的铸件，这是其他加工成形方法不能仿效的。与其他加工成形方法比较，液态成形有下列特点。

(1) 适应性、工艺灵活性大。采用合适的工艺，几乎所有的工程材料都可以用液态成形制作出各种形状相当复杂的零件以及不同组织或材料的多层复合零件(如衬套)。零件的质量和尺寸可以在很大范围内变化，成形的最小壁厚为 0.2mm，最大壁厚为 1m，最短数毫米，最长 10m 以上，质量可从数克到数百吨；能单件生产，也能批量生产。

(2) 成形件尺寸精度高。铸件尺寸通常比锻件、焊件尺寸精确，铸件尺寸公差最高可达 CT4～5，表面粗糙度 Ra 为 0.4～0.8μm。

(3) 成本低廉。液态成形原材料来源广、价格低，特别是废旧零件可重新利用；产品的形状及尺寸与用户要求十分接近，因此材料的消耗和切削加工费用很低，是锻件的 1/3～1/2；易批量生产，从而降低单件产品成本。

(4) 零件的力学性能较差、尺寸均一性差。铸件中常存在偏析、缩松等缺陷，组织疏松、晶粒粗大，成形工艺繁杂，加上一些工艺难以精确控制，从而使铸件质量不稳定。

(5) 液态成形过程中劳动强度大，生产条件较差，生产率较低。

铸造生产在发达国家的国民经济中占有极其重要的地位。在机床、内燃机、重型机器中铸件占 70%～90%；在风机、压缩机中铸件占 60%～80%；在拖拉机铸件中占 50%～70%；在汽车中铸件占 20%～30%。

2.1.2　液态成形合金性能

1. 液态合金的物理性质

液态合金的物理性质对金属的浇注、凝固过程及铸件质量都有很大的影响。

(1) 熔点和熔化热。各种纯金属的熔点差别很大，如 K 为 63.7℃，Fe 为 1538℃，Al 为 660.37℃，Cu 为 1083℃。纯金属在一定的温度下熔化和结晶，而大部分合金(除共晶成分合金外)则有一个熔化或结晶温度区间，其大小取决于合金的种类和成分。

各种金属的熔化热差别也很大，如 Cu 为 54.5kJ/mol，Fe 为 16.2kJ/mol，Al 为 10.7kJ/mol，

Zn 为 6.7kJ/mol，Sn 为 7.2kJ/mol 等。具有熔化温度区间的合金，熔化时所吸收的热量包括真正的熔化热和从固相线加热到液相线所吸收的热量。

(2) 液态金属的热膨胀和凝固收缩。液态时金属原子的热运动加剧，空位和空穴增多，体积也明显膨胀，因此绝大多数金属的液态密度都比固态时小，如 Cu、Al、Zn 的液态密度分别是 7.93g/cm^3、2.35g/cm^3、6.92g/cm^3，比相应的固态密度分别低 11.20%、12.96%、3.08%。同理，几乎所有金属(除 Bi、Sb、Si 外)凝固时体积都要缩小，如 Al、Cu 凝固时的体积收缩率分别为 6.6%、2.6%。金属的这一特性对铸件的形成过程十分重要，并且受到合金的种类、成分及合金中气体含量的影响。

(3) 液态金属的黏度。液体层流运动时，各液层之间有摩擦力(液体的内摩擦)妨碍液体的流动，这种内摩擦阻力称为黏度。液态金属的黏度对金属在铸型中的流动性，金属中气体、夹杂物、熔渣等上浮，以及铸件的补缩均有明显的影响。液态金属的黏度与许多因素有关，如温度、压力、化学成分及杂质含量等。几乎所有金属的黏度都随温度的升高而降低，液态金属中固态杂质的数量越多，黏度越大。同一合金的成分不同，黏度也有差别。例如，共晶成分的铁碳合金，在相同条件下，其黏度要比其他成分的低。

(4) 液态金属的表面张力。液相表面的质点总是受到周围质点对它的不平衡作用力，因此会产生一个欲把表面质点拉向液体内部的力，促使其表面积减小，此力称为表面张力。

液态金属表面张力对液态金属的充型及获得轮廓清晰的健全铸件影响较大。相同条件下表面张力小的液态金属较表面张力大的充型能力更强。一般情况下，为了克服液态金属因表面张力而产生的附加压力，保证液态金属充满薄壁铸型，需要适当加高压头。

2. 液态合金的流动性

液态合金的流动性是合金的铸造性能之一，是指液态合金本身的流动能力，与合金的成分、温度、杂质含量及物理性能有关。

纯金属和共晶成分合金在固定的温度下凝固，已凝固的固体层从铸件表面逐层向中心推进，与未凝固的液体之间界面分明，而且固体层内表面比较光滑，对液体的流动阻力小，直至析出较多的固相时，才停止流动。因此此类合金液流动时间较长，流动性好。对于具有较宽结晶温度范围的合金，其结晶温度范围越宽，铸件断面上存在的液-固两相区就越宽，枝晶越发达，阻力越大，合金液停止流动就越早，流动性就越不好。通常，在铸造铝合金中，Al-Si 合金的流动性好；在铸造铜合金中，黄铜比锡青铜的流动性好。

结晶潜热是估量纯金属和共晶成分合金流动性的一个重要因素。凝固过程中释放的结晶潜热越多，则其保持液态的时间就越长，流动性就越好。因此，当将具有相同过热度的六种纯金属浇入冷的金属型中时，其中 Al 的流动性最好，Zn、Sb、Cd、Sn 的流动性依次降低，Pb 的流动性最差。对于结晶温度范围宽的合金，结晶潜热对流动性似乎影响不大，但对于初生晶为非金属相，并且合金在液相线温度以下以液-固混合状态在不大的压力下流动时，非金属相的结晶潜热可能是一个重要影响因素。例如，在相同过热度下 Al-Si 合金的流动性在共晶成分处并非最大，而是在过共晶区里出现一段继续增加的现象，就是由于此时初生晶为块状非金属相 Si，且其结晶潜热大。

合金的比热容和密度越大，热导率越小，则在相同的过热度下，保持液态的时间越长，流动性就越好，反之亦然。此外，合金的流动性还受液体合金的黏度、表面张力等物理性能的影响。

在讨论合金液流动性时，常将合金液在凝固过程中(凝固温度区间)停止流动的温度称为零流动性温度，将合金液加热至零流动性温度以上同一过热度时所测得的流动性称为真正流动性，将在同一浇注温度下所测得的流动性称为实际流动性。但在一般情况下，零流动性温度很难确定，故无特殊说明时，所说流动性均指实际流动性。

测试铸造非铁合金的流动性方法很多，按试样的形状可以分为螺旋试样、水平直棒试样、楔形试样和球形试样等。前两种是等截面试样，以合金液的流动长度表示其流动性；后两种是等体积试样，以合金液未充满的长度或面积表示其流动性。测试流动性所用的铸型包括砂型和金属型两种。

测定铸造非铁合金的流动性时，最常采用的是螺旋试样法。此法可分为标准法和简易法。标准法采用同心三螺旋流动性测试装置，试样形状和尺寸如图 2-1 所示，铸型的合型图如图 2-2 所示；简易法采用单螺旋流动性测试装置，试样形状及尺寸如图 2-3 所示，铸型的合型图如图 2-4 所示。铸型的基本结构包括外浇道、直浇道和使合金液沿水平方向流动的具有倒梯形断面的螺旋形沟槽。沟槽中每隔 50mm 有一个凹点，用以直接读出螺旋线的长度。采用螺旋试样法的优点是试样型腔较长，而其轮廓尺寸较小，烘干时不易变形，浇注时易保持水平位置。缺点是合金液的流动条件和温度条件随时改变，影响测试准确度。

应当说明的是，当试样产生缩孔、夹渣、气孔、砂孔、浇不到等明显缺陷时；当试样由于浇注“跑火”引起严重飞边时；当试样表面粗糙度不合格($Ra \geqslant 25\mu m$)时，其测试结果应视为无效。

3. 液态合金的充型性

液态合金的充型能力是指液态合金充满铸型型腔，获得形状完整、轮廓清晰的健全铸件的能力。影响合金充型能力的因素包括合金的流动性、浇注条件、铸型性质及铸件结构等。

1)液态金属的流动性

流动性好的合金，填充铸型的能力强。在相同的铸造条件下，良好的流动性有利于合金液充满铸型，得到形状、尺寸准确，轮廓清晰的致密铸件；有利于使铸件在凝固期间产生的缩孔得到合金液的补缩；有利于铸件在凝固末期受阻出现的热裂得到合金液的充填而弥合。因此，液态合金具有良好的流动性有利于防止浇不足、补缩不足及热裂等缺陷的产生。

2)浇注条件

浇注条件主要是指浇注温度、充型压力和浇注系统结构。

浇注温度对液态合金的充型能力有决定性的影响，在一定温度范围内，充型能力随浇注温度的提高而明显增大。这是因为提高浇注温度可增大合金液的过热度，从而可延长液态合金保持流动的时间，同时升高铸型的温度，使合金散热更加缓慢。此外，提高浇注温度还可降低液态合金的黏度，使流动阻力减小，流速加快，因此可大大提高合金的充型能力。在生产中，对于薄壁铸件或流动性差的合金，为改善它们的充型能力，防止铸件产生浇不足、冷隔、气孔及夹渣等缺陷，常采用在一定温度范围内提高浇注温度的方法。但是当浇注温度超过一定范围后，随着浇注温度的提高，合金吸气增多、氧化严重，且充型能力的提高幅度越来越小。过高的浇注温度会使铸件的一次结晶粗大，易产生缩孔、缩松、黏砂等缺陷。因此，每种铸造合金都有一个合适的浇注温度范围。例如根据生产经验，铸钢的浇注温度为 1520～1620℃，铝合金的浇注温度为 680～780℃，薄壁复杂铸件的浇注温度取上限，厚大铸件的浇注温度取下限。不同壁厚的灰铸铁的浇注温度参阅表 2-1。此外，在实际生产中，对铸铁常采用高温出炉、低温浇注的工艺措施，其目的就是使高温出炉的铁水能把一些高熔点的杂质全部熔化，使铁水黏度降低，有利于提高流动性，从而改善铁水的充型能力。而铁水经一段时间静置后，可使一些难熔杂质上浮至铁水表面，起到净化铁水的作用。

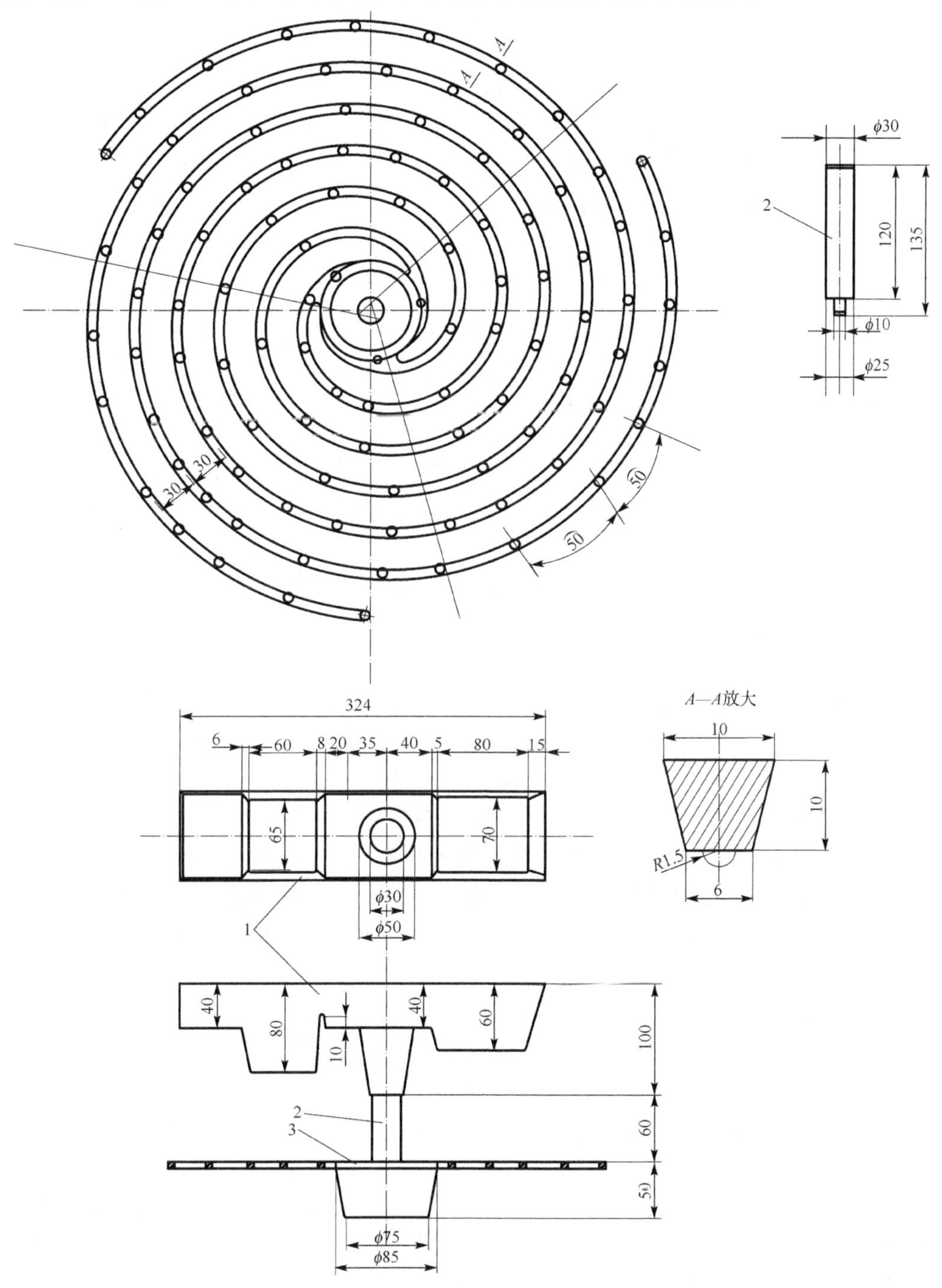

图 2-1　同心三螺旋流动性试样形状和尺寸

1-外浇道模样；2-直浇道模样；3-同心三螺旋模样

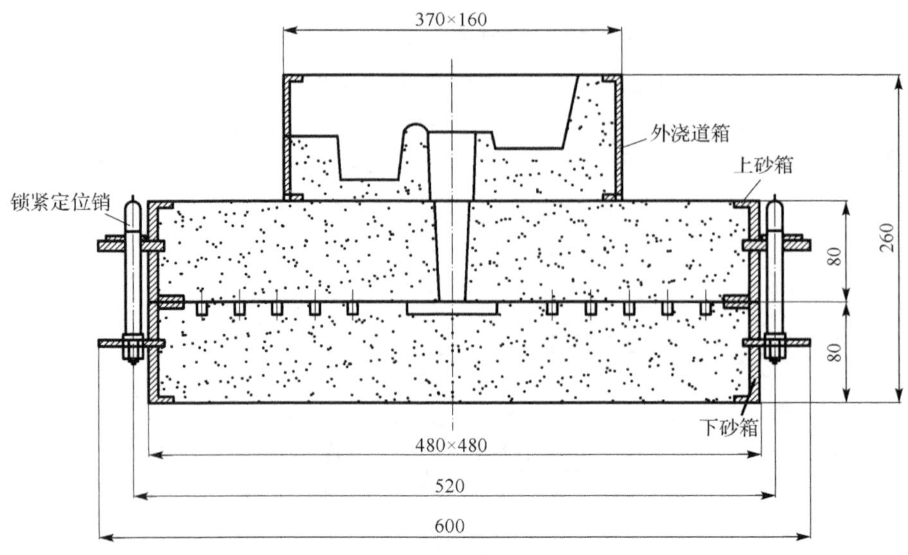

图 2-2　标准法测试合金流动性的铸型合型图

液态合金在流动方向上所受的压力越大，则充型能力越好。在生产中经常采用增大直浇口的高度以增加液态合金静压头的工艺措施来提高充型能力。此外，还可采用人工加压方法来提高充型压头。例如，压力铸造、低压铸造、真空吸铸等都能提高合金液的充型能力。

浇注系统的结构越复杂，液态合金的流动阻力越大，在静压头相同的情况下，液态合金的充型能力越低。

3) 铸型性质

铸型的蓄热系数表示铸型从液态合金吸取并储存热量的能力，它与铸型材料的导热系数、比热容、密度有关。铸型的导热系数、比热容和密度越大，铸型的蓄热系数就越大，因而铸型的激冷能力就越强，金属液在其中保持液态的时间也就越短，充型能力越差。相反，铸型的蓄热系数小，则容易被金属液充满。从表 2-2 列出的几种铸型材料的蓄热系数可知，金属型比砂型的蓄热系数大得多，所以液态合金在金属型中的充型能力比在砂型中差。为了使金属型浇冒口中的金属液缓慢冷却，常在一般涂料中加蓄热系数很小的石棉粉，以降低涂料的蓄热系数。砂型的蓄热系数与造型材料的性质、型砂成分的配比和紧实度等因素有关。

预热铸型可以减小液态合金与铸型的温差，减慢合金的散热，从而提高其充型能力。例如，在金属型浇注铝合金铸件时，若将铸型温度由 340℃提高到 520℃，在相同的浇注温度(760 ℃)下，螺旋线长度可从 525mm 增加到 950mm。用金属型浇注灰铸铁和球墨铸铁件时，铸型的温度不仅影响液态合金的充型能力，还会影响铸件组织，例如，铸型温度过低可能会导致白口组织的产生。

光滑的铸型壁表面或在型腔表面涂以导热系数小的涂料均可提高充型能力。如果铸型具有一定的发气能力，产生的气体会在合金液与铸型之间形成一层气膜，从而减小合金充型流动时的摩擦阻力，有利于提高液态合金的充型能力。若铸型的排气能力小或浇注速度太快，则会增大型腔中的气体压力，从而阻碍液态金属的流动，使充型能力降低。因此适当控制型砂中的含水量和发气物质的含量，提高型砂的透气性。如在砂型上扎通气孔，或在离浇注端最远或最高部位设通气冒口，增加砂型的排气能力，可减小铸型中气体压力对充型能力的不利影响。

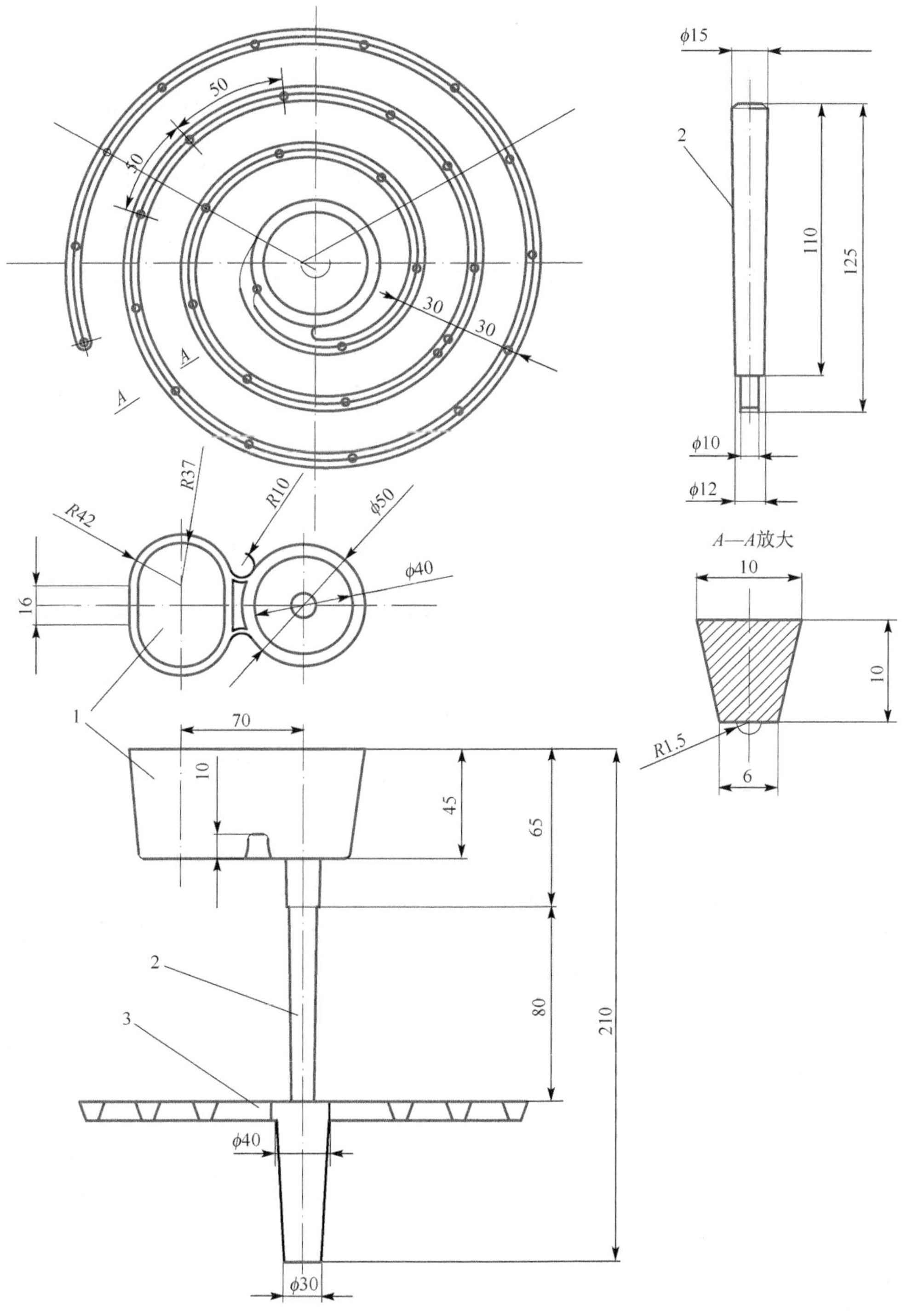

图 2-3　单螺旋流动性试样形状和尺寸

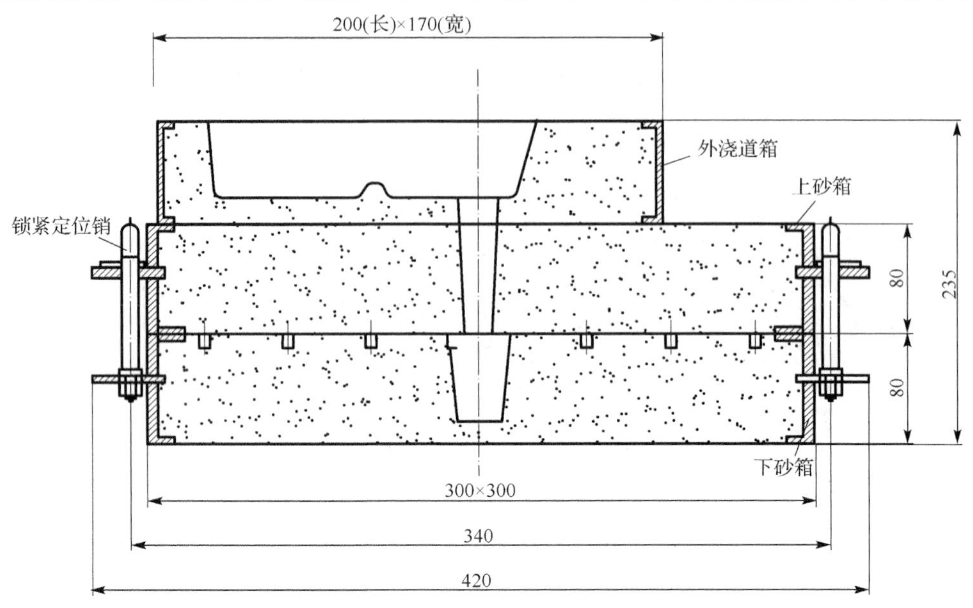

图 2-4　简易法测试合金流动性的铸型合型图

表 2-1　灰铸铁的浇注温度

铸件壁厚/mm	＜4	4～10	10～20	20～50	50～100	100～150	＞150
浇注温度/℃	1450～1360	1430～1340	1400～1320	1380～1300	1340～1230	1300～1200	1280～1180

表 2-2　几种铸型材料的蓄热系数

材料	钢	铸铁	铸钢	黏土砂		湿砂	干砂	锯末	烟黑
温度/℃	20	20	20	20	900	20	900	20	500
蓄热系数/(×10^4J/(m^2·℃·S$^{1/2}$))	3.67	1.34	1.30	0.11	0.17	0.23	0.11	0.0296	0.0076

4) 铸件结构

铸件结构对充型能力的影响主要表现在铸件的折算厚度和复杂程度。

铸件的折算厚度是指铸件的实际体积与铸件的全部表面积之比。如果铸件的体积相同，在相同的浇注条件下，折算厚度小的铸件由于与铸型的接触表面积较大，热量散失快，充型能力差。在铸件壁厚相同时，直壁比水平壁容易充满。因此，为提高薄壁铸件的充型能力，除采取适当提高浇注温度和压头、增加浇口数量和尺寸等措施外，还应正确选择浇注位置。

如果铸件的结构复杂，厚、薄部分的过渡面多，将会增加型腔结构的复杂程度，从而增大流动阻力，使铸型充填困难。

4. 铸造合金的收缩特性

任何一种液态合金注入铸型以后，从浇注温度冷却到室温的整个收缩过程均由液态收缩、凝固收缩和固态收缩三个阶段组成，而各阶段有不同的收缩特性。

1) 液态收缩

液态收缩是液态合金从浇注温度冷却到开始凝固的液相线温度时的收缩。在此阶段，合金处于液态，因此体积的缩小仅表现为型腔内液面的降低。液态收缩一般以体收缩率表示

(式(2-1))。液态收缩与合金的成分和温度有关。合金成分一定时，提高浇注温度能增大过热度，使液态体收缩率增大。合金成分主要影响液态体积收缩系数和液相线温度。例如，铸钢和铸铁的液态体积收缩系数均随含碳量的增加而增大；液相线温度随含碳量的增加而降低。因此，当浇注温度固定后，提高钢或铸铁的含碳量不仅使液相线温度降低，过热度增大，而且由于它们的液态体积收缩系数增大，液态体收缩率显著增大。

$$\varepsilon_{V_{液}} = \alpha_{V_{液}}(T_{浇} - T_{液}) \times 100\% \tag{2-1}$$

式中，$\varepsilon_{V_{液}}$ 为合金的液态体收缩率；$\alpha_{V_{液}}$ 为合金在 $T_{浇}$～$T_{液}$的液态体积收缩系数(℃$^{-1}$)；$T_{浇}$为液态合金的浇注温度(℃)；$T_{液}$为合金的液相线温度(℃)。

2)凝固收缩

凝固收缩是合金在液相线和固相线之间的体积收缩，也用体收缩率表示，通常仍表现为型腔内液面的降低。对于具有一定结晶温度范围的合金，由液态转变为固态时，由于合金处于凝固状态，故称为凝固收缩。这类合金的凝固体收缩率主要包括温度降低和状态改变两部分。对于恒温结晶的纯金属和共晶合金，凝固收缩仅由状态的改变引起，故一般是定值(表 2-3)。

表 2-3　各种金属的凝固体收缩率

种类	Al	Mg	Cu	Co	Fe	Zn	Ag	Sn	Pb	Sb	Bi
$\varepsilon_{V_{液}}$ /%	6.24	4.83	4.8	4.8	4.44	4.35	4.09	2.79	2.69	−0.93	−3.1

对于少数合金及金属(如 Bi、Si、Sb、Bi-Sb 合金和灰铸铁等)，因为凝固体收缩率为负值，所以结晶时体积增大。

3)固态收缩

固态收缩是铸造合金从固相线温度冷却到室温时发生的收缩。固态收缩率包括体收缩率(式(2-2))和线收缩率(式(2-3))两种，但在实际生产中，固态收缩通常直接表现为铸件外形尺寸的减少，因此常用线收缩率表示。

$$\varepsilon_{V_{固}} = \alpha_{V_{固}}(T_{固} - T_{室}) \times 100\% \tag{2-2}$$

式中，$\varepsilon_{V_{固}}$ 为合金的固态体收缩率；$\alpha_{V_{固}}$ 为合金在$T_{固}$～$T_{室}$ 的固态体积收缩系数(℃$^{-1}$)；$T_{固}$ 为合金的固相线温度(℃)；$T_{室}$ 为室温。

$$\varepsilon_1 = \alpha_1(T_{固} - T_{室}) \times 100\% \tag{2-3}$$

式中，ε_1 为合金的固态线收缩率；α_1 为合金在$T_{固}$～$T_{室}$ 的固态线收缩系数(℃$^{-1}$)；$T_{固}$ 为合金的固相线温度(℃)；$T_{室}$ 为室温。

如果合金的线收缩不受到铸型等外部条件的阻碍，称为自由线收缩；否则，为受阻线收缩。

铸造合金的线收缩不仅对铸件的尺寸精度有着直接的影响，而且是铸件中产生铸造应力、变形、裂纹的基本原因。

2.1.3　铸件中的缩孔和缩松

铸件在冷却和凝固过程中，由于合金的液态收缩和凝固收缩，往往在铸件最后凝固的地方出现孔洞。容积大而且比较集中的孔洞称为缩孔；细小而分散的孔洞称为缩松。缩松的形状不规则，表面粗糙，可以看到发达的树枝晶末梢，故可明显地与气孔区别开来。

缩孔的形成过程如图 2-5 所示。缩松形成的基本原因和缩孔一样，主要是由于合金的结晶温度范围较宽，树枝晶发达，合金液几乎同时凝固，液态和凝固收缩所形成的细小、分散孔洞得不到外部液态合金的补充而造成的。

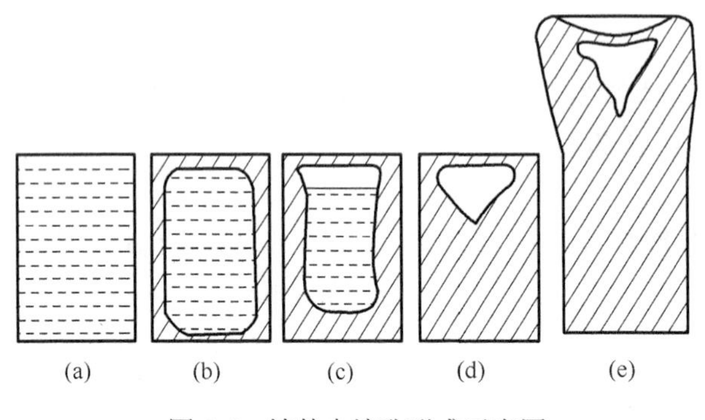

图 2-5　铸件中缩孔形成示意图

铸件中缩孔和缩松的形成倾向与合金的成分有关。定向凝固的合金倾向于产生缩孔；糊状凝固的合金倾向于产生缩松。对于给定成分的合金，其缩孔和缩松的数量可以相互转化，但总容积基本保持不变，如图 2-6 所示。

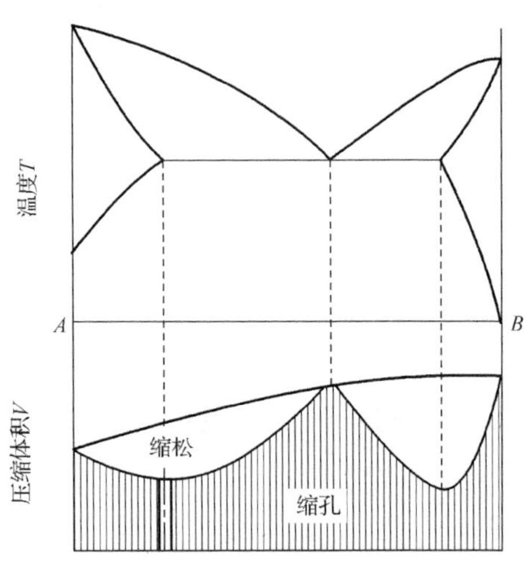

图 2-6　合金成分与缩孔、缩松形成的关系

铸件中若有缩孔、缩松存在，不但会使铸件有效承载面积降低，还会引起应力集中，导致铸件力学性能明显降低。缩孔、缩松还会降低铸件的气密性和物理化学性能，如耐压零件若存在缩孔、缩松则容易发生渗漏而使铸件报废。因此，在生产中需设法防止铸件中产生缩孔、缩松。

铸造合金的液态收缩越大，则缩孔形成的倾向越大；合金的结晶温度范围越宽，凝固收缩越大，则缩孔形成的倾向越大。因此，凡能促使合金液态和凝固期间收缩减小的工艺措施(如调整化学成分、降低浇注温度、减慢浇注速度、增加铸型的激冷能力、增加在凝固过程中的补缩能力，对于灰口铸铁可促进凝固期间的石墨化等)都有利于减小缩孔和缩松的形成。

针对合金的收缩和凝固特点制定正确的铸造工艺，如控制铸件的凝固方式(采用设置冒口和冷铁配合)使之符合定向凝固原则或同时凝固原则，使铸件在凝固过程中建立良好的补缩条件，尽可能地使缩松转化为缩孔，并使缩孔出现在铸件最后凝固的地方。

定向凝固是指让铸件远离冒口的地方先凝固，靠近冒口的地方次凝固，最后是冒口的凝固，从而实现以厚补薄，将缩孔转移到冒口中的凝固方式。定向凝固适用于收缩大或壁厚差别大，易产生缩孔的合金铸件，如铸钢、高强度灰口铸铁和可锻铸铁。同时凝固是指采取工艺措施，使铸件各部分的冷却速度尽量相等，铸件各部分几乎同时凝固的方式。同时凝固主要适用于碳、硅含量较高的灰口铸铁和球墨铸铁。

2.1.4　铸造应力、变形与裂纹

1. 铸造应力

铸件在凝固后的冷却过程中将继续发生固态收缩，有些合金在固态下还要发生相变而伴有收缩或膨胀，从而引起铸件的体积和尺寸的变化。若在此过程中这种体积和尺寸的变化受到阻碍，便会在铸件内产生内应力，称为铸造应力。铸造应力按其产生原因可分为热应力、相变应力和收缩应力三种。

1) 热应力

热应力是铸件在冷却过程中由于各部分冷却速度不同，同一时刻不同部位收缩量不同，彼此互相制约而产生的应力。它通常可残留到室温，这种残余热应力的分布规律是铸件薄壁部位或表层冷速快部位为压应力，厚壁部位或内层冷速较慢部位为拉应力。

下面以厚度不同的 T 字形铸件为例(图 2-7)来讨论热应力的形成过程。

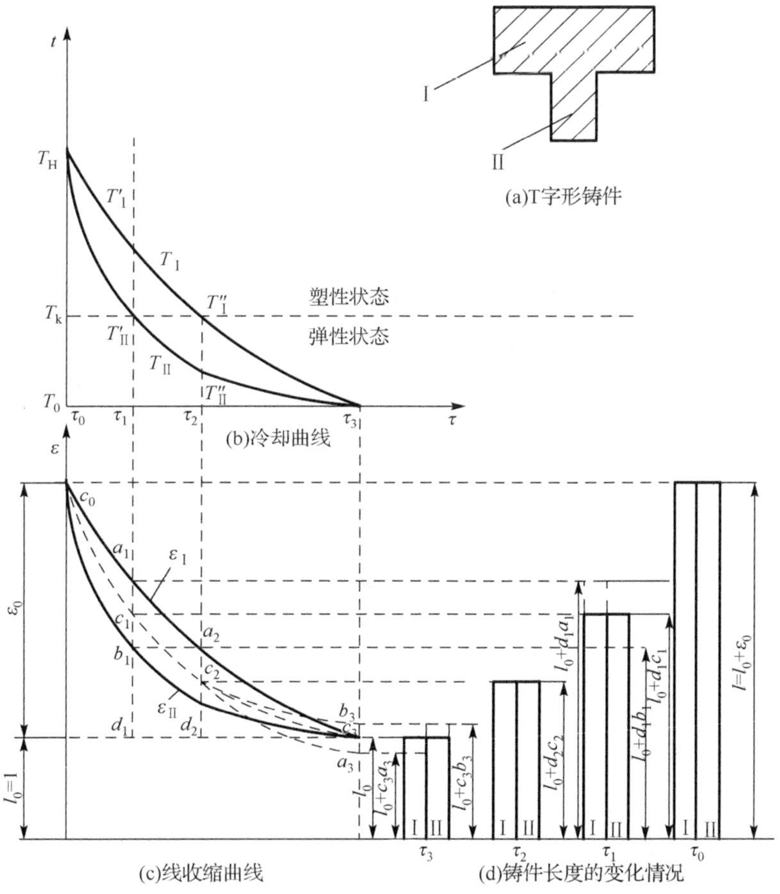

图 2-7　壁厚不同的 T 字形铸件热应力形成过程示意图

图 2-7(a)中 T 字形铸件由厚杆 I 和薄杆 II 两部分组成。为了讨论简便，现作如下四点假设：杆 I 和杆 II 从同一温度 T_H 开始冷却，最后冷却到同一温度 T_0；该合金有一个临界转变

温度 T_k，温度在 T_k 以下时铸件处于弹性状态，温度在 T_k 以上时铸件处于塑性状态；该合金在冷却过程中不发生相变，而且铸件收缩时不受铸型的阻碍；合金的膨胀(收缩)系数 α 和弹性模量 E 是常数，且不随温度而变化，杆Ⅰ和杆Ⅱ之间也没有热交换。

两杆的冷却曲线(T-τ)和相应的线收缩曲线(ε-τ)如图 2-7(b)和(c)所示。根据杆Ⅰ和杆Ⅱ到达临界温度的时间不同，可以分为四个阶段来说明热应力的产生过程，如表 2-4 所示。

表 2-4　由杆Ⅰ和杆Ⅱ组成的 T 字形铸件热应力形成过程

阶段	时间	杆Ⅰ			杆Ⅱ			杆总长度	应力
		温度/℃	状态	长度变化	温度/℃	状态	长度变化		
第一阶段	τ_0	T_H	塑性	$l_0+\varepsilon_0$	T_H	塑性	$l_0+\varepsilon_0$	$l_0+\varepsilon_0$	无
第二阶段	$\tau_0\sim\tau_1$	$T_H\sim T'_I$	塑性	$l_0+d_1a_1$	$T_H\sim T'_{II}$	塑性	$l_0+d_1b_1$	$l_0+d_1c_1$	无
第三阶段	$\tau_1\sim\tau_2$	$T'_I\sim T''_I$	塑性	$l_0+d_2a_2$	$T'_{II}\sim T''_{II}$	弹性	$l_0+d_2b_2$	$l_0+d_2c_2$	无
第四阶段	$\tau_2\sim\tau_3$	$T''_I\sim T_0$	弹性	$l_0+c_3a_3$	$T''_{II}\sim T_0$	弹性	$l_0+c_3b_3$	若无变形为 l	有

从表 2-4 中可见，只要铸件的厚、薄两部分都处于弹性阶段，且收缩不一致，就会产生应力，且厚处受拉应力，薄处受压应力。

如果 T 字形铸件在应力的作用下没有产生弯曲变形，则杆Ⅰ和杆Ⅱ中的剩余热应力与所产生的弹性变形量(ε_I和 ε_{II})有关。

杆Ⅰ所受的拉力为

$$P_I=\sigma_I A_I \tag{2-4}$$

杆Ⅱ所受的压力为

$$P_{II}=-\sigma_{II} A_{II} \tag{2-5}$$

式中，σ_I、σ_{II} 为杆Ⅰ、杆Ⅱ所受的应力；A_I、A_{II}为杆Ⅰ和杆Ⅱ的截面积。

若没有发生弯曲变形，则杆系中各力均衡，$\Sigma P=0$，P_I与 P_{II}大小相等，方向相反，即

$$\sigma_I A_I=\sigma_{II} A_{II} \tag{2-6}$$

假设铸件材料的拉伸和压缩弹性模量(E)相等，根据胡克定律及式(2-6)，可得

$$\frac{\varepsilon_I}{\varepsilon_I}=\frac{A_{II}}{A_{II}} \tag{2-7}$$

或

$$\frac{\varepsilon_I}{\varepsilon_I+\varepsilon_{II}}=\frac{A_{II}}{A_{II}+A_{II}} \tag{2-8}$$

由图 2-7 可见，$\varepsilon_I+\varepsilon_{II}=a_3b_3$，即等于 T 字形铸件的总变形量，其值与两杆冷至 T_k时的温差 $T''_I-T''_{II}$ 成正比，即

$$\varepsilon_I+\varepsilon_{II}=\alpha(T''_I-T''_{II}) \tag{2-9}$$

将式(2-9)代入式(2-8)，可得

$$\varepsilon_I=\frac{A_I}{A_I+A_{II}}\alpha(T''_I-T''_{II}) \tag{2-10}$$

同理可得

$$\varepsilon_{\mathrm{II}} = \frac{A_{\mathrm{I}}}{A_{\mathrm{I}} + A_{\mathrm{II}}} \alpha (T_{\mathrm{I}}'' - T_{\mathrm{II}}'') \tag{2-11}$$

分别将式(2-10)和式(2-11)代入胡克定律表达式，可得杆 I 中拉应力为

$$\sigma_{\mathrm{I}} = E \frac{A_{\mathrm{I}}}{A_{\mathrm{I}} + A_{\mathrm{II}}} \alpha (T_{\mathrm{I}}'' - T_{\mathrm{II}}'') \tag{2-12}$$

杆 II 中压应力为

$$\sigma_{\mathrm{II}} = E \frac{A_{\mathrm{II}}}{A_{\mathrm{I}} + A_{\mathrm{II}}} \alpha (T_{\mathrm{I}}'' - T_{\mathrm{II}}'') \tag{2-13}$$

由式(2-12)和式(2-13)可见，影响热应力的因素主要有铸件材料的弹性模量 E、线收缩系数 α 和铸件各部分的温差。热应力与铸件的弹性模量和线收缩系数成正比。因此，铸件材料的弹性模量和线收缩系数大，则产生的热应力就大。此外，铸件的壁厚差越大，冷却时厚、薄两部分温差 $T_{\mathrm{I}}'' - T_{\mathrm{II}}''$ 也就越大；合金的导热性能越小，$T_{\mathrm{I}}'' - T_{\mathrm{II}}''$ 就越大；铸型的蓄热系数越大，或浇注温度越低，铸件的冷却速度就越快，引起的温差 $T_{\mathrm{I}}'' - T_{\mathrm{II}}''$ 越大，产生的热应力也越大。

2) 相变应力

相变应力是具有固态相变的铸件在冷却过程中因各部位达到相变温度的时间不同，相变程度也不同，相变前后的组织具有不同的比容，从而使铸件各部分体积发生不均衡变化而产生的应力。相变应力的方向可能与热应力方向相同，也可能相反，前者使应力叠加，加剧应力对铸件质量的不利影响，后者则减轻其不利影响。相变应力可以是临时应力，也可以是剩余应力。

3) 收缩应力

收缩应力是铸件固态收缩时因受到铸型、型芯、箱挡或浇冒口等外力的阻碍而产生的应力。收缩应力一般表现为拉应力或剪切应力。铸件落砂后，形成应力的原因消除，收缩应力也随之基本消失。因此，收缩应力是一种临时应力。

综上所述，铸造应力实际上是热应力、相变应力和收缩应力的矢量和。三种应力有时相互抵消，有时相互叠加；有时是临时的，有时是剩余的。

4) 减小或消除铸造应力的方法

减小铸造应力主要是采取各种措施减小铸件冷却过程中各部分的温差，以及改善铸型和型芯的退让性。具体方法包括：工艺上采取冒口、冷铁配合使用，加快厚大部分的冷却，尽量让铸件形成同时凝固；在满足使用要求的前提下，减小铸件的壁厚差，分散或减小热节；提高铸型温度，以减小各部分的温差(主要用于金属型和熔模铸造)；控制合适的型、芯紧实度，加入退让性比较好的材料(如木屑等)以改善铸型和型芯的退让性；铸件提早打箱或松砂，减小收缩时的阻力；在满足铸件使用性能的前提下，选择弹性模量 E 和线收缩系数 α 小的铸造合金。

当采用上述措施仍旧不能彻底消除铸件中的应力时，可采用下述方法对剩余应力加以消除。

(1) 人工时效。将铸件重新加热到合金的临界温度 T_{k} 以上，即使铸件处于塑性状态的温度范围。在此温度下保温一段时间，使铸件各部分的温度均匀，让应力充分消失，然后随炉

缓冷以免形成新的应力。该法具有去除应力彻底、周期短、占地少等优点，在生产中广泛应用；其缺点是燃料消耗大、易产生氧化皮和尺寸变化、费用较高。

(2) 自然时效。此法是将具有剩余应力的铸件露天放置数个月乃至一年多时间，随着长时间自然温度的变化，铸件发生非常缓慢的变形，从而使剩余应力消除。自然时效的特点是费用低，但时间较长、占地面积大、生产效率低、去除应力也不彻底。因此，自然时效在现代生产中较少应用。

(3) 振动时效。此法是将铸件在共振条件下(振动频率在 400～6000Hz) 振动 10～60min，以达到消除剩余应力的目的。振动时效的特点是时间短、设备费用低、结构轻便，铸件无氧化皮和尺寸变化、不受铸件尺寸限制，节省人力和燃料，便于生产的机械化和自动化。振动时效在生产中应用较为广泛。

2. 铸件的变形

由于铸造应力的缘故，处于应力状态(不稳定状态)下的铸件能够自发地发生变形以减少内应力而趋于稳定状态。铸件变形的结果是，可使铸件尺寸、形状不符合要求而报废；对已经机械加工、装配的精密机器，迅速失去精度。因此，为了防止变形的产生，必须首先设法降低和消除铸件内的剩余应力或从工艺上采取措施(如大型铸件采用反变形法；具有一定塑性的薄壁铸件可进行矫直、设拉肋等)，以减少变形。

3. 铸件的裂纹

根据铸件裂纹产生的原因和温度范围，可将裂纹分为热裂和冷裂两种。

冷裂是铸件处于弹性状态时，铸造应力超过材料的强度极限时所产生的裂纹。冷裂常为穿晶扩展，外形呈连续直线状或圆滑曲线，且裂纹较细，裂口表面干净，具有金属光泽或呈轻微氧化色。

冷裂往往出现在铸件受拉伸的部位，特别是应力集中的地方。因此，铸件产生冷裂的倾向与铸件形成应力的大小密切相关。合金的化学成分(如钢中的 C、Cr、Ni 等元素，虽能提高合金的强度，但会降低钢的热导率，含量高时，冷裂倾向增大)和杂质状况(如 P 含量高时，冷脆性增加；S 及其他夹杂物富集在晶粒边界，易产生冷裂)对冷裂的形成影响很大。

热裂是铸钢件、可锻铸铁坯件和一些非铁合金铸件中最常见的铸造缺陷。热裂断面氧化严重，无金属光泽，裂口沿晶粒边界产生和发展，外观形状曲折而不规则(铸钢件裂口表面近似呈黑色，铝合金则呈暗灰色)。

一般认为，热裂是在凝固末期固相线附近出现的。此时，由于铸件中结晶的骨架已经形成并开始收缩，但晶粒间还有一定量的液相存在，且铸件强度和塑性极低，收缩稍受阻碍即可开裂。

热裂的形成与铸造合金本身的性质、铸型性质、铸件结构、浇注条件有关。合金凝固温度范围宽和结晶时形成粗大树枝晶易产生热裂，凡是扩大合金凝固温度范围和加大合金绝对收缩量的元素(如钢中的 S)都促使热裂产生；铸件凝固收缩时受型芯的阻力越大，产生应力的倾向越大，且易开裂；浇冒口布置不合理，使铸件在浇冒口部位，因温度高、冷却慢产生裂纹；浇注温度和浇注速度对热裂形成的影响比较复杂，要综合考虑；铸件结构设计不合理(如两截面相交处成直角、十字交叉截面等)也是产生热裂的原因之一。在生产中可根据具体合金铸件分析其热裂产生的主要原因，并采取相应的措施。

2.1.5　铸件中的偏析

铸件截面上不同部位乃至晶粒内部产生的化学成分不均匀现象称为偏析。根据偏析产生的范围可分为微观偏析和宏观偏析两大类。

1. 微观偏析

微观偏析是指微小(晶粒)尺寸范围内各部分的化学成分不均匀现象，包括枝晶(晶内)偏析和晶界偏析两种。

1) 晶内偏析

对于有结晶温度范围且能够形成固溶体的合金，在铸造条件下结晶时，由于冷却速度快，固态溶质来不及扩散均匀，从而使晶粒内先结晶的部分和后结晶的部分成分不同的现象称为晶内偏析。

晶内偏析的程度取决于合金的冷却速度、偏析元素的扩散能力、受液相线和固相线间隔所支配的溶质的平衡分配系数。在其他条件相同时，冷却速度越大，偏析元素的扩散能力越小，平衡分配系数越小，则晶内偏析越严重。但冷却速度增大时，晶粒可以细化，晶内偏析程度反而可以减轻。当冷却速度达 10^6～10^7℃/s 时，偏析来不及发生，可得到成分均匀的非晶态组织。

可通过扩散退火或均匀化退火的方法消除晶内偏析，即将铸件加热到低于固相线 100～200℃，并进行长时间的保温，使偏析元素进行充分扩散，以达到成分均匀的目的。

2) 晶界偏析

铸件在结晶过程中，低熔点物质被排除在固-液界面。当两个晶粒相对生长、相互接近并相遇时，在最后凝固的晶界上将有较多的溶质或其他低熔点物质，这种现象就是晶界偏析。图 2-8 为晶粒相遇形成的晶间偏析，图 2-9 为晶界位置与晶粒生长方向平行形成的晶界偏析。

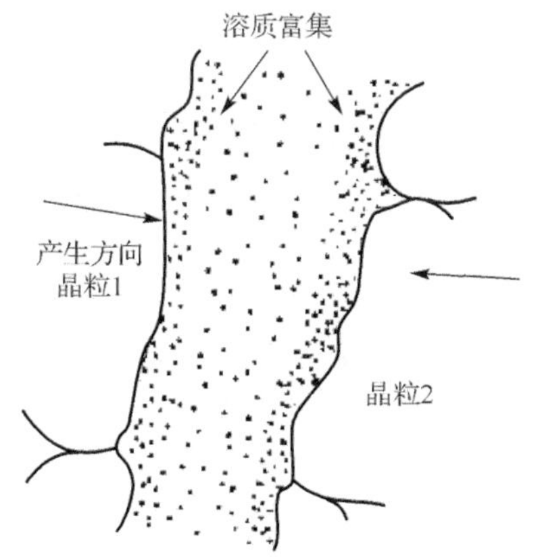

图 2-8　晶间偏析示意图

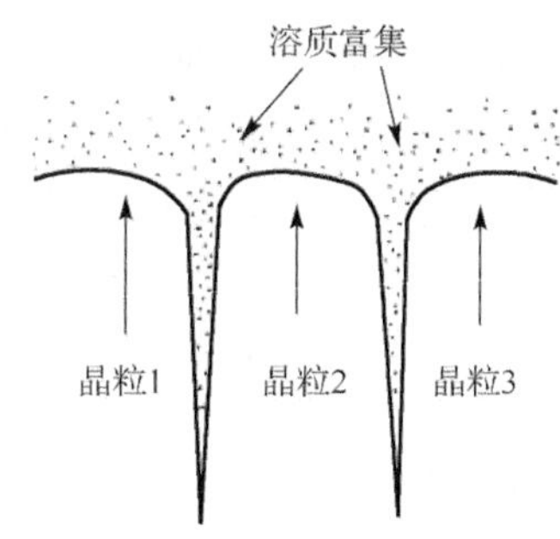

图 2-9　晶界偏析示意图

铸造合金的晶界偏析易使合金的高温性能降低，促使铸件在凝固过程中产生热裂，对合金的性能危害很大。采用均匀化退火很难消除铸件的晶界偏析，故生产中通常采用细化晶粒及减少合金中氧化物、硫化物、某些碳化物等措施来预防和消除晶界偏析。

2. 宏观偏析

在铸件较大尺寸范围内化学成分不均匀的现象称为宏观偏析。宏观偏析通常包括正偏析、反偏析和重力偏析。

1) 正偏析

正偏析是指铸件或铸锭凝固时，低熔点成分和易熔杂质的分布从外部到中心铸件增多的现象。偏析一般对铸件质量是有害的，但利用凝固中溶质形成正偏析的规律可以达到金属提纯的目的，如区域熔炼。

2) 反偏析

反偏析是指某些合金铸锭在表层一定范围内，溶质浓度由外向内逐步降低或上部溶质浓度高于底部的现象。反偏析形成原因是原铸件中心区富集低熔点元素的液体在凝固时收缩，从而在树枝晶之间产生空隙(此处为负压)，加上温度降低使液体中的气体析出而形成压强，把铸件中心低熔点元素浓度较高的液体沿着柱状晶之间的“渠道”压至铸件的外层。

反偏析通常发生在结晶温度范围较大的固溶体型合金中。树枝晶越发达，铸件凝固速度越慢，合金在凝固过程中析出的气体越多，形成的压力越大，则越易产生反偏析。例如，锡青铜铸件表面出现的“锡汗”就是比较典型的反偏析。

3) 重力偏析

重力偏析又称比重偏析。当合金熔体凝固时，先结晶的固相与周围熔体之间有明显的密度差或熔体中存在互不相溶且密度明显不同的两种液相时，在重力的作用下会造成铸件上、下部分化学成分明显的不同，称此现象为重力偏析。例如，Cu-Pb 合金中 Cu 的密度为 8.24g/cm^3，Pb 的密度为 10.4g/cm^3，凝固后铸件上部富 Cu，下部则富 Pb；球墨铸铁中石墨漂浮；锡锑轴承合金中的锑富集在铸件上部，都是重力偏析。在生产中可在浇注时充分搅拌合金液；在合金液中加入阻碍初晶浮沉的元素，使其在结晶过程中形成骨架；降低浇注温度，加快凝固速度等方法来减少重力偏析。

2.1.6 铸件中的气体

铸件中的气体一般来源于合金的熔炼过程、铸型过程和浇注过程三个方面。熔炼过程中气体主要来自各种炉料的锈蚀物、炉衬、工具、熔剂及周围气氛中的水分、氮、氧等气体。铸型过程中的气体主要是型砂中的水分，即使烘干的铸型，浇注前也会吸收水分，且其中的黏土在金属液的热作用下结晶水还会分解，有机物的燃烧也会产生大量气体。当浇包未烘干、浇注系统设计不当、铸型透气性差、浇注速度控制不当、型腔内的气体不能及时排出时，由于温度急剧升高，气体体积膨胀而使压力增大，从而使气体进入合金液，都会使合金中的气体含量增大。

铸造合金中的气体常以下列三种形式存在。

(1) 以溶解形式存在。氢的原子半径很小(0.037nm)，几乎能溶到各种铸造合金中。氧的原子半径也比较小(仅 0.066nm)，但它是一种极为活泼的元素，能和许多种金属形成化合物，只有氧化性较差的金属及合金能溶入一定量的氧。氮的原子半径比较大(0.08nm)，在铸钢和铸铁中有一定的溶解量，但在铜合金和铝合金中几乎不溶。

(2) 以化合形式存在。若合金中的气体与合金中某元素之间的亲和力大于气体本身所具有的亲和力，则气体就与该元素形成化合物存在于合金中。例如，氧在铁液中可形成 SiO_2、Al_2O_3、MnO 等化合物，也可形成易分解的 FeO 等。合金液在大气中随时都有被氧化的可能，产生氧化夹渣。

(3) 以气泡形式存在。若合金中的气体含量超过其溶解度或浸入的气体不被溶解，则以分子状态(气泡形式)存在于合金液中。若凝固前气泡来不及排除，就会在铸件中产生气孔。

铸造合金中存在的气体对铸件质量危害较大。气孔不仅能减小铸件的有效承载面积，而且能引起应力集中，成为零件断裂的裂纹源，使合金的力学性能降低，造成铸件报废；若气体以溶解状态存在，虽危害较小，但也会降低铸件的韧性。对于要求承受液压和气压的铸件，气孔能够明显地降低其气密性。合金中含有气体也会影响铸造性能，使铸件凝固时的反压力增大，阻碍合金液的补缩，造成晶间疏松，降低合金的流动性，使铸件产生缺陷。

根据气体的来源，在生产中应采取措施减小或防止铸造合金的吸气，合金熔化时的过热温度不宜过高，与气体接触的时间也不宜过长。对于易吸气的合金，熔炼时要注意采取措施(如覆盖等)防止吸气。即使这样，合金中还是不可避免地存在气体。因而，在浇注前对合金液采取除气处理(如浮游去气、真空去气、氧化去气、冷凝去气等)或阻止气体的析出(如提高铸件冷却速度、提高铸件凝固时的外压等)，都可防止和减小气孔的产生。

2.1.7　铸造合金中的夹杂物

铸件内或表面上存在的和基体金属成分不同的质点称为夹杂物。夹杂物具有不同的类型和形态，它们对合金的铸造性能和铸件的质量有着不同程度的影响。

夹杂物按其组成可分为单一化合物和复杂化合物等。单一化合物包括氧化物、硫化物、硼化物、硅酸盐、氮化物、碳化物等；复杂化合物包括共晶体或复合物，如铁与锰的氧化物共晶体(FeO-MnO)、三元磷共晶体(Fe_3C-Fe_3P-αFe)和玻璃体夹杂物($n\mathrm{FeO}\cdot m\mathrm{MnO}\cdot \mathrm{PSiO_2}$)。

夹杂物按其来源可分为内生夹杂物和外在夹杂物。内生夹杂物是指合金液本身各成分发生化学反应而产生的夹杂物，如铁碳合金中形成的 FeS、MnS、Fe_3P 等夹杂物；外来夹杂物是合金液受污染或与外界物质接触发生相互作用而产生的，如金属炉料表面黏砂、黏土、锈蚀。

夹杂物按其分布、尺寸可分为宏观夹杂物和微观夹杂物。宏观夹杂物可直接使铸件产生渣孔、夹渣、黑斑等缺陷，引起铸件力学性能和表面质量降低。微观夹杂物，特别是分布在晶粒边界上的不规则多角形夹杂物对性能影响更大。例如，铸钢晶界上的硫化物、磷化物使铸件的塑性和强度显著降低；尖角形的夹杂物可造成应力集中，成为疲劳断裂的裂纹源，缩短铸件的使用寿命；合金液中含有悬浮状的难熔固溶体夹杂物将显著降低它的流动性；易熔的夹杂物(如 FeS)分布在晶界上，易使铸件产生热裂。

但也有些夹杂物对铸件质量能够起到好的作用，如钢中的氮化物和碳化物、铸铁中的磷共晶等，有时可提高材料的硬度和耐磨性能。有些夹杂物还可成为非自发结晶的核心，细化晶粒，提高性能。

生产中可采用如下措施防止或减少夹杂物的产生。

(1) 严格控制合金中形成夹杂物的元素含量。熔炼时尽量减少炉料中的杂质；采用 S、P 含量低的金属炉料等。另外，生产中还可通过加入某些合金元素来改善夹杂物的组成、形状和分布。例如，铸铁中的硫常形成尖角薄膜状的二元或三元硫共晶夹杂物，加入锰可形成高熔点的块状 MnS，甚至加入比锰亲和力更大的微量元素(如镁、稀土元素)，可形成熔点更高的硫化物，这些硫化物以球状或多面体微小质点分布在晶间，可有效地减弱硫化物的危害。

(2) 液态合金中的一次夹杂物在浇注之前应尽量排除，例如，将铁液、钢液在浇包内进行高温静置，有利于夹杂物的上浮和排除；在浇注过程中使用过滤网，效果比较好，目前已广泛应用于各种铸造合金的铸造生产上。

(3) 防止合金在浇注和充填过程中产生二次夹杂物。据统计，钢液中的二次夹杂物占铸件夹杂物总量的 40%～70%。应采用合理设计的浇注系统，增强浇注系统控制氧化物和夹杂物的作用，尽量避免在铸型中形成过强的氧化性气氛。对于质量要求高的铸件可以在真空或保护性气氛下进行熔炼和浇注。

2.2　铸 造 工 艺

2.2.1　砂型铸造

砂型铸造是用型(芯)砂制作铸型的一种最常用的方法，其典型工艺过程包括模样和芯盒的制作、型砂和芯砂制备、造型制芯、合箱、熔炼、浇注、落砂、清理及检验，如图 2-10 所示。

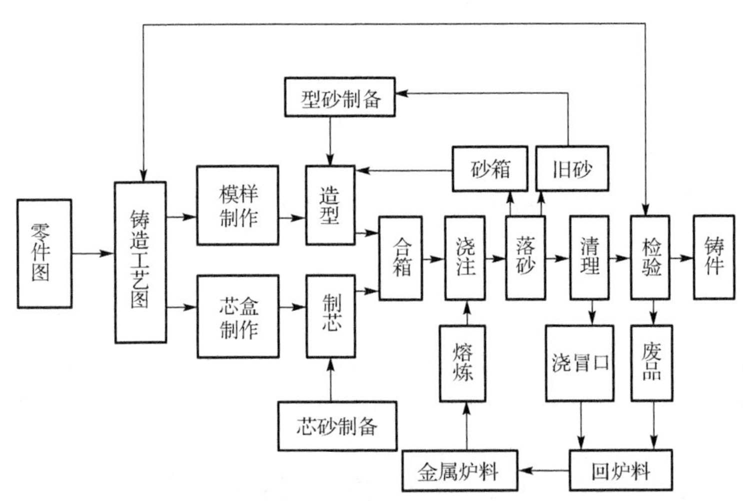

图 2-10　砂型铸造工艺

1. *砂型原料及要求*

砂型铸造的铸型是由型砂制成的。型砂只有满足一定的性能要求，才能使造型、合箱等工作顺利进行，也才能在浇注后得到合格铸件。这些要求包括透气性、强度、耐火性、退让性和流动性等。

透气性是指型砂能让气体透过的性能。高温金属液浇入铸型后，型内充满大量气体，这些气体必须由铸型内顺利排除，否则将会使铸件产生气孔、浇不足等缺陷。铸件的透气性受砂的粒度、黏土含量、水分含量及砂型紧实度等因素的影响。砂的粒度越细、黏土及水分含量越高、砂型紧实度越高，透气性越差。

型砂的强度是指型砂抵抗外力破坏的能力。型砂必须具备足够高的强度才能在造型、搬运、合箱过程中不引起塌陷，浇注时也不会破坏铸型表面。生产中型砂的湿强度通常控制在0.04～0.08MPa。型砂的强度也不宜过高，否则会导致透气性、退让性下降，使铸件产生缺陷。影响强度的主要因素有砂的粒度、黏土及水分含量、紧实度、混砂质量等，采用颗粒细的砂，适当提高黏土及水分含量，提高砂型紧实度，采用合理的混砂工艺，使混砂均匀充分，有利于提高型砂的强度。

型砂的耐火性是指型砂在高温金属液的作用下不熔融、不烧结的性能。型砂耐火性差会使铸件表面黏砂，给铸件清理及后续机械加工造成困难，严重的还会引起铸件报废。型砂的耐火性主要取决于砂中的 SiO_2 含量，砂中 SiO_2 含量越高，所含的低熔点杂质越少，型砂的耐火性越高。另外，砂的颗粒增大，型砂的耐火性也提高。

型砂的退让性是指在铸件凝固后的冷却过程中，型砂不阻碍铸件收缩的性能。型砂退让性不好，铸件收缩受阻，会在铸件中产生内应力，从而引起变形和开裂等缺陷。要改善型砂的退让性，可在型砂中加入一定量的锯末、焦炭粒等附加物。

型砂的流动性是指型砂在外力或自身重力作用下，砂粒间相对移动的能力。流动性好的型砂不但容易充填模样周围的窄间，从而得到紧实度均匀、轮廓清晰的型腔，而且能提高造型的效率。砂粒的形状、大小及均匀程度对型砂流动性有很大影响，圆形砂粒比尖角形或多角形砂的流动性好，粒度大而均匀的砂比粒度小而分散的砂流动性好。型砂中黏土和水分含量的增加会降低其流动性。此外，混砂顺序不当、混砂时间过短或过长都会影响其流动性。

2. 砂型及浇注系统

砂型可分为干型和湿型。湿型是造好型后可直接合箱浇注而无须烘干的铸型，是铸造生产中应用较多的砂型。湿型砂主要由砂、黏土(常用膨润土)、水及煤粉等附加物组成。湿型砂的成分随铸件的具体情况不同而异，常用配方为 60%～80%旧砂、10%～15%新砂、4%～6%黏土(膨润土)、4%～7%煤粉、5%～7%水。

型砂混制过程如下：将所需比例的新砂、旧砂、膨润土、煤粉等原材料加入混砂机，先干混 3～5min，然后加水湿混 5～15min，待性能合格后出砂。刚混好的砂不宜立即用于造型，一般应堆放 3～5h，使型砂性能更稳定。

浇注系统是液态合金充填型腔的通道，同时具有补缩、挡渣、除气等作用。因此，浇注系统设计得正确与否直接关系到能否获得合格铸件。典型的浇注系统由外浇口、直浇道、横浇道和内浇口四个部分组成。金属由外浇口浇入，经直浇道、横浇道，最后经内浇口流入型腔。

外浇口的作用是缓和金属液浇入的冲力，由于外浇口截面积比直浇道大得多，金属液在外浇口内的纵向流速比直浇道内的流速小得多，外浇口可起部分挡渣的作用。外浇口可制作成盆形或漏斗形。

直浇道的作用是提供金属液充型的压力，保证金属液迅速充满型腔，直浇道常制作成有一定锥度的圆柱形。

横浇道的主要作用是将金属液分配到各个内浇口中，挡渣是横浇道最主要的作用。横浇道截面形状一般制作成梯形，位于内浇口的上面。

内浇口是金属液流入型腔的入口，通过它控制金属液流入型腔的部位、速度及方向。内浇口截面形状常为扁梯形、月牙形或三角形。

3. 造型方法

造型是砂型铸造的基本工序之一，造型可分为手工造型和机器造型两大类。单件小批量生产时多采用手工造型，大批量生产时应采用机器造型。

手工造型包括整模造型、分模造型、挖砂造型、活块造型及三箱造型。整模造型的模样是一个整体，造型时整体模样置于同一砂箱内，分型面为平面。若零件的最大截面不在端面，且采用整模造型，将无法起模。这时可将模样沿最大截面处分成两半，造型时两块半模分别位于上、下砂箱内，即分模造型。若铸件的最大截面不在一端，且不能采用分模造型(如模样太薄或分型面是曲面等)，这时可将模样制作成整体，造型时挖去影响起模的型砂，使模样截面最大的部分位于分型面上，以便起出模样，即挖砂造型。若铸件的侧面有小凸台，影响造型时起模，在模样制作时可将小凸台部分制作成活块，通过销钉或燕尾榫与模样主体相连。起模时先取出模样主体，再单独取出活块，这种造型方法称为活块造型。有些铸件具有两头截面大、中间截面小的特点，只用一个分型面取不出模样，需要用两个分型面，即三个砂箱造型，这种方法称为三箱造型。

机器造型包括震压式造型、压实式造型、抛砂造型等方法。震压式造型是指造型时型砂的紧实，分为震击紧实和压实两步进行，起模时利用起模油缸将砂箱顶起，使模样脱离砂型。压实式造型是指压实前将型砂填入砂箱和辅助框内，然后压头下压使型砂紧实。抛砂造型是指抛砂机利用离心力填砂并使型砂紧实的造型方法。

型芯主要用于形成铸件的内腔，但有时考虑简化造型工艺或其他因素，也用于形成铸件的外形。制芯的方法有多种，应用较多的是芯盒制芯和刮板制芯。芯盒制芯又分为整体式芯盒制芯、对开式芯盒制芯、可拆式芯盒制芯三种。整体式芯盒制芯是指采用整体芯盒制作型芯，主要用于形状简单的型芯。对开式芯盒制芯适用于截面形状对称的型芯制作，尤其是圆形截面型芯。两块对分芯盒用销钉、销孔准确定位。对于形状复杂的中、大型芯，为能从芯盒中取出型芯，可将芯盒制作成几块，拆开组成芯盒的各块，就可以方便地取出型芯，即可拆式芯盒制芯。刮板制芯适合于制造等截面的型芯。

2.2.2 金属型铸造

金属型铸造是用自由浇注的方法将熔融金属浇入由铸铁或钢制造的铸型中而获得铸件的一种铸造方法。因铸型可多次使用，故又分永久型铸造或硬模铸造。

金属型的结构形式很多，主要有整体式、水平分型式、垂直分型式(图 2-11)和复合分型式，其中垂直分型式开设浇口，取出铸件方便，易实现机械化，所以应用较广。金属型用芯子有金属芯和砂芯。

为了提高合金的充型能力，保护铸型，金属型铸造工艺需在浇注前将金属型预热到 200～350℃。为控制铸件冷却速度、提高铸件质量，浇注前型腔和金属芯表面必须喷 0.1～0.5mm 厚度的特殊涂料。由于金属型无退让性，为避免铸件产生缺陷及抽芯和取芯困难，通常在较高温度下开型取件，铝合金铸件出型时为 450～500℃，镁合金铸件出型时为 350～400℃，铸铁件出型时为 850～950℃。由于金属型无透气性，在金属型上要有良好的排气系统。金属型导热能力强，合金的浇注温度比砂型铸造要高 10～20℃。

金属型铸造具有的优点为：一型多铸，劳动生产率高，劳动条件好，易实现机械化和自动化；铸件尺寸精度高，表面质量好(CT6～9，*Ra* 为 3.2～12.5μm)，切削加工余量小；金属型冷却速度大，铸件组织致密，力学性能好；铸造工序简化，工艺条件较易控制，铸件质量稳定，废品率低等。金属型铸造也存在金属型制造成本高，周期长，不宜铸造复杂、大型、薄壁铸件和高熔点合金铸件等缺点。

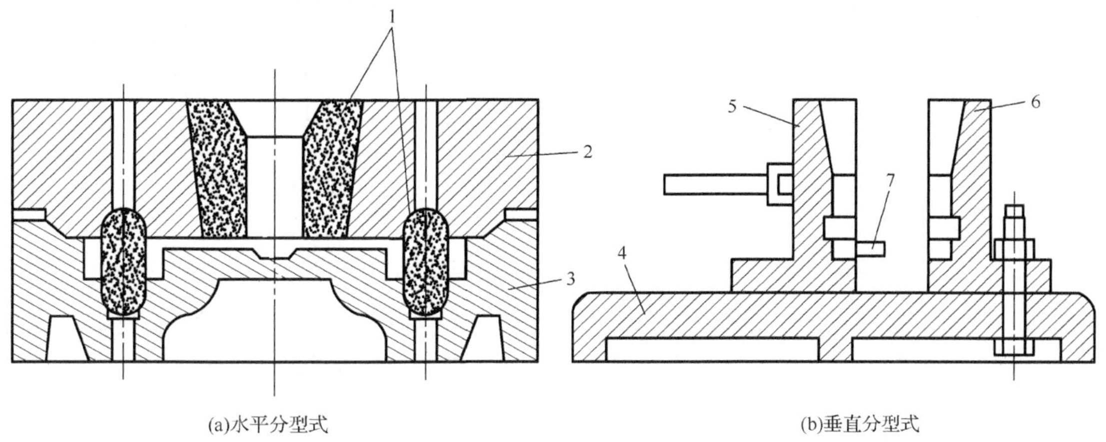

图 2-11　金属型结构

1-型芯；2-上型；3-下型；4-底座；5-动型；6-定型；7-定位销

金属型铸造主要应用于大批量生产形状简单的有色合金铸件，如活塞、气缸体、轴瓦、轴套等。

2.2.3　压力铸造

压力铸造是将液态或半液态金属浇入压铸机的压室内，使它在高压和高速下充填铸型，并在高压下结晶凝固而获得铸件的铸造方法，简称压铸。

压铸机是压力铸造的基本设备，主要由压射机构和合型机构组成。前者的作用是将金属液高速高压压入型腔，后者的作用是开合压铸型。压铸机一般由合型力的大小表示。压铸机分热压室压铸机和冷压室压铸机两类。热压室压铸机的压室与合金熔化炉连为一体，并浸泡在液态金属中，其工作原理图如图 2-12 所示。冷压室压铸机的压室与熔化炉分开，每次压铸时，要从保温炉中用浇包舀取金属液倒入压室，再进行压铸。冷压室压铸机可分为立式冷压室压铸机、卧式冷压室压铸机和全立式冷压室压铸机三种。图 2-13 是卧式冷压室压铸机的工作原理图。

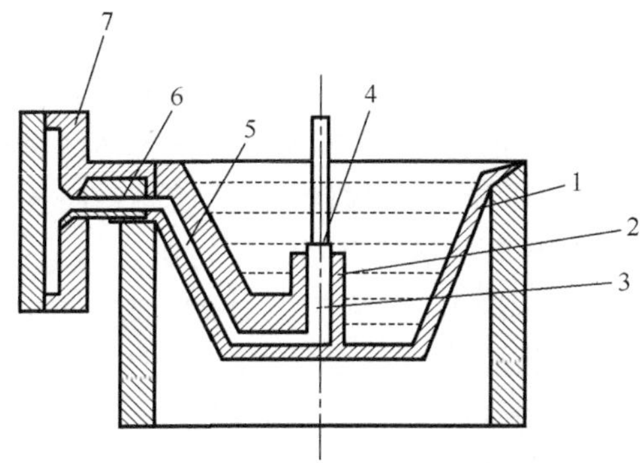

图 2-12　热压室压铸机工作原理图

1-坩埚；2-金属液入口；3-压室；4-压射冲头；5-金属液通道；6-喷嘴；7-压型

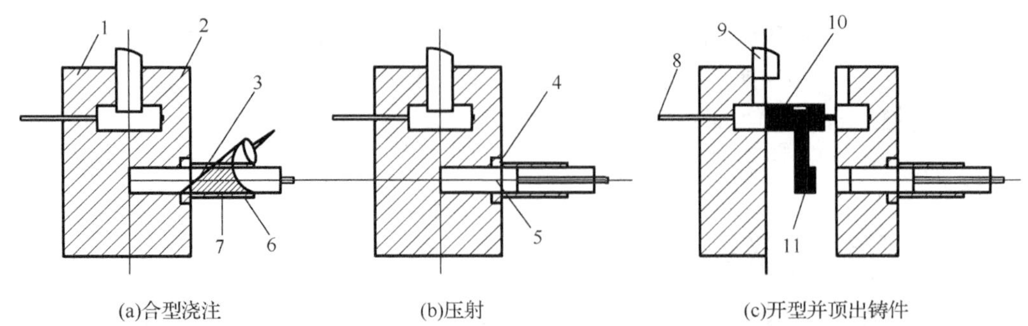

图 2-13　卧式冷压室压铸机工作原理图

1-动型；2-静型；3-浇包；4-压室；5-压射冲头；6-金属液；7-浇注孔；8-顶杆；9-金属芯；10-铸件；11-余料

压铸型是由耐热的合金工具钢经机加工而成的永久性铸型，由动型、静型、型芯、抽芯机构、铸件顶出机构、浇注系统、集渣排气系统及加热冷却系统等部分组成。

压力铸造时，根据合金种类和铸件结构选择压铸比压，一般为 30～80MPa；充填速度是指金属液通过铸型内浇口导入型腔的线速度，生产中一般为 10～40m/s；充填时间一般为 0.01～0.2s；持压时间为 1～3s；由于压铸过程是高速高压下充填，浇注温度一般比常规铸造低 40～80℃；压铸型工作前要预热，铝、镁合金压铸预热到 130～200℃，铜合金压铸预热到 200～400℃，并喷刷特殊涂料。

压力铸造铸件尺寸精度高，尺寸公差可达 CT4～8，表面粗糙度 *Ra* 为 0.8～3.2μm，零件多数不经加工直接使用，可以实现嵌铸；可以制造出壁薄、形状复杂精密的铸件，最小壁厚为 0.5mm，最小孔径为 0.7mm；铸件组织细密，其强度较砂型铸件提高 25%～40%；生产率高，可实现半自动化和自动化。但由于压铸设备和压铸型费用高，生产准备周期长，铸件内部有许多小气孔，不能进行切削加工及热处理。

压力铸造主要应用于有色合金薄壁、形状复杂的中小型精密零件的大批量生产。在汽车、拖拉机、电器、医疗器械以及国防工业等领域得到广泛应用。

2.2.4　熔模铸造

熔模铸造是用易熔(溶)性材料制作模样，在模样上包覆多层耐火材料，经硬化、干燥制成型壳，熔(溶)失模样后，空心型壳经高温焙烧，浇注合金液而获得铸件的方法。因铸件尺寸精度高，又称精密铸造。

熔模铸造时首先需采用碳钢或铝合金等切削加工或用石膏、塑料或低熔点合金浇注成形制备压制模样的模具，然后将蜡基模料(石蜡和硬脂酸各占 50%)或松香(树脂)模料熔融压入压型中，冷却后取出，经修整便可获得一个模样。生产中常常将多个模样熔焊在浇口棒模上，制成模组(树)。将模组浸入涂料中，在表面涂挂一层涂料，然后撒一层砂料，硬化干燥后完成一层。通常需循环 5～7 次，使型壳厚度达 5～12mm。涂料由耐火材料和黏结剂组成。耐火材料有石英、刚玉、锆英石、铝硅系材料等；黏结剂有水玻璃、硅溶胶、硅酸乙酯等。将制好型壳的模组口朝上浸泡在 80～95℃的热水中或口朝下放在高压釜中通入高压蒸气，让模料熔化并从型壳中流出。将脱蜡后的型壳自然干燥一定时间后，放入加热炉中，加热到 800～950℃，保温 0.5～2h，以便清除型壳中的挥发物使凝胶进一步脱水，型壳具有必要的高温强度和透气性。焙烧后型壳趁热取出浇注，并冷却凝固。最后用人工或机械方法清除型壳，切除浇冒口，清理后得到铸件。

熔模铸造尺寸公差高达 CT4～7，表面粗糙度 *Ra* 为 1.6～12.5μm，最小壁厚达 0.3mm，最小孔径达 0.5mm 等特点，可实现少或无切削加工；能铸造各种合金铸件，尤其适合于高熔点、难切削加工或其他方法难以成形的合金；生产批量可以不受限制；工艺过程复杂，工序多，生产周期长，成本高等特点。铸件质量一般在 25kg 以下为宜。

熔模铸造常应用于汽轮机或燃气轮机叶片、泵的叶轮、仪器元件、成形刀具、风动工具等零件和汽车、拖拉机和机床上的零件生产。

2.2.5　离心铸造

离心铸造是将金属液浇入离心铸造机的旋转铸型中，使之在离心力的作用下充填并凝固，如图 2-14 所示。

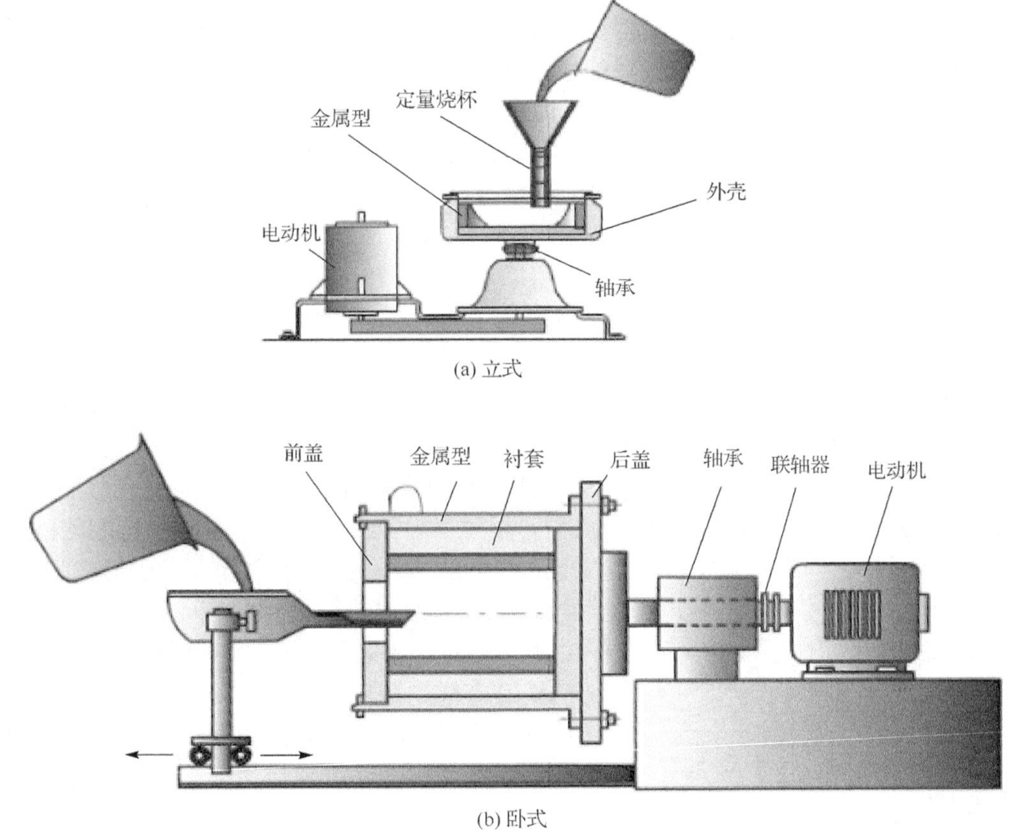

图 2-14　离心铸造结构示意图

离心铸造的铸型可以是砂型、金属型、陶瓷型、熔模铸造型壳、树脂砂型、石膏型和石墨型等。为保证金属液充满铸型和获得组织致密的铸件，离心铸造时铸型转速要合适，可按式(2-14)进行计算，工业生产中离心铸造转速通常为 250～1500r/min。

$$n = 55200\beta(\gamma r_0)^{0.5} \tag{2-14}$$

式中，n 为铸型的转速(r/min)；β为修正系数，取 0.8～1.5；γ 为液态金属的重度(N/m^2)；r_0 为铸型内表面的半径(m)。

离心铸造时可通过质量法、容积法等来控制金属液量，实现定量浇注。浇注的方向尽可能与铸型的旋转方向一致。

离心铸造铸件致密度高，气孔、夹渣等缺陷少，力学性能好；生产中空铸件时，可不用砂芯和浇冒系统，金属利用率可达 94%以上；便于制造筒、套、管、辊类双金属层或多层金属铸件；金属的充型能力显著提高，能制造薄壁或流动性差的合金铸件；内孔的尺寸精度、表面质量差，某些合金易产生重度偏析。离心铸造广泛应用于制造铁管、铜套、缸套和双金属轴承等零件。

2.2.6　实型铸造

实型铸造是用泡沫聚苯乙烯塑料模代替木模或金属模，在其上涂敷一层涂料，干燥后造型，造型后不取出模样就浇入金属液，在金属液作用下模样汽化而消失，金属液取代模样，冷却凝固后即可获得铸件的方法。实型铸造又称为消失模铸造或汽化模铸造。

实型铸造时首先用泡沫聚苯乙烯发泡成形或由板材加工成形模样，然后在模样表面涂挂 0.5～3mm 厚的涂料，以提高铸件表面质量和模样刚度、强度，再采用适宜的造型方法进行造型，最后将合金液体浇入铸型。浇注工艺是实型铸造的关键工序之一，在浇铸过程中金属、模样、铸型(涂料)间将发生一系列的物理、化学作用，使其充填过程不同于普通空腔铸造。因此，实型铸造的浇铸温度比普通铸造高 20～80℃；浇注速度不宜太快或太慢，应与模样汽化逸出速度相一致，浇注方法是一慢二快三稳。

实型铸造的造型方法包括普通铸造造型、干砂造型、磁型造型、干砂负压造型。普通铸造造型时，型砂与造型方法与普通砂型铸造相同，但型砂要有较高的流动性和透气性，以及较低的发气性和强度。干砂造型是采用无黏结剂的干砂(石英砂)作为铸型材料进行造型的方法。由于实型铸造在浇注过程中铸型始终由模样或金属液占据，支承型砂，不会塌箱，所以宜选择较粗的砂粒进行造型，砂温须低于 50℃，造型时必须振动，铸型上部要加压铁或重物，浇注宜采用底注式。磁型造型是用铁(钢)丸作为铸型材料，在特制的砂型中振动造型，随后将它们放在磁型机上，通电产生电磁场，使铁(钢)丸相互吸引形成强度高、透气性好的铸型，浇注冷却后断电，磁场消失，铁(钢)丸呈松散状即可取出铸件。其工作原理图如图 2-15 所示。磁场强度一般为 0.03～0.05T，铁(钢)丸尺寸为 0.5～1.5mm。干砂负压造型是指在特制的砂箱中填入干砂微振造型，然后在砂箱上表面盖塑料薄膜，抽真空使干砂紧实，浇注冷却后消除真空，铸型成为松散的沙子，即可取出铸件。

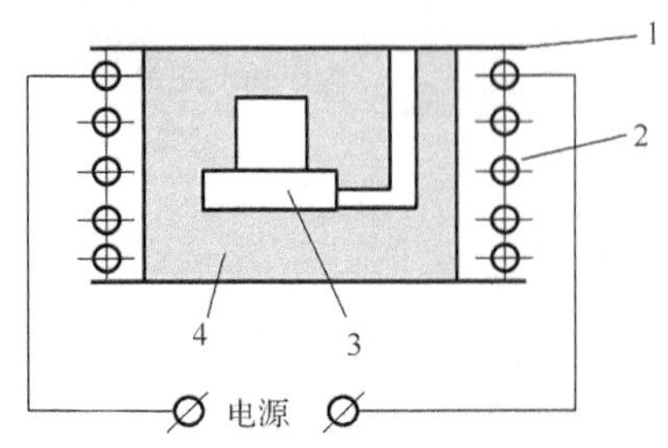

图 2-15　磁型造型工作原理图

1-砂箱；2-产生电磁场的线圈；3-铸模；4-磁型材料

实型铸造具有铸件尺寸精度高(CT5～8)，表面质量好(*Ra* 为 12.5～3.2μm)，零件设计自由度大；铸造生产工序简单，生产周期短，造型效率高；铸件成本比砂型铸件低 30%～50%，劳动条件好，劳动强度低，便于实现机械化和自动化等优点。但实型铸造模样密度小，易变形，并且只能使用一次；汽化产物对环境有一定的污染。实型铸造主要应用于高精度、少余量、结构复杂的铸钢、铸铁和铝合金铸件的单件及大量生产。

思　考　题

1．影响液态金属充型能力的因素有哪些？充型能力对铸件质量会产生怎样的影响？

2．在生产中为改善大型薄壁铸件的成形性，提高其充型能力，通常可采取哪些措施？

3．试分析铸造合金的收缩特性对铸件质量影响的基本规律。

4．试述铸件产生热裂和冷裂的原因、裂纹形态特征及其防止措施。

5．铸件中的气体和非金属夹杂物对铸件质量有何影响？如何减少铸件中的气体和非金属夹杂物？

6．影响砂型铸造质量的主要因素有哪些？在砂型铸造中可能产生哪些铸造缺陷？相应可采取哪些防止措施？

7．金属型铸造与砂型铸造相比有哪些工艺特点？控制金属型铸造质量的主要因素有哪些？

8．试分析比较熔模铸造、压力铸造、离心铸造、低压铸造的工艺特点及其应用范围。

第3章 塑性成形

3.1 塑性成形基础理论

金属塑性加工是以塑性为前提，在外力作用下进行的。从金属塑性加工的角度出发，人们总是希望金属具有高的塑性。但随着科学技术的发展，出现了许多低塑性、高强度的新材料需要进行塑性变形。因此，研究提高金属的塑性问题具有重要意义。

3.1.1 金属的塑性与塑性变形

1. 金属塑性成形的特点

塑性是指固体金属在外力作用下能稳定地产生永久变形而不破坏其完整性的能力。因此，塑性反映材料产生塑性变形的能力。塑性的好坏或大小可用金属在破坏前产生的最大变形程度来表示，称为塑性极限或塑性指标。人们利用金属的这种特性，使其在外力作用下改变形状，并获得一定力学性能。这种加工方法称为金属塑性加工或塑性成形。

人们有时会把金属的塑性与柔软性混淆起来，其实它们是有严格区别的两个概念，前者是指金属的流动性能，指是否易于变形，后者则指金属抵抗变形的能力，即塑性好的金属不一定易于变形，这是因为变形抗力不一样。例如，铜的塑性好，并不像铅那样易于变形，这是因为铜的变形抗力较高。而铅的柔软性好，主要不是指它的塑性好，而是指它变形抗力很小。所有的金属在高温下变形抗力都很小，可以说具有很好的柔软性，但绝对不能肯定它们必然有良好的塑性。因为温度过高往往使其产生过热或过烧，在变形时就容易产生裂纹，即塑性变差。

金属塑性加工在汽车、拖拉机、船舶、兵器、航空和家用电器等行业都有广泛的应用。例如，汽车的大梁和覆盖件是冲压出来的，曲轴、连杆和齿轮的毛坯是锻造出来的。

塑性加工的优点如下。

(1) 塑性成形可使金属内部组织发生改变，如塑性成形中的锻造等成形工艺可使金属的晶粒细化，可以压合铸造组织内部的气孔等缺陷，使组织致密，从而提高工件的综合力学性能。此外，塑性流动所产生的流线也能使其性能得到改善。

(2) 金属塑性成形是在金属整体性得到保持的前提下，依靠塑性变形使物质发生转移来实现工件形状和尺寸变化，因而材料的利用率较高。

(3) 用塑性加工生产的工件可以达到较高的尺寸精度，不少塑性成形方法可达到少、无切削的要求。例如，精密模锻锥齿轮的齿部可不经切削加工直接使用。

(4) 塑性加工具有很高的生产率，且容易实现机械化和自动化，适用于大批量生产。

2. 塑性指标及其测量方法

1) 塑性指标的概念

为了便于比较各种材料的塑性和确定每种材料在一定变形条件下的加工性能，需要有一种度量指标，这种指标称为塑性指标，即金属在不同变形条件下允许的极限变形量。

由于影响金属塑性的因素很多，很难采用一种通用指标来描述。目前人们大量使用的仍是在某特定的变形条件下所测出的塑性指标。例如，拉伸试验所得的断面收缩率及延伸率；冲击试验所得的冲击韧性；镦粗或压缩试验时，第一条裂纹出现前的高向压缩率(最大压缩率)；扭转试验时出现破坏前的扭转角(或扭转数)；弯曲试验试样破坏前的弯曲角度等。

2)塑性指标的测量方法

(1)拉伸试验法。

用拉伸试验法可测出破断时最大延伸率(δ)和断面收缩率(ψ)，δ和ψ的数值由式(3-1)和式(3-2)确定。

$$\delta=\frac{L_h-L_0}{L_0}\times100\% \tag{3-1}$$

$$\psi=\frac{F_0-F_h}{F_0}\times100\% \tag{3-2}$$

式中，L_0为拉伸试样原始标距长度；L_h为拉伸试样破断后标距长度；F_0为拉伸试样原始断面积；F_h为拉伸试样破断处的断面积。

(2)压缩试验法。

在简单加载条件下，压缩试验法测定的塑性指标用式(3-3)确定：

$$\varepsilon=\frac{H_0-H_h}{H_0}\times100\% \tag{3-3}$$

式中，ε为压下率；H_0为试样原始高度；H_h为试样压缩后在侧表面出现第一条裂纹时的高度。

(3)扭转试验法。

扭转试验法是在专门的扭转试验机上进行的。试验时圆柱体试样的一端固定，另一端扭转。随试样扭转数的不断增加，最后将发生断裂。材料的塑性指标用破断前的总扭转数(n)来表示，对于一定试样，所得总扭转数越高，塑性越好，可将扭转数用剪切变形(γ)表示：

$$\gamma=R\frac{\pi n}{30L_0} \tag{3-4}$$

式中，R为试样工作段的半径；L_0为试样工作段的长度；n为试样破坏前的总扭转数。

(4)轧制模拟试验法。

在平辊间轧制楔形试件，用偏心轧辊轧制矩形试样，找出试样上产生第一条可见裂纹时的临界压下量作为轧制过程的塑性指标。

上述各种试验，只有在一定条件下使用才能反映出正确的结果，按所测数据只能确定具体加工工艺制度的大致范围，有时甚至与生产实际相差甚远。因此需将几种试验方法所得结果综合考虑才行。

3. 塑性状态图及其应用

表示金属塑性指标与变形温度及加载方式的关系曲线图形称为塑性状态图，简称塑性图。它给出了温度、速度及应力状态类型对金属及合金塑性状态影响的明晰概念。在塑性图中所包含的塑性指标越多，变形速度变化的范围越宽广，应力状态的类型越多，则对于确定正确的热变形温度范围越有益。

塑性图可用来选择金属与合金的合理塑性加工方法并制定适当的冷热变形规程，是金属塑性加工生产中不可缺少的重要数据之一，具有很大的实用价值。由于各种测定方法只能反映其特定的变形力学条件下的塑性情况，为确定实际加工过程的变形温度，塑性图上需给出多种塑性指标。一个完整的塑性图应该给出压缩时的变形程度 ε、拉伸时的强度极限 σ_b、延伸率 δ、断面收缩率 ψ、扭转时的扭角或转数、冲击韧性 α_k 等力学性能和试验温度的关系，它是确定金属塑性加工热力规范的重要依据。下面以 MB5 合金塑性图为例，分析选定该合金加工工艺规程的原则和方法。MB5 合金塑性图如图 3-1 所示。

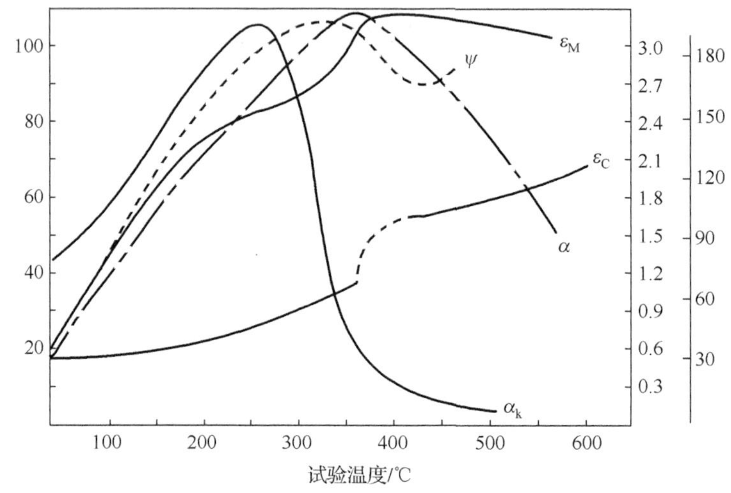

图 3-1　MB5 合金的塑性图

α_k -冲击韧性(J/m³)；ε_M -慢力作用下的最大压缩率(%)；ε_C -冲击力作用下的最大压缩率(%)；ψ -断面收缩率(%)；α -弯曲角度

MB5 合金属变形镁合金，其主要成分为 Al(5.5%～7.0%)，Mn(0.15%～0.5%)，Zn(0.5%～1.5%)。根据 Mg-Al 二元相图(图 3-2)可以看出，铝在镁中的溶解度很大，在共晶温度 437℃时达到最大，为 12.6%；随着温度的降低，溶解度急剧下降，镁铝合金中含铝量对合金力学性能的影响如图 3-3 所示。随着含铝量的增加，强度虽缓慢上升，但塑性却显著下降。因为在平衡状态下的镁铝合金显微组织由 α -固溶体和晶界上析出的金属化合物 γ 相(Mg_4Al_3 或 $Mg_{17}Al_{12}$)组成。γ 相随含铝量的增加而逐渐增多，当含铝量达 15%时，形成封闭的网状组织，使合金变脆。

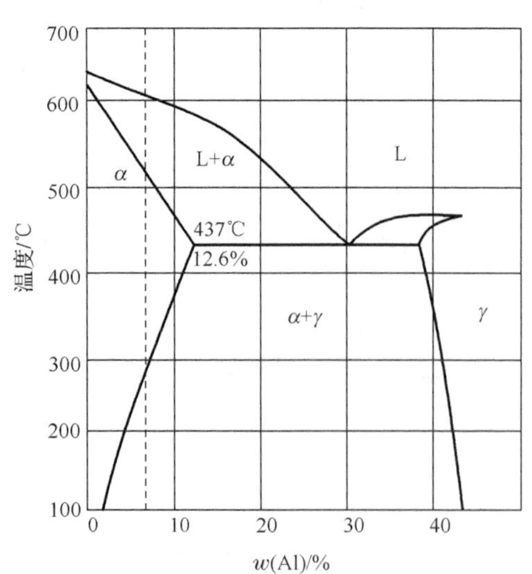

图 3-2　Mg-Al 二元相图

从相图中可见，该合金成分如图 3-2 中虚线所示。在 530℃附近开始熔化，270℃以下为 $\alpha+\gamma$ 二相系，因此，它的热变形温度应选在 270 ℃以上的单相区。如果在慢速下加工，当

350～400℃时，ψ 值和 ε_M 都有最大值，因此轧制或挤压都可以在这个温度范围内以较慢的速度进行。如果在锻锤下加工，因为 ε_C 在 350℃左右有突变，所以变形温度应选择在 400～450℃。若工件形状比较复杂，在变形时易发生应力集中，则应根据 α_k 曲线来判定。由图 3-1 可知，α_k 在相变点 270℃附近突然降低，因此，锻造或冲压时的工作温度应在 250℃以下为佳。

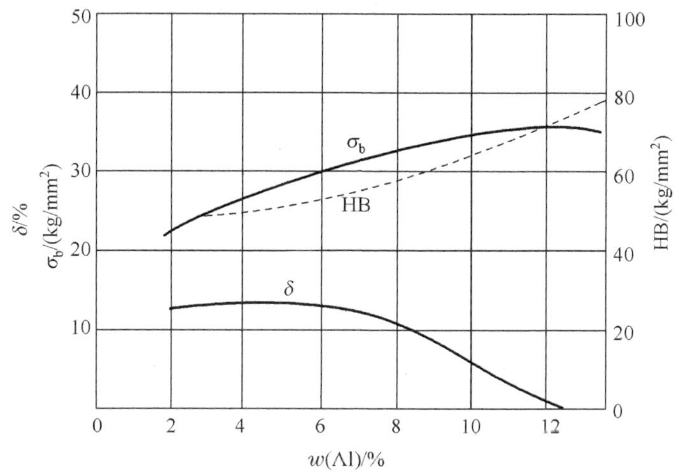

图 3-3　镁合金中含铝量对合金力学性能的影响

4. 塑性成形工艺的分类

塑性成形的基本工序如图 3-4 所示

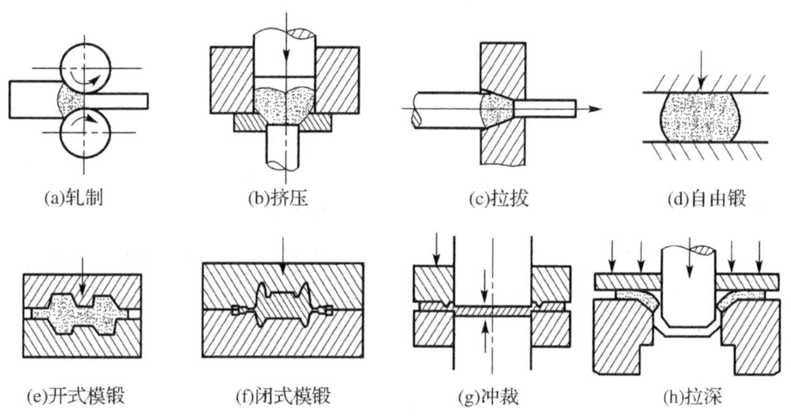

图 3-4　塑性成形基本工序

1) 体积成形

体积成形是在塑性成形过程中靠体积的转移和重新分配来实现的。

(1) 锻造。锻造可分为自由锻和模锻。

自由锻(free forging)是在空气锤或水压机上将毛坯锻成一定的形状和尺寸的加工方法。自由锻不使用专用的模具，它的形状和尺寸主要靠工人的熟练技巧来保证。锻件的尺寸精度较低，生产效率不高，主要适用于单件、小批量生产，以及大型锻件的生产。

模锻(die forging)是在锻压机器的压力作用下，使金属在模具的孔型中产生塑性变形，获得与模腔形状、尺寸相同零件的加工方法，保证相当高的尺寸精度，且生产效率高，适合于大批量生产。

(2) 轧制。轧制是将金属坯料通过两个旋转轧辊间的特定孔型，使其形成一定截面形状的成形方法。利用轧制方法可获得型材、板材和管材。轧制可分为纵轧、横轧和斜轧。

(3) 拉拔。拉拔是将金属坯料的前端施以一定的拉力，使它通过锥形的凹模型腔、改变其截面的形状和尺寸的一种加工方法。拉拔是生产棒材、线材和管材的主要方法，它的生产效率很高。

(4) 挤压。挤压是使大截面的毛坯在凸模的强大压力作用下产生塑性流动，迫使金属从模具型腔中挤出，从而获得一定形状和较小截面尺寸工件的加工方法。由于金属在挤压模具中受三向压应力作用，挤压成形零件的力学性能极佳。这种加工方式也特别适用于塑性较差的材料成形。

2) 板料成形

板料成形一般称为冲压，可分为分离工序，简称冲裁(落料与冲孔)、成形工序(弯曲与拉深)。

(1) 分离工序。分离工序是利用模具的刃口使板料沿一定的轮廓切割分离。若切割下来的是工件，则称为落料；若切割下来的是废料，则称为冲孔。

(2) 成形工序。拉深、弯曲等统称为成形工序，是使板材在不发生破坏的条件下产生塑性变形，获得与模具形状一致的工件，如将板料弯曲、压制成筒形件或复杂曲面等。

研究金属塑性的目的是探索金属塑性的变化规律，寻求改善金属塑性的途径，以便选择合理的加工方法，确定最适宜的工艺制度，为提高产品的质量提供理论依据。

3.1.2　金属塑性变形中组织与性能的变化

塑性变形是指金属在外力作用发生不可恢复的变形。塑性加工还可以按照加工温度分成热加工和冷加工。热加工是指在再结晶温度以上进行的塑性加工。体积成形以热加工为主，如自由锻、模锻等。冷加工是在回复和再结晶温度以下进行的塑性加工，如冲压、冷轧、冷拔、冷挤压。介于两者之间的则是温热成形，如温挤压、温锻等。在不同的温度下，金属发生塑性变形时其组织和性能会发生不同的变化。

1. 金属冷加工时的组织与性能

1) 对组织结构的影响

多晶体金属经冷塑性变形后，在晶粒内部出现滑移带和孪生带，同时晶粒的外形发生变化，晶粒的位向也发生改变。

(1) 晶粒形状发生改变。拉拔和轧制时，晶粒都会沿着轴向即变形延伸方向拉长。当变形量很大时，就形成纤维状组织，如图 3-5 所示。当金属中含有夹杂物或第二相质点时，它们会沿变形方向拉成细带状(塑性杂质)或碾成链状(脆性杂质)。

(2) 晶粒位向发生改变。多晶体塑性变形后晶粒的位向发生改变，形成织构。晶粒在变形时会发生转动，那些在变形前位向无序的晶粒，在经过很大变形后，取向逐渐趋于一致，形成择优取向的组织，称为变形织构。当然，这只是一种趋向性行为，随着变形程度的增加，趋向于这种取向的晶粒增多，金属的织构特征也就更明显。织构使金属的性能表现出各向异性。

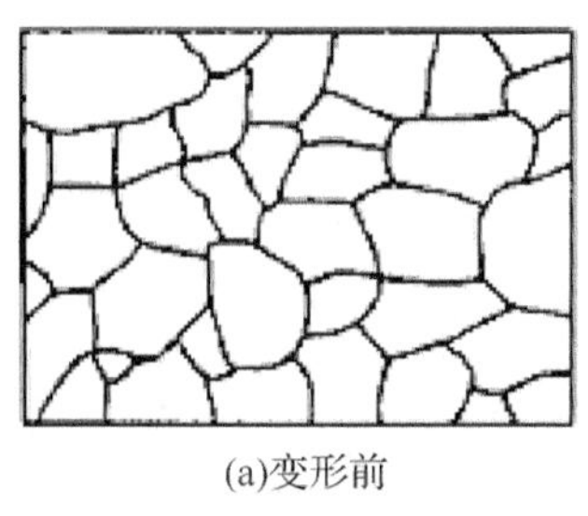

(a)变形前

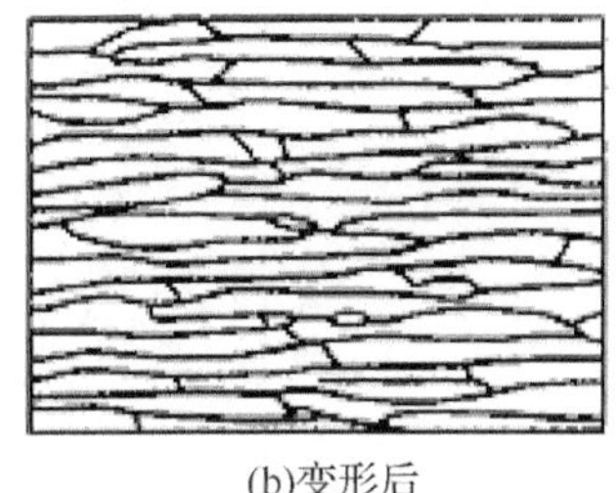

(b)变形后

图 3-5　变形前后晶粒形状

一个典型的例子是，深拉沿用的钢板是经轧制生产的，轧制方向表现出很强的织构性，各方向上表现出不同的伸长率，用这种板材下料的圆形毛坯拉成筒形件后，口部不平齐，在与轧制方向成 45° 方向上形成明显的制耳。

金属经拉拔、挤压、轧制后，都能产生变形织构。不同的加工方式会产生不同类型的织构，如丝织构和板织构。拉拔和挤压加工方式会形成丝织构。这种加工是轴对称变形，其主应变是一向拉深、两向压缩，变形后有一个共同的晶向与最大主应变方向趋于一致。轧制的板材则形成一种板织构，其特征是各个晶粒的某一晶向趋向于与轧制方向平行，而某一晶面趋向于与轧制平面平行。图 3-6 为拉拔形成的丝织构；图 3-7 为轧制形成的板织构。

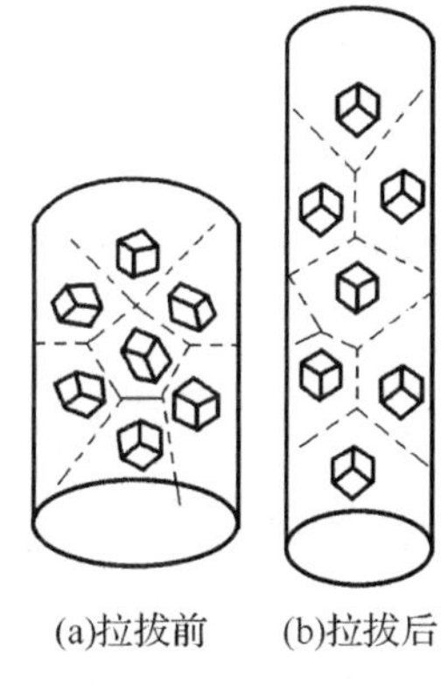

(a)拉拔前　(b)拉拔后

图 3-6　拉拔形成的丝织构

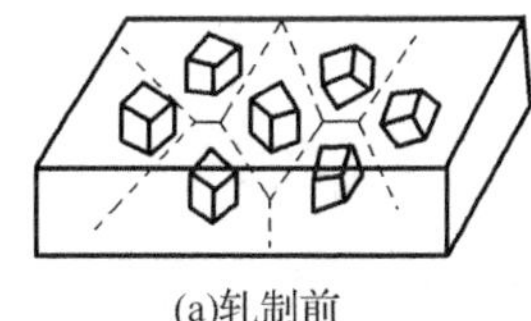

(a)轧制前

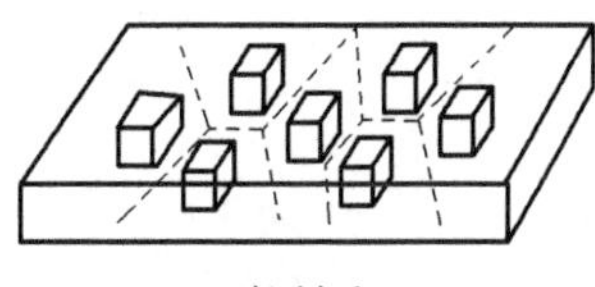

(b)轧制后

图 3-7　轧制形成的板织构

2) 对金属性能的影响

塑性变形改变了金属内部的组织结构，因而改变了金属的力学性能。随着变形程度的增加，金属的强度、硬度增加，而塑性和韧性相应下降。图 3-8 为冷拔 45 号钢的力学性能指标与变形程度的关系。

从图 3-8 中可以看出，随着变形程度的增加，金属的强度和硬度增加，而塑性指标下降。在常温状态下，金属的流动应力随变形程度的增加而上升。为了使变形继续下去，就需要增加变形外力或变形功，这种现象称为加工硬化。一方面，它能提高金属的强度，作为强化金属的一种手段；另一方面，它增加了变形的困难，提高了变形抗力，甚至降低了金属的塑性。对于需多道次加工的金属，需要在中间变形阶段进行退火来消除加工硬化。

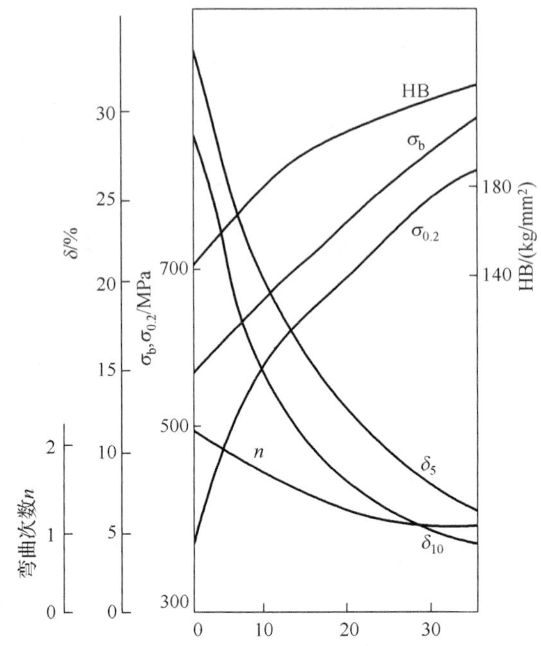

图 3-8　冷拔 45 号钢的力学性能指标与变形程度的关系

加工硬化既是金属塑性变形的特征，也是强化金属的重要手段。通过轧制、挤压等加工工艺，可以明显提高工件的强度，还能改善金属纤维的分布，有利于提高金属的综合力学性能。对于不能用热处理工艺强化的金属材料，可以通过冷变形强化来提高它的强度。例如，制造发电机护环的高锰奥氏体无磁钢(40Mn18Cr3、40Mn18Cr4、50Mn18Cr4WN 等)在加热过程中无相变，无法通过淬火提高其强度，但可以采用冷变形强化的手段(如液压胀形、芯轴扩孔、爆炸变形强化等方法)来提高其力学性能。

2. 金属热加工时的组织与性能

金属在再结晶温度以上的变形称为热塑性变形。实际生产中的热塑性加工，为了保证再结晶过程的顺利进行，通常变形温度远高于再结晶温度。热塑性变形过程中，回复、再结晶和加工硬化同时发生，加工硬化不断被回复和再结晶所抵消，金属处于高塑性、低变形抗力的软化状态，从而使变形能够继续下去。热锻、热轧、热挤压工艺是常用的热塑性变形加工方法。

热塑性变形时金属的软化过程比较复杂，它与变形温度、应变速率、变形程度和金属本身的性质有关，主要有静态回复、静态再结晶、动态回复、动态再结晶和亚动态再结晶等。

(1)静态回复。在回复阶段，金属的强度、硬度有所下降，塑性、韧性有所提高；但显微组织没有发生明显的变化。这是因为在回复温度范围内，原子只在晶内进行短程扩散，使点缺陷和位错发生运动，改变了数量和状态的分布。

(2)静态再结晶。冷变形金属加热到一定温度后，会发生再结晶现象，用新的无畸变的等轴晶取代金属的冷变形组织。与回复不同，再结晶使金属的显微组织彻底改变或改组，使其在性能上也发生很大变化，如强度、硬度显著降低，塑性大大提高，加工硬化和内应力完全消除，物理性能得到恢复等。但是，再结晶并不是一个简单地使金属的组织恢复到变形前的状态的过程，可以通过控制变形和再结晶条件、调整再结晶晶粒的尺寸和再结晶的体积分数来改善和控制金属组织与性能。

(3)动态回复。动态回复发生在热塑性变形过程中，它对软化金属起着重要的作用。动态回复主要是通过位错的攀移、交滑移来实现的。铁素体钢、铝及铝合金和密排六方晶格的锌、镁等金属的层错能高，变形位错的交滑移和攀移比较容易进行，位错容易在滑移面间转移，使异号位错互相抵消，其结果是位错密度下降，畸变能降低，达不到动态再结晶所需的能量水平。因此，动态回复是层错能高的金属热变形过程中唯一的软化机制。对这一类金属，热变形后迅速冷却至室温，发现它们的显微组织仍为沿变形方向拉长的晶粒，其亚晶粒保持等轴状。动态回复后金属的位错密度高于相应的冷变形后静态回复的位错密度，而亚晶粒的尺寸要比冷变形后经静态回复的亚晶粒小，但晶粒尺寸随变形温度升高和变形速度降低而增大。

(4)动态再结晶。动态再结晶是在热塑性变形过程中发生的，层错能低的金属在变形量很大时才可能发生动态再结晶。这是因为层错能低时不易进行位错的交滑移和攀移。动态回复速率和程度很低，材料的局部区域会积聚足够高的畸变能差，而且由于动态回复具有不充分性，所形成的胞状亚晶组织的尺寸较小，晶界不规整，同时在胞壁还有较多的位错缠结。这种不完整的亚组织成为再结晶的形核，促进了动态再结晶的发生。动态再结晶需要一定的驱动力，只有畸变能差积累到一定水平时，动态再结晶才能启动，否则只能发生动态回复。只有当变形程度远高于静态再结晶所需的临界变形程度时，动态再结晶才会发生。

动态再结晶的能力除与金属的层错能有关外，还与晶界迁移的难易程度有关。金属越纯，发生动态再结晶的能力越强。溶质原子固溶于金属基体、弥散的第二相粒子都会严重阻碍晶界的迁移，减缓或遏止动态再结晶过程的进行。

在动态再结晶的过程中，由变形引起的硬化过程和由再结晶引起的软化过程相互平衡时，真实应力趋于稳定。热加工变形的回复、再结晶与变形过程同时发生，是一种动态软化过程，加工硬化随时被动态软化过程所抵消，金属始终处于高塑性，可以持续进行大变形量的塑性加工。

(5)亚动态再结晶。在热塑性变形过程中，除了发生动态回复、动态再结晶、静态回复、静态再结晶，还发生亚动态再结晶，它是在热变形的间歇或变形之后，利用金属的高温余热进行的。图 3-9 为热轧和热挤压时的动态回复、动态再结晶过程和静态回复、静态再结晶过程。图 3-9(a)表示高层错能金属热轧变形程度较小(50%)时，只发生动态回复，脱离变形区后发生静态回复的情况；图 3-9(b)表示低层错能金属在热轧变形程度较小(50%)时，在发生动态回复和静态回复的同时，还发生静态再结晶，使晶粒细化的情况；图 3-9(c)表示高层错能金属在热挤压变形程度很大(99%)时，在变形区发生动态回复，在离开模口后发生静态回复和静态再结晶的情况；图 3-9(d)同样表示在热挤压变形程度很大(99%)时，低层错能金属发生动态再结晶，在离开变形区后发生亚动态再结晶的情况。

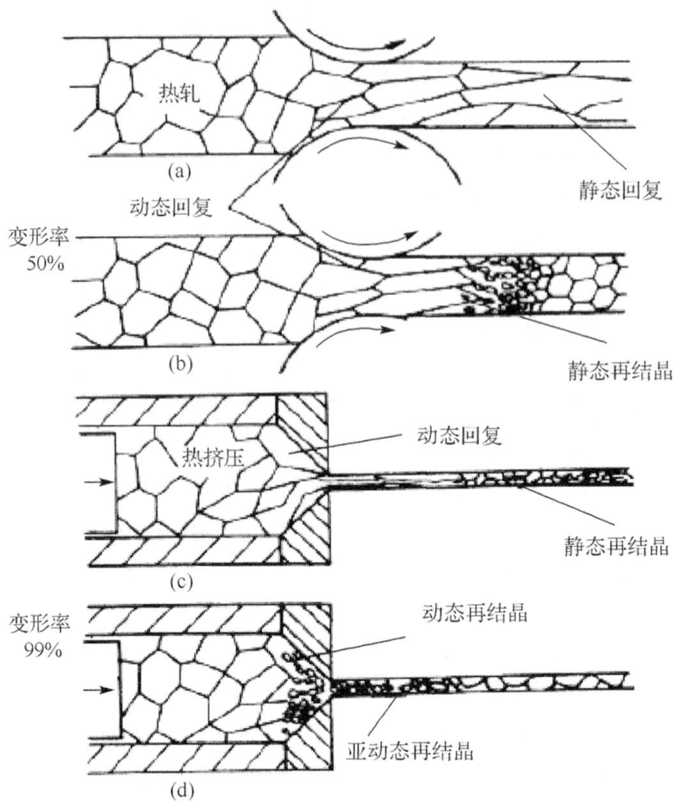

图 3-9　动、静态回复和再结晶过程及亚动态再结晶示意图

金属在热变形后仍然处于高温状态，一般会发生以下三种软化过程：静态回复、静态再结晶和亚动态再结晶。金属热变形时，除发生动态再结晶外，会形成亚晶组织，它处于热力学不稳定状态，需要释放内能。若热变形程度不大，在变形停止后，会发生静态回复；若热变形程度较大，并且温度仍处于再结晶温度以上，将发生静态再结晶。这一过程比较缓慢，需要有一定的孕育期，在孕育期内发生静态回复。这种静态回复、静态再结晶的机理与金属的冷变形后加热时发生的回复与再结晶是一样的。

金属的亚动态再结晶发生在热变形过程的特殊条件下。在热变形过程中，对于已经形成的但尚未长大的动态再结晶晶核，以及虽已长大但在中途被遗留下来的再结晶晶粒，当变形终止后而温度又足够高时，这些晶粒会继续长大。这一过程称为亚动态再结晶。

3. 金属温加工时的组织与性能

温加工变形是指金属在冷加工与热加工之间的温度范围内进行的加工变形。温加工包括目前生产用的温轧、温拔、温挤压等。温加工制品的表面光洁度与尺寸精度比热加工好，而变形用的工模具的寿命比热加工长。温加工时金属的塑性比冷加工好，所以金属的变形抗力比冷加工小，能量消耗少。总之温加工兼有冷、热加工的某些特点，又具有温加工本身的特点。

研究表明：0.11%C 和 0.17%C 的低碳钢，在 650℃变形 25%、96%时，随变形度、强度增加，塑性降低。通过电子显微镜观察，经温轧后出现的亚结构无论在形状上还是在分布上都是不均匀的，其中大多数亚晶粒呈长形，个别晶粒内部位错密度较高。与同种钢的热轧情况相比，经温轧后形成的织构较强。

温加工可改善金属的加工性能。因为金属随温度升高，塑性增加，变形抗力降低，所以温加工的金属有较好的加工性。奥氏体不锈钢、高速钢、铬钢等加工硬化显著的材料和塑性低的硅钢更适合于温加工。例如，高速钢带冷加工时易产生严重的断裂，但是在 150℃左右温轧，就消除了断裂现象。

3.1.3 影响金属塑性和变形抗力的因素

1. 影响塑性的内部因素

1) 化学成分

化学成分对金属塑性的影响是很复杂的。工业用的金属除基本元素之外大都含有一定的杂质，有时为了改善金属的使用性能还人为地加入一些其他元素，这些杂质和加入的合金元素对金属的塑性均有影响。

(1) 杂质。一般而言，金属的塑性是随纯度的提高而增加的。例如，纯度为 99.96%的铝，延伸率为 45%；而纯度为 98%的铝，延伸率则只有 30%左右。金属和合金中的杂质有金属、非金属、气体等，它们所起的作用各不相同。应该特别注意那些使金属和合金产生脆化现象的杂质。因为杂质的混入或它们的含量达到一定值后，冷热变形都非常困难，甚至无法进行。例如，钨中含有极少量 ($1/10^6$) 的镍时，会大大降低钨的塑性，因此在退火时应避免钨丝与镍合金接触；又如，纯铜中的铋和铅都为有害杂质；含十万分之几的铋，热变形困难，当含铋量增加到万分之几时，冷热变形难以进行。含铅量超过 0.03%时引起热脆现象。

杂质的有害影响不仅与杂质的性质及数量有关，而且与其存在状态、杂质在金属基体中的分布情况和形状有关。例如，铅在纯铜及低锌黄铜中的有害性主要是铅在晶界形成低熔点物质，破坏热变形时晶间的结合力，产生热脆性。但在 $\alpha+\beta$ 两相黄铜中则不同，分散于晶界上的铅由于 $\beta \Leftrightarrow \alpha$ 的相转变而进入晶内，对热变形无影响，此时的铅不仅无害，而且可作为改善切削性能的添加元素。

通常金属中含有铅、锡、锑、铋、磷、硫等杂质，当它们不溶于金属中，而以单质或化合物的形式存在于晶界处时，将使晶界的联系削弱，从而使金属冷热变形的能力显著降低。当它们在一定条件下能溶于晶内时，对合金的塑性影响较小。

在讨论杂质元素对金属与合金塑性的有害影响时，必须注意各杂质元素之间的相互影响。因为某种杂质的有害作用可能因为另一种杂质元素的存在而得到改善。例如，铋在铜中的溶解度约为 0.002%，若铜中含铋量超过此数，则多余的铋能使铜变脆。这是由于铋和铜之间的界面张力的作用促使铋沿着铜晶粒的边界面扩展开，铜晶粒被覆一层金属铋的网状薄膜，显著降低晶粒间的联系而变脆，故一般铜中允许的含铋量不大于 0.005%。若在含铋的铜中加入少量的磷，可使铜的塑性得到恢复。因为磷能降低铋和铜之间的界面张力，改善铋的分布状态，铋不能形成网状薄膜。又如，硫几乎不溶于铁中，在钢中硫以 FeS 及 Ni 的硫化物 (NiS、Ni_3S_2) 的夹杂形式存在。FeS 的熔点为 1190℃，Fe-FeS 及 FeS-FeO 共晶的熔点分别为 985℃

和 910℃；NiS 和 Ni-Ni_3S_2 共晶的熔点分别为 797℃和 645℃。当温度达到共晶体和硫化物的熔点时，它们就熔化、变形，引起开裂，即产生红脆现象。这是 Fe、Ni 的硫化物及其共晶体是以膜状包围在晶粒外边的缘故。例如，在钢加入少量 Mn，形成球状的硫化锰(MnS)夹杂，并且 MnS 的熔点又高(1600℃)，因此，在钢中同时有硫和适量的锰元素存在而形成 MnS 以代替引起红脆的 FeS 时，可使钢的塑性提高。

(2)合金元素。合金元素对塑性的影响，在本质上与前述杂质的作用相同，不过合金元素多数是为了提高合金的某种性能(提高强度、提高热稳定性、提高在某种介质中的耐蚀性等)而人为加入的。合金元素对金属材料塑性的影响取决于加入元素的特性、加入数量、元素之间的相互作用。

当加入的合金元素与基体的作用(或者几种元素的相互作用)使在加工温度范围内形成单相固溶体(特别是面心立方结构的固溶体)时，有较好的塑性；如果加入元素的数量及组成不适当，形成过剩相，特别是形成金属间化合物或金属氧化物等脆性相，或者是在加工温度范围内两相共存，塑性降低。紫铜的塑性是很好的，如果往铜中加入适量的锌，组成普通黄铜(一种铜锌合金)，则因黄铜是面心立方结构的 α 相固溶体组织，塑性仍然较好。可是，当加入的锌量超过 39%～50%时，就形成两相组织($\alpha+\beta$ 相)或单相组织(β 相)。β 相是体心立方结构，其低温塑性较差，这可由铜锌合金的力学性能随含锌量变化(图 3-10)中看出。又如，在锰黄铜中，由于锰可以溶于固态黄铜中，添加少量的锰对黄铜组织无显著影响，并可提高其强度而不降低塑性。当含锰量超过 4%时，由于溶解度的降低，出现新的含锰量多的 ζ 相。ζ 相是脆性相，使锰黄铜的塑性降低。

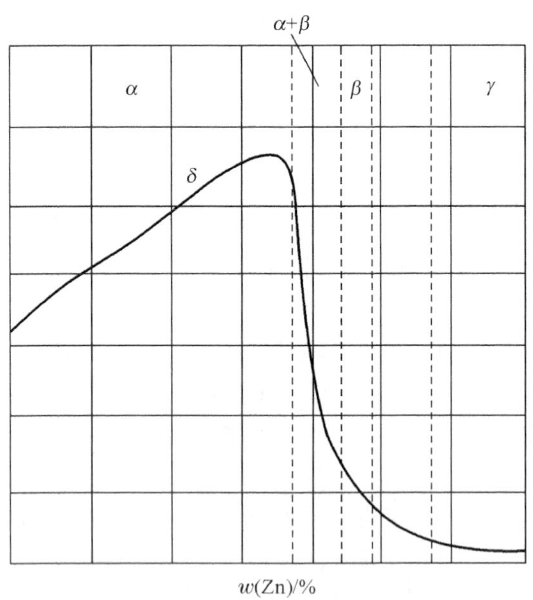

图 3-10　铜锌合金的力学性能与含锌量的关系

对于二元以上的多元合金，由于各元素的不同作用及元素之间的相互作用，它们对金属材料塑性的影响是不能一概而论的，图 3-11 说明 Mg-Al-Zn 系变形镁合金中的铝、锌含量对塑性和强度有影响。由图 3-11(a)可知，随铝含量的增加，合金的塑性指标(δ)逐渐降低，当铝含量超过 12%时 δ 值几乎降低到零，而图 3-11(b)表明，当锌含量在 5%以下时，却能使合金的塑性得到改善。

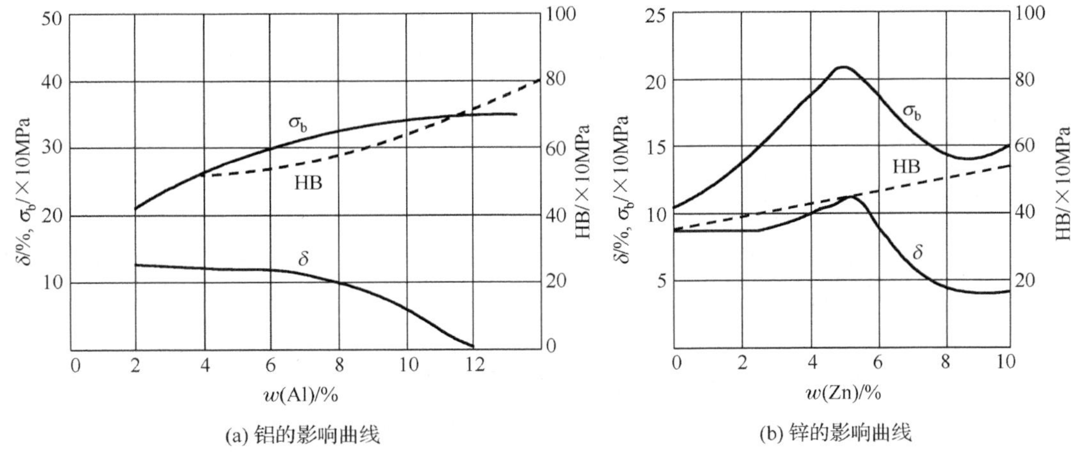

(a) 铝的影响曲线　(b) 锌的影响曲线

图 3-11　镁合金中铝、锌含量对合金力学性能的影响

2) 组织结构

金属与合金的组织结构是指组元的晶格、晶粒的取向及晶界的特征。

面心立方晶格的塑性最好(如 Al、Ni、Pb、Au、Ag 等)，体心立方晶格的塑性次之(如 Fe、Cr、W、Mo 等)，六方晶格的塑性较差(如 Zr、Ti 等)。

多数金属单晶体在室温下有较高的塑性，相比之下，多晶体的塑性则较低。这是由一般情况下多晶体晶粒的大小不均匀、晶粒方位不同、晶粒边界的强度不足等原因所造成的。如果晶粒细小，则标志着晶界面积大，晶界强度提高，变形多集中在晶内，故表面出较高的塑性。超细晶粒，因其近于球形，在低变形速度下还伴随着晶界的滑移，故呈现出更高的塑性；而粗大的晶粒，由于大小不容易均匀，且晶界强度低，容易在晶界处造成应力集中，出现裂纹，故塑性较低。

一般认为，单相系(纯金属和固溶体)比两相系和多相系的塑性要高，固溶体比化合物的塑性要高。单相系塑性高主要是由于这种晶体具有大致相同的力学性能，其晶间物质是最细的夹层，其中没有易熔的夹杂物、共晶体、低强度和脆性的组成物。而两相系和多相系的合金中各相的特性、晶粒的大小、形状和显微组织的分布状况等无法一致，因而给塑性带来不良的影响。例如，在锡磷青铜中含磷量为 0.1%，磷与铜形成熔点为 707℃的化合物 Cu_3P(P 占 14.1%)，此化合物又与锡青铜形成三元共晶，熔点为 628℃；当含磷量超过 0.3%时，磷以淡蓝色的磷化共析体夹杂析出；当含磷量大于 0.5%时，磷化物在热加工温度条件下处于液态，其作用类似热加工单相铜合金时铅与铋的作用，使铜合金产生热脆性，因此不能进行热加工。

不仅相的特性对塑性有影响，第二相的形状、显微分布状况对塑性也有重要影响。若第二相为硬相，且为大块均匀分布的颗粒，往往使塑性降低；若第二相为软相，则影响不大，甚至对塑性有利。例如，在两相黄铜中，若 α 相(软相)以细针状分布于 β 相晶粒的基体中，则有较大的塑性；若 α 相以细小圆形夹杂物形态析出，则黄铜的塑性较低。铝含量为 8.5%～

11%的铜铝合金，在缓冷时β相分解成$\alpha+\gamma$相，并形成连续链状析出的γ相大晶粒，使合金变脆，加入铁能使这种组织细化，消除其不利影响。若钢中的碳化物呈板状渗碳体，则加工性能不好；若经过球化热处理使其呈球状分布，则提高了塑性。

综上所述，合金中的组元及所含杂质越多，其显微组织与宏观组织越不均匀，则塑性越低，单相系具有最大的塑性。金属与合金中脆性的和易熔的组成物的形状及它们分布的状态也对塑性有很大影响。

2. 影响塑性的外部因素

变形过程的工艺条件(变形温度、变形速度、变形程度和应力状态)以及其他外部条件(尺寸、介质与气氛)对金属的塑性也有很大影响。

1)变形温度

金属的塑性可能因为温度的升高而得到改善。因为随着温度的升高，原子热运动的能量增加，那些具有明显扩散特性的塑性变形机构(晶间滑移机构、非晶机构、溶解沉淀机构)都发挥了作用。同时随着温度的升高，在变形过程中发生了消除硬化的再结晶软化过程，从而使那些由塑性变形所造成的破坏和显微缺陷得到修复的可能性增加；随着温度的升高，还可能出现新的滑移系，滑移系的增加意味着塑性变形能力的提高。例如，铝的多晶体最大的塑性出现在450～550℃，此时不仅可沿着(111)面滑移，而且可沿着(001)面及其他方向进行滑移。

实际上，因为相态和晶粒边界随温度的波动而产生的变化也对塑性有显著的影响，所以塑性并不是随着温度的升高而直线上升的。在一般情况下，温度由0K上升到熔点时，可能出现三个脆性区：低温脆性区、中温脆性区和高温脆性区(图3-12)。

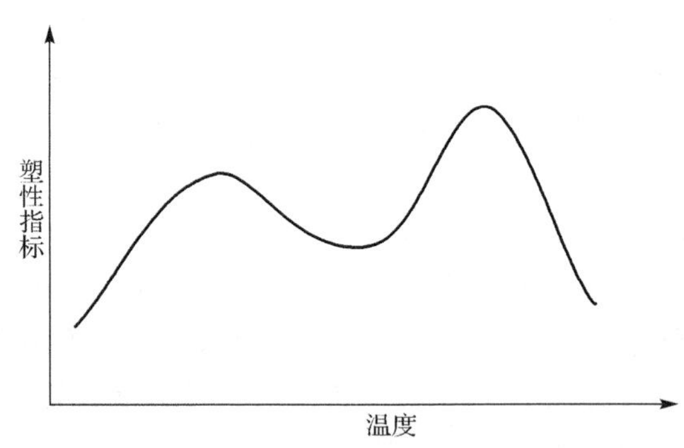

图3-12　温度对塑性影响的典型曲线

低温脆性区主要指具有六方晶格的金属在低温时易产生脆性断裂的现象。例如，镁合金冷加工性能就不好。因为镁是六方晶格，在低温时只有一个滑移面，而在300℃以上时，由于镁合金晶体中产生附加滑移面，塑性提高。故一般镁合金在350～450℃可进行各种压力加工。低温脆性区的出现是由于沿晶粒边界的某些组织组成物随温度的降低而脆化。某些金属间化合物就具有这种行为。例如，Mg-Zn系中MgZn、$MgZn_2$是低温脆性化合物，它们随着温度的降低而沿晶界析出，使低温塑性降低。

中温脆性区的出现是由于在一定温度-速度条件下，塑性变形可使脆性相从过饱和固溶体中沉淀出来，引起脆化；晶间物质中个别的低熔点组成物软化，强度显著降低，削弱了晶粒之间的联系，导致热脆；在一定温度与应力状态下产生固溶体的分解，此时可能出现新的脆性相。

高温脆性区则可能是由于在高温下周围气氛和介质引起金属脆化、过热或过烧。例如，镍在含硫的气氛中加热、钛的吸氢。晶粒长大过快或晶间物质熔化等也显著降低塑性。

上述三个典型的脆性区是指一般而言，对于具体的金属与合金，可能只有一个或两个脆性区。总之，出现脆性区及塑性较好的区域的数量，要视温度的变化、金属及合金内部结构和组织的改变而定。

碳钢的脆性区有四个，塑性较好的区域有三个，各区的温度范围见图3-13。对于具体的金属与合金，其塑性随温度而变化的曲线图称为塑性图。

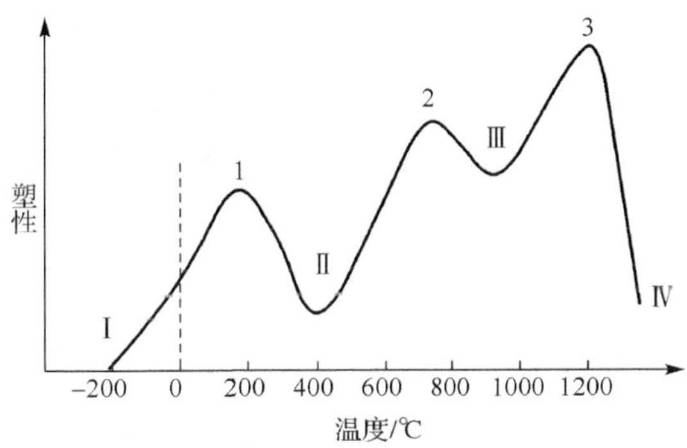

图3-13 碳钢的塑性随温度变化图

许多实验证明，温度对各种金属与合金塑性的影响规律并不是一致的，若从材质和温度出发，概括起来可能有八种类型。如图3-14所示，图中的曲线表示热回工性能变化的情况。

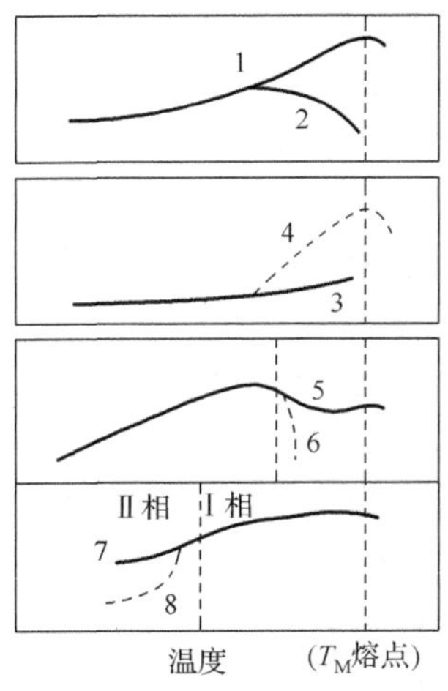

图3-14 各种合金系的典型热加工性能曲线

1-纯金属和单相合金：铝合金、钽合金、铌合金；2-晶粒成长快的纯金属和单相合金：铍、镁合金、钨合金、β单相钛合金；3-含有形成非固溶性化合物元素的合金、含有硒的不锈钢；4-含有形成固溶性化合物元素的合金，含有氧化物的钼合金，含有固溶性碳化物或氮化物的不锈钢；5-加热时形成韧性第二相的合金，高铬不锈钢；6-加热时形成低熔点第二相的合金：含有硫铁、含有锌的镁合金；7-冷却时形成韧性第二相的合金：低碳钢、低合金钢、α-β及α钛合金；8-冷却时形成脆性第二相的合金：镍-钴-铁超合金、磷氢不锈钢

由图 3-14 可见，由于晶粒粗大化以及金属内化合物、析出物或第二相的存在、分布和变化等，出现塑性不随温度上升而提高的各种情况。

2) 变形速度

变形速度对塑性的影响比较复杂。当变形速度不大时，塑性随变形速度的提高是降低的；而当变形速度较大时，塑性随变形程度的提高反而提高。这种影响还没有找到确切的定量关系。一般可用图 3-15 所示的曲线概括。

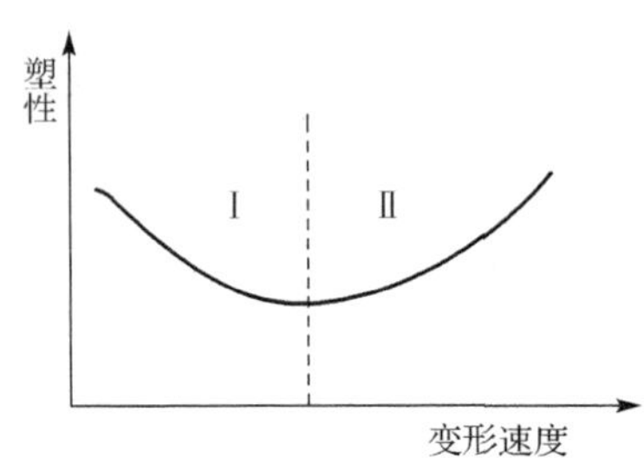

图 3-15　变形速度对塑性的影响

塑性随变形速度的升高而降低（Ⅰ区），可能是由加工硬化及位错受阻力而形成显微裂口所致；塑性随变形速度的升高而提高（Ⅱ区），可能是由于热效应使变形金属的温度升高，硬化得到消除和变形的扩散过程参与作用，也可能是位错借攀移而重新启动的缘故。

变形速度的增加在下述情况下降低金属的塑性，在变形过程中，加工硬化的速度大于软化的速度（考虑到热效应的作用）；热效应使变形物体的温度升高到热脆区。

变形速度的增加在下述情况下提高金属的塑性，在变形过程中，硬化的消除过程比其增长过程进行得快；由于变形速度增加，热效应使金属的温度升高，由脆性区转变为塑性区。

变形速度对塑性的影响实质上是变形热效应在起作用。热效应即金属在塑性变形时的发热现象。这是因为供给金属产生塑性变形的能量将消耗于弹性变形和塑性变形。耗于弹性变形的能量造成物体的应力状态，而耗于塑性变形的能量的绝大部分转化为热。当部分热量来不及向外散发而积蓄于变形物体内部时，促使金属的温度升高。

塑性变形过程中的发热现象是一个绝热过程，即在任何温度下都能发生，不过在低温条件下表现得明显些，发出的热量相对多些。

冷变形过程中因软化不明显，金属的变形抗力随变形程度的增加而增大。若只稍许提高变形速度，对变形金属本身的影响是不大的。但当变形速度提高到足够大的程度时（如高速锤击），由于变形温度显著升高，变形金属可能发生一些恢复现象，而可较为明显地降低金属的变形抗力，并提高其塑性变形能力。因此，在冷变形条件下提高工具的运动速度（增大变形速度）对塑性变形过程本身是有益的。

塑性变形过程中因金属发热而促使温度升高的效应称为温度效应。

变形过程中的温度效应不仅取决于因塑性变形功而排出的热量，而且取决于接触表面摩擦功作用所排出的热量。在某些情况下（在变形时不仅变形速度高而且接触摩擦系数很大），变形过程的温度效应可能达到很高的数值。由此可见，控制适当的温度，不但要考虑导致热效应的变形速度这一因素，还应充分估计到金属压力加工工具与金属的接触表面间的摩擦在变形过程中所引起的温度升高作用。

由表 3-1 可见，热效应显著地改变了金属的实际变形温度，其作用是不可忽视的。一般来说，合金的实际变形抗力越大，挤压系数越高，挤压速度越快，则发热越严重。因此在挤压生产中，一定要把变形温度和变形速度联系起来考虑，否则容易超过可加工温度范围而出现裂纹。

对于热加工，利用高速变形来提高塑性并没有意义，这是因为热变形时的变形抗力小于冷加工时的变形抗力，产生的热效应小。但采用高速变形方式可以提高生产率，并可保证在恒温条件下变形。

3) 变形程度

变形程度对塑性的影响是同加工硬化及加工过程中伴随着塑性变形的发展而产生的裂纹倾向联系在一起的。

表 3-1　铝合金冷挤压时因热效应所增加的温度

合金号	挤压系数	挤压速度/(mm/s)	金属温度/℃
L4	11	150	158～195
LD2	11～16	150	294～315
LY11	11～16	150	340～350
LY11	31	65	308

在热变形过程中，变形程度与变形温度-速度条件是相互联系的，当加工硬化与裂纹胚芽的修复速度大于发生速度时，可以说变形程度对塑性影响不大。

对于冷变形而言，由于没有上述的修复过程，一般都是随着变形程度的增加而降低塑性。至于从塑性加工的角度来看，冷变形时两次退火之间的变形程度究竟多大最为合适，尚无明确结论，还需进一步研究。但可以认为这种变形程度是与金属的性质密切相关的。对硬化强度大的金属与合金，应给予较小的变形程度即进行下一次中间退火，以恢复其塑性；对于硬化强度小的金属与合金，则在两次中间退火之间可给予较大的变形程度。

对于难变形的合金，可以采用多次小变形量的加工方法。实验证明，这种分散变形的方法可以提高塑性 2.5～3 倍。这是由于分散小变形可以有效地发挥和保持材料塑性。对于难变形合金，一次大变形所产生的变形热甚至可以使其局部温度升高到过烧温度，从而引起局部裂纹。

4) 应力状态

应力状态种类对塑性的影响从卡尔曼经典的大理石和红砂石试验中可清楚地看出。卡尔曼用白色卡拉大理石和红砂石制作成圆柱形试样，将其置于专用的仪器内镦粗，在仪器中可以产生轴向压力和附加的侧向压力(把甘油压入试验腔室内)。

当只用一个轴向压力试验时，大理石与红砂石表现为脆性。如果除轴向压力外再附加侧向压力，那么情况就发生了变化，大理石和红砂石可产生塑性变形，并且随着侧向压力的增加，变形能力也加大。卡尔曼利用侧向压力使大理石得到 8%～9%的压缩变形。其后，拉斯切加耶夫也对大理石进行了变形试验，在侧向压力下拉伸时，得到 25%的延伸率，在进行镦粗试验时，产生 78%的压缩率仍未破坏。

从上述情况中可以看出，金属在塑性变形中所承受的应力状态对其塑性的发挥有显著的影响，静水压力值越大，金属的塑性发挥得越好。

按应力状态图(图 3-16)的不同，可将应力状态对金属塑性的影响顺序进行这样的排列：

三向压应力状态图最好，两向压一向拉应力状态图次之，两向拉一向压应力状态图更次，三向拉应力状态图最差。在塑性加工的实际中，即使其应力状态图相同，对金属塑性的影响程度也可能不同。例如，金属的挤压、圆柱体在两平板间压缩和板材的轧制等，其基本的应力状态图皆为三向压应力状态图，但对塑性的影响程度却不完全一样。这就要根据其静水压力来判断。静水压力越大，变形金属所呈现的塑性越大。

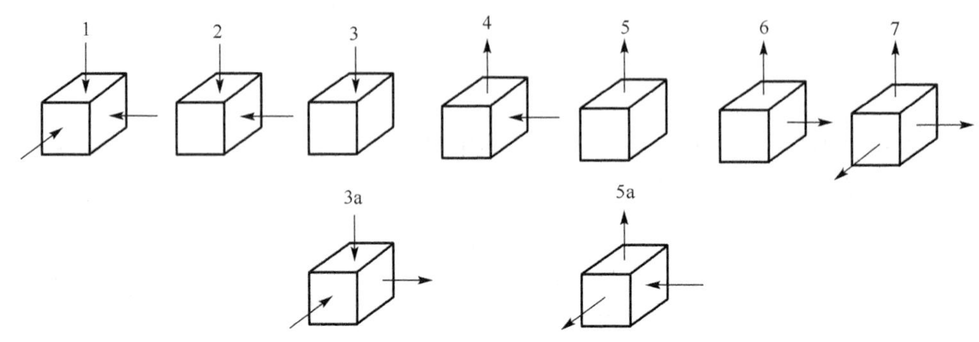

图 3-16　主应力状态简图

5）变形状态

变形状态对塑性的影响一般可用主变形图来说明。因为压缩变形有利于塑性，而延伸变形有损于塑性，所以主变形图中压缩分量越多，对金属的塑性越有利。按此原则可将主变形图排列为：两向压缩一向延伸的主变形图最好，一向压缩一向延伸的主变形图次之，两向延伸一向压缩的主变形图最差。

由于主变形图会影响变形物体内杂质的分布情况，在实际的塑性加工中往往会因加工方法的不同(主变形图不同)，而使变形金属产生各向异性。例如，在拉拔和挤压的变形过程中，因为主变形图为两向压一向拉，所以随着变形程度的增加，其内部的塑性夹杂物会被拉成条状或线状，脆性夹杂物会被破碎成串链状，这时会引起横向的塑性和冲击韧性下降。在镦粗和展宽的轧制时，其主变形图为两向延伸一向压缩，这会造成杂质沿厚度方向成层排列，而使厚度方向的性能变坏。

综上所述，三向压缩的主应力图和两向压缩一向延伸的主变形图组合的变形力学图是最有利于金属塑性变形的加工方法，如挤压、旋锻、孔型轧制等。

6）尺寸因素

尺寸因素对加工件塑性影响的基本规律是随着加工件体积的增大，塑性有所降低。

实验表明，小体积试件的塑性总是较高的，例如，在室温下，当其他条件相同时，用平锤头压缩锌试件，试件尺寸为ϕ20mm×20mm时，最大压下量(出现第一条宏观裂纹时的变形量)为35%～40%；而试件尺寸为ϕ10mm×10mm 时，最大压下量可达 75%～80%。黄铜柱体塑压的尺寸为ϕ20mm×20mm，最大压下量是50%；而ϕ10mm×10mm时，最大压下量是70%～75%。

产生上述结果的原因如下：实际金属的单位体积中平均有大量的组织缺陷，体积越大，不均匀变形越强烈，在组织缺陷处容易引起应力集中，造成裂纹源，因而引起塑性的降低。就铸件来说，小铸件容易得到相对致密细小和均匀的组织，大铸件则反之。

图 3-17 为变形物体体积对力学性能的影响。一般是随着物体体积的增大，塑性减小，但当体积增大到一定程度后，塑性不再减小。

7) 周围介质

周围介质对变形物体塑性的影响表现为如下三个方面。

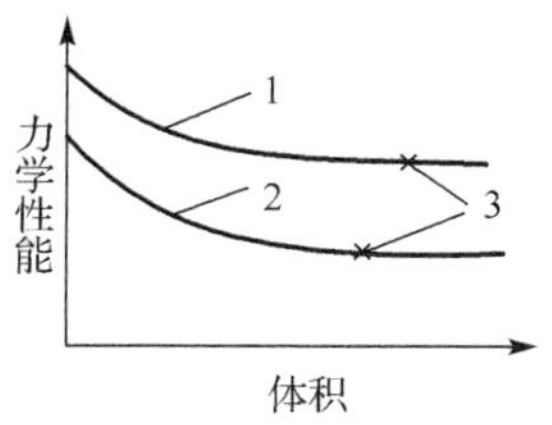

图 3-17　变形物体体积对力学性能的影响

1-塑性；2-变形抗力；3-临界体积点

(1) 周围介质和气氛能使变形物体表面层溶解并与金属基体形成脆性相，因而使变形物体呈现脆性状态。例如，镍及其合金在煤气炉中直接加热，热轧时易开裂是由于炉内气氛中含有硫，硫被金属吸收后生成 Ni_3S_2，此化合物又与 Ni 形成低熔点(625～650℃)共晶，并呈薄膜状分布于晶界，使镍及其合金产生红脆性。若盖上铁皮加热，可避免含硫气氛的直接作用。当镍及其合金在 600 ℃以上加热时，要特别注意气氛中是否含有硫。

周围介质的溶解作用通常在应力作用下加速，并且应力值越大，溶解作用进行得越显著。因此，对于易与外部介质发生作用而产生不良影响的金属与合金，不仅加热、退火时要选用一定的保护气氛，而且加工过程要在保护气氛中进行。

(2) 周围介质的作用能引起变形物体表面层的腐蚀以及化学成分的改变，使塑性降低。黄铜的脱锌腐蚀与应力腐蚀都和周围介质有关。黄铜在加热、退火，以及在温水、热水、海水中使用时，锌优先受腐蚀溶解，使工件表面残留一层海绵状(多孔)的纯铜而损坏。这种脱锌现象在 α 相和 β 相中都能发生，当两相共存时，β 相将优先脱锌，变成多孔性纯铜，这种局部腐蚀也是黄铜腐蚀穿孔的根源。

(3) 有些介质(如润滑剂)吸附在变形金属的表面上，可使金属塑性变形能力增加。金属塑性变形时，滑移的结果可使表面呈现许多显微台阶，润滑剂活性物质的极性沿着台阶的边界或者沿着由表面扩大而形成的显微缝隙向深部渗透，使滑移束细化，像把表面层锄松了一样，因此可以使滑移过程进行得更顺利。介质不仅可以提高金属的塑性，而且可以使变形抗力显著降低。

3.2　轧　　制

1. 概述

轧制是金属坯料在旋转轧辊的间隙中靠摩擦力的作用连续进入轧辊而产生塑性变形的一种压力加工方法，大约有 90%的钢和大部分有色金属都要经过轧制。轧制的主要形式有纵轧、横轧和斜轧三种，其示意图如图 3-18 所示。由图 3-18 可见，纵轧时，坯料在转向相反的两个轧辊作用下产生变形，并沿着垂直于轧辊轴线方向移动。横轧时，坯料在转向相同的两个轧辊作用下转动并产生变形，且坯料与轧辊轴线互相平行。斜轧是坯料轴线与轧辊轴线相交成一定角度的轧制方法，在变形过程中坯料既转动，又沿自身的轴线向前移动。其中纵轧主要用于各种型材、板材和管材等成形加工，但在某些情况下也可用于零件的成形加工。横轧和斜轧主要用于零件成形加工，而斜轧还可用于无缝管材的成形加工。

轧制所用的坯料主要是钢锭或铜、铝等有色合金及其合金铸锭。轧材的类型取决于轧辊的种类和形状。图 3-19 为常见轧辊形式，其中平轧辊用于板材和带材的轧制，带槽轧辊用于各种型材的轧制。在多辊机座中(图 3-19(d)、(e))，只有两个为工作辊，其余均为支承辊，有了支承辊，便可使用小直径的工作辊，因而可提高延伸率，降低变形力。

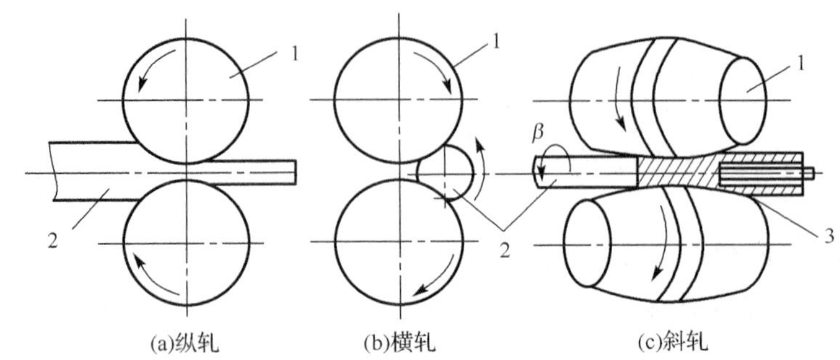

图 3-18　轧制的主要形式

1-轧辊；2-坯料；3-芯棒

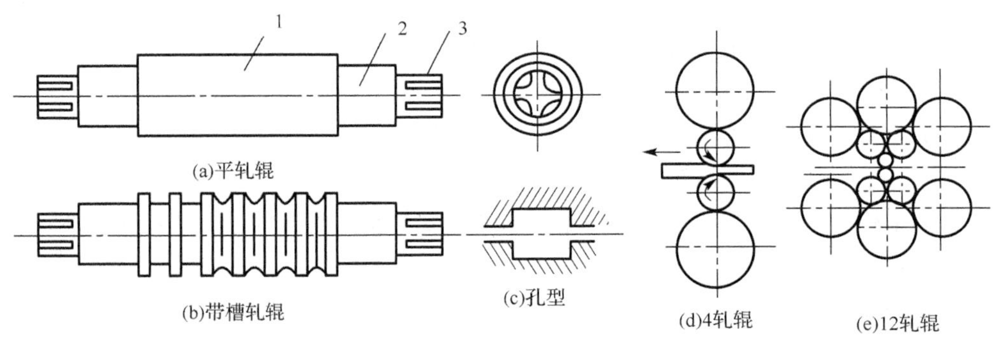

图 3-19　常见轧辊形式

1-辊身；2-辊劲；3-辊头

轧材生产的一般工艺过程是首先将铸锭经加热后在初轧机上热轧成各种形状和规格的坯料，然后将初轧坯料经加热后在不同的成品轧机上热轧成各种型材、板材和无缝管材等。对于薄板材(厚度在 1.5mm 以下)和冷弯型材，则通常分别用热轧卷材和热轧板带材作为坯料，经酸洗后进行冷轧并退火，得到冷轧薄板和冷轧型材。现在，轧制板坯正被日益广泛使用的连铸板坯所代替，连铸板坯大多是在连续热轧机上轧制的。焊管所用坯料为带材或板材，经热轧或冷轧成管坯后将缝隙焊接而成。此外，热轧管经冷轧或拉拔后可生出壁厚更小、表面质量更好、尺寸精度更高的管材。

2. 轧制产品的质量控制

1) 热轧

热轧(hot rolling)具有塑性好、变形抗力低、生产规模大、效率高、成本低等优点，故许多型材、板材和管材都是通过热轧成材的。典型热轧材的一般生产工艺流程如下。

(1) 热轧型材：型材坯料准备→加热→轧制→切断→冷却→矫直→清理→检查→捆扎。

(2) 热轧薄板：板坯准备→加热→粗轧→精轧→冷却→卷取→松卷→剪切→热轧薄板。

(3) 热轧无缝管：实心管坯准备→加热→斜轧穿孔机穿孔→自动轧管机轧制成毛管→滚

轧机轧制均整→纵轧定径机轧制成要求管径→精整。

为控制热轧产品的质量，在生产过程中应采取如下有关工艺措施。

(1) 轧前应对坯料表面结疤、裂纹、夹渣、折叠、飞刺等各种缺陷进行仔细的清理，这是保证轧材表面质量的关键，否则氧化皮被压入表面会产生缺陷，而原有缺陷在轧制中会进一步扩大，引起更多的缺陷，甚至会影响轧材的塑性和成形性，降低轧材的表面质量和合格率。有些坯料(如合金钢坯)在清理前往往还要进行退火处理，以降低硬度，便于进行表面清理，同时可消除内应力、均匀成分、去除有害气体，以提高轧材塑性，防止轧制开裂，提高成品率。

(2) 根据坯料的种类、成分与尺寸确定合适的加热温度、加热速度和保温时间，以降低坯料在加热过程中的氧化脱碳倾向，避免引起过热、过烧，降低内应力，从而使轧材不易产生麻点、氧化皮或发裂等表面缺陷，防止轧材力学性能的降低和轧制开裂的产生。

(3) 正确控制轧制温度、轧制速度和变形程度是保证轧制产品质量的一个中心环节。因为它不仅可保证产品的精确成形，而且可改善其组织性能。轧制温度主要包括开轧温度和终轧温度，终轧温度控制轧材的组织性能，而开轧温度的确定必须以保证终轧温度为依据。例如，碳钢的开轧温度一般比加热温度低些，而终轧温度视成分而异。轧制亚共析钢，终轧温度一般应高于 A_{c3} 线 50～100℃，以便终轧后迅速冷至相变温度，获得细晶粒组织。若终轧温度过高，则会得到粗晶粒组织和低的力学性能。反之，终轧温度低于 A_{c3} 线，则有加工硬化产生，使强度升高，塑性降低。对于含铌、钛、钒等合金元素的低合金钢，由于再结晶较困难，故通常可以提高终轧温度。轧制过共析钢，其终轧温度应不高于 A_{cm} 线，否则沿奥氏体晶界析出的网状碳化物就不能被破碎，这会恶化钢材的力学性能。若终轧温度过低(低于 A_1 线)，则会产生加工硬化，且易析出石墨。因此过共析钢的终轧温度应比 A_1 高 100～150℃。轧制速度和变形程度不仅影响产品的组织性能，而且影响产量，所以在设备和工艺允许的条件下，应提高轧制速度和采用大的变形量，并尽可能保持轧制变形条件的稳定以及控制适当的终轧压下量。

(4) 轧后冷却制度应根据轧材的特性和技术要求来确定，不仅要控制冷却速度，而且要力求均匀地冷却，否则容易引起轧材的扭曲变形、组织性能的不均匀性，增大内应力，甚至形成裂纹等缺陷。例如，轧制亚共析钢时，为获得均匀细小的组织和良好的力学性能，轧后应进行喷水急冷。而轧制高碳工具钢时，为避免轧后形成网状碳化物，轧后需快速冷到相变温度以下，随后应进行缓冷，以减小内应力，避免发生冷裂。对于塑性和导热性差的轧材，如高速钢、高碳高铬钢等，轧后即使在空气中冷却或堆放也会产生裂纹，故必须采用极缓慢的冷却速度，如在缓冷坑或保温炉中冷却，以减小内应力，防止裂纹的产生，同时可降低硬度，提高塑性，有利于对表面缺陷的清理。

2) 控制轧制

控制轧制(controlled rolling)是指在热轧过程中通过对金属的加热制度、变形制度和温度制度的合理控制，使塑性变形与固态相变相结合，以获得细小晶粒组织，使钢材具有优异的综合力学性能的一种轧制方法。

按钢材轧制时所处的温度和组成相条件的不同，目前一般将控制轧制分为奥氏体再结晶区控制轧制(又称为Ⅰ型控制轧制)、奥氏体未再结晶区控制轧制(又称为Ⅱ型控制轧制)和奥氏体+铁素体两相区控制轧制三种方式，如图 3-20 所示。奥氏体再结晶区控制轧制通常是在

950℃以上进行的，其目的是通过对加热时粗化的初始奥氏体晶粒反复进行轧制—再结晶使之得到细化，相变后得到细小的铁素体晶粒。相变前的奥氏体晶粒越细，相变后的铁素体晶粒也就越细。很显然，仅通过奥氏体多次变形和再结晶使奥氏体晶粒得到细化，从而来细化铁素体晶粒是有限的。

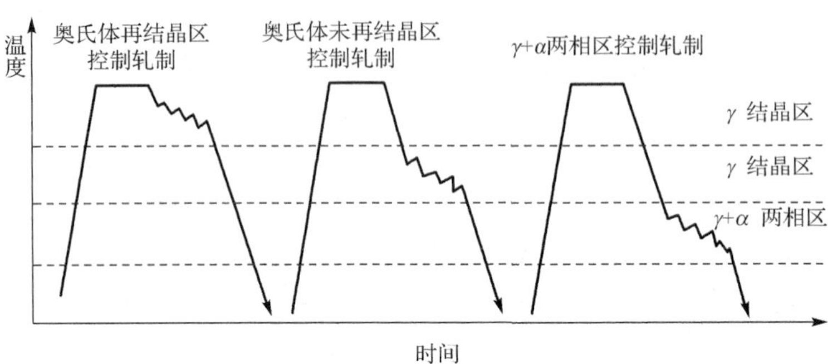

图 3-20　控制轧制方式示意图

奥氏体未再结晶区控制轧制的温度区间一般为 950℃～A_{c3}，由于轧制是在奥氏体的再结晶温度以下进行的，奥氏体晶粒不仅沿轧制方向伸长，使晶界面积增加，而且在奥氏体晶粒内部产生变形带，随后相变时铁素体可同时在奥氏体晶界上和变形带上形核，提高了铁素体的形核率，从而进一步促进了铁素体晶粒的细化，相变后的铁素体晶粒随未再结晶区总压下率的增加而变细。

在 A_{c3} 以下的奥氏体+铁素体两相区控制轧制时，未相变的奥氏体晶粒进一步伸长，在晶内形成更多的变形带，已相变的铁素体晶粒在受到压下时也发生变形，在晶内形成亚结构，在轧后的冷却过程中，未再结晶的奥氏体发生相变，形成细小的等轴铁素体晶粒，而变形的铁素体因回复在晶内形成亚晶粒，亚晶的出现可使钢材的强度升高，韧脆转变温度降低。

在控制轧制的生产实践中，常常把上述三种轧制方式联系在一起进行连续轧制，并称为控制轧制三阶段。控制轧制工艺是在保证产品成形的基础上根据产品的性能要求而制定的。因此，为确保控制轧制产品的质量，其轧制工艺与一般热轧工艺相比有以下主要特点。

(1) 控制加热温度。控制轧制钢的加热温度比常规热轧钢的加热温度(一般为 1250℃)低，例如，对含铌和钛的钢，加热温度以 1150℃为宜，若低于此温度，奥氏体晶粒大小不均，加工后易产生混晶。相反，会使奥氏体晶粒过分长大，加工后晶粒难以细化。对于不含特殊元素的普通钢，其加热温度可降至 1050℃以下，以获得细而均匀的奥氏体晶粒。

(2) 控制轧制温度。在控制轧制中所采用的轧制温度随控制轧制的阶段而异。当在奥氏体区控制轧制时，终轧温度越高，奥氏体晶粒越粗大，转变后的铁素体晶粒也就越粗大，并易出现魏氏组织，对钢性能不利。因此要求最后几道次的轧制温度要低，一般要求终轧温度尽可能接近奥氏体开始转变温度，这样可起到相似于正火的作用。对轧制含铌钢，其 A_{c3} 为 720℃左右，故终轧温度可控制在 750℃。而一般的低碳结构钢的终轧温度为 830℃或更低些。当进入奥氏体+铁素体两相区控制轧制时，也应根据对钢材性能的不同要求确定其终轧温度。例如，对于 16Mn 钢，为获得一定的强度、较高的塑钢韧性和较低的韧脆转变温度，奥氏体+铁素体两相区的终轧温度不宜太低，一般当压下量为 20%～30%时，终轧温度应控制在 740 ℃左右，这是由于在该轧制条件下形变的铁素体发生再结晶，形成细小的铁素体晶粒和大量细小的亚晶粒，且晶内位错密度较低。若终轧温度过高，则形变铁素体将发生过度再结晶，晶粒长大，亚晶数量减少，必然会引起强度显著降低。反之，过低的终轧温度会使形变铁素体处于回复或变形状态，晶内位错密度高，因而必然会使塑韧性降低，而强度升高。

(3)控制变形程度。为保证轧材的强度和韧性，在各轧制区要求有一定大小的变形程度。在奥氏体再结晶区控制轧制时，道次变形量应大于临界变形量，且要连续轧制，使全部晶粒进行再结晶，这样就能使奥氏体晶粒逐道细化，最后得到非常细小的奥氏体晶粒，相变后便可得到细小的铁素体晶粒。否则将会产生混晶。在奥氏体未再结晶区多道次控制轧制时，变形量对细化晶粒能起到叠加效应。因此可以不必过分强调道次变形量，而只要有足够的总变形量。例如，轧制含铌钢时，在 750～950℃的未再结晶区的总变形量一般要求大于等于(最好接近)70%，否则易产生贝氏体和粗大铁素体混合组织。在奥氏体+铁素体两相区控制轧制时，变形量增大，会使铁素体晶粒变细、位错密度增大、亚晶发达，从而使轧材的强度升高，低温韧性得到改善。具体变形量应视产品的性能要求和生产条件而定。

(4)控制轧后冷却速度。轧后可以用空冷、吹风、喷水等冷却方式来控制轧材具有不同的冷却速度，因而可以得到不同的组织和性能。例如，对于低碳铬钼钢在奥氏体再结晶区和未再结晶区控制轧制后的连续冷却过程中先析出一定量的铁素体(80%～90%)，使碳在奥氏体中富集，因而使未转变的奥氏体变得很稳定，此时进行卷板，最后采用快速冷却，使奥氏体发生马氏体相变。这样通过控制扎制和控制冷却工艺可以直接生产出铁素体+马氏体双相钢，它具有连续屈服、低的屈强比(一般为 0.5 左右)、较大的加工硬化指数(一般为 0.2)和良好的塑性，因而比一般的高强度低合金钢具有更好的冷成形性。目前控制轧制后的控制冷却已在钢板生产、型钢生产和钢管生产中得到越来越广泛的应用。

3)冷轧

冷轧(cold rolling)与热轧相比的主要优点是轧制过程中不存在温度和温度降的不均匀性，因而可生产厚度极薄、尺寸精度很高的轧材。其次，坯料经过酸洗，且无次生氧化皮，表面光洁度高。由于冷轧变形与热处理配合恰当，可以获得高的综合力学性能以及某些特殊织构，因而冷轧材可在较大的范围内满足用户要求。正由于此，许多要求表面光洁、几何尺寸精度和力学性能高、厚度薄的板带材以及管材都是采用冷轧方式生产的。

典型冷轧材的生产工艺流程如下。

(1)冷轧薄板钢：热轧板卷→酸洗→冷轧→表面清理→退火→平整→剪切→冷轧钢板。

(2)冷轧钢管：热轧管坯→酸洗→冷轧→热处理→矫直→切断→检查。

由上述典型冷轧材的生产工艺流程可知，为确保冷轧产品的质量，应控制好以下主要环节。

(1)冷轧坯料在轧前必须仔细地进行酸洗，以去除热轧坯料的氧化皮，保证轧材表面的光洁度及随后进行表面处理(如镀锡、镀锌等)的质量。

(2)在轧制板材过程中必须采用张力轧制，以获得良好平整度、一定表面光洁度和规定厚度的薄板，同时可降低轧材的变形抗力，便于轧制更薄产品。张力视轧机种类、轧制道次和轧件的品种、规格而定，通常可改变卷取机或开卷机的转速、各架轧机主电机的转速以及压下量来调整张力。此外，在冷轧过程中必须进行有效的冷却和润滑，以防止冷轧过程中轧材所产生的变形热与摩擦热使轧辊的温度升高，保证轧辊正常工作所需的组织性能和辊型，同时使冷轧润滑剂不失效，从而不损害板型和轧制精度。润滑剂的主要作用是减小金属的变形抗力，这不仅有利于降低冷轧过程中的发热率和轧辊的温度，而且有助于在已有设备条件下实现更大压下量，生产厚度更小的产品。在轧制某些品种时，还可防止金属黏辊，保证轧件的表面质量。

(3) 控制好轧后的中间退火和成品退火。中间退火是为了消除经一定道次冷轧后轧材的加工硬化、恢复塑性导致的变形抗力降低，以便继续冷轧。成品退火是为了与变形量适当配合以获得高的力学性能和良好的深冲压性能。需要指出的是，镀锡薄板在冷轧后往往要先进行脱脂，以去除板面上的油污，再进行成品退火，否则会影响其表面质量和耐蚀性。

(4) 控制好平整工序。在冷轧板带钢的生产工序中，平整实质上是一种小压下率(0.6%～3%)的二次冷轧，其主要目的是使退火后的板带材在相当长的一段时间内保证表面不产生冲压滑移线，不形成橘皮，同时可改善板材的平直度和光洁度。此外，改变平整的压下率还可在一定范围内调整板材的力学性能，以满足不同用途板材的性能要求。平整是影响板材成品质量的最后一道工序，因此应根据成品的不同用途并通过控制压下率、轧制润滑剂、辊型曲线、轧辊表面光洁度和轧制压力等来保证成品所需的力学性能、平直度与表面光洁度。

冷轧板带材最具有代表性的产品有金属镀锡、镀锌薄板，汽车用深冲钢板，电工用硅钢板以及不锈钢板等。

冷轧管法最适合于高强度、低塑性的有色金属及其合金以及不锈钢、轴承钢等生产高精度高表面质量的薄壁管材。冷轧管的表面质量可与拉拔管相媲美，且在生产低塑性、难变形合金的薄壁管材时具有高的生产率。

3.3 锻　　造

3.3.1 概述

锻造生产广泛应用于机械、冶金、造船、航空、航天和兵器等许多工业部门，其主要任务是完成锻件的成形和改善其内部的组织性能，以获得所需要的几何形状、尺寸和优质的锻件。因此，一些重要机器零件都是用锻造成形的，锻造主要用于机件的毛坯生产。

1. 锻造方法

锻造方法按所用工具的不同可分为自由锻和模锻两大类。模锻是利用模具使坯料变形而获得锻件的一种锻造方法，根据变形特点的不同有开式模锻和闭式模锻之分；根据所用设备的不同又可分为锤上模锻、压力机上模锻、螺旋压力机上模缎、平锻机上模锻等。

某种锻件采用哪种锻造方法生产取决于锻件的形状、尺寸、技术要求和批量等因素。通常单件、小批量生产采用自由锻方法，而大批量生产则采用模锻方法。但是对有些重要产品的锻件，虽批量不大一般也采用模锻方法生产。而大型锻件因受设备吨位的限制，通常采用自由锻方法生产。

2. 锻件生产的工艺流程

锻件生产一般都要经历备料、加热、锻造、冷却、热处理和清理等工序。但是不同类型锻件的锻造工艺过程是不一样的，即使是同一锻件，当用不同设备锻造时，由于设备特点不同其锻造工艺方案也往往是不同的。

3.3.2 锻前加热和锻后冷却对锻件质量的影响

锻前加热和锻后冷却是锻造工艺中的一个重要环节，其控制对保证锻件质量、提高锻造生产率和节约能源都有直接影响。

1. 锻前加热

金属的锻前加热是锻件生产的重要工序之一，为确保锻件的质量，锻前加热主要控制加热规范和锻造温度范围。

(1) 合理的加热规范是保证锻件质量的前提。坯料应根据材料的种类和成分、锻件的尺寸和要求制定合理的加热规范，力求防止或减少坯料在加热过程中产生氧化、脱碳、过热、过烧和裂纹等缺陷，因为这些缺陷会影响锻件锻后的组织性能和质量。例如，氧化皮在成形时若被压入锻件表面会降低锻件表面质量和尺寸精度；脱碳会使锻件表面强度和耐磨性降低，当脱碳层深度大于加工余量时就要影响锻件质量；过热的坯料若锻造时的变形度较小、终锻温度偏高，则锻后将会出现过热组织，有时用一般热处理方法也不易改善或消除，这会引起锻件力学性能的降低；过烧的坯料在锻造时轻则会在锻件表面产生龟裂，重则会导致坯料破裂而报废；裂纹会直接引起坯料在锻造时的开裂。为此，必须合理制定坯料在加热过程中不同时期的加热温度、加热速度和加热时间。通常对断面尺寸大、导热性差的高合金钢坯料应限制装炉温度和控制在该温度下的保温时间，并在 800℃以下采用较低的加热速度加热。因为坯料温度低、塑性差、存在蓝脆区，坯料产生裂纹的倾向大。此外，炉温和料温的差别大，由此而引起的内应力也大。因此高速钢、高碳高铬钢和高锰钢等的装炉温度一般为 400～600℃，并在此温度下要经一定时间保温后才能采用较小的允许加热速度升温，只有当炉温高于 800℃以后才允许按最大可能的加热速度加热到锻造温度，锻造温度不能过高，保温时间也不宜过长，否则会增大氧化脱碳倾向和引起过热、过烧等缺陷。对于导热性较好的低碳钢、低合金钢或截面尺寸较小的坯料，可以直接装入高温炉内以最大速度进行加热。

(2) 正确确定锻造温度范围是保证锻件质量的关键。确定锻造温度范围的依据是合金的平衡相图，再参考合金的塑性图、变形抗力图和再结晶图，便能确定出合金的始锻温度和终锻温度，从而使合金在锻造温度范围内具有良好的塑性和较低的变形抗力，能锻出优质的锻件。同时可使锻造温度范围尽可能大一些，以减少加热火次，提高锻造生产率。

一般而言，碳钢的锻造温度范围可根据铁-碳相图直接确定。多数合金结构钢的锻造温度范围可以参照含碳量相同的碳钢来考虑。但对塑性较差的高合金钢以及不发生相变的奥氏体钢和铁素体钢，则必须通过试验才能订出合理的锻造温度范围。

在确定钢的始锻温度时，首先必须保证钢无过烧现象，其次考虑坯料组织、锻造方式和变形工艺等因素。因此对碳钢而言，始锻温度应比铁-碳相图的固相线低 150～250℃，如图 3-21 所示。若以钢锭为坯料，铸态组织较稳定，产生过烧倾向小，则其始锻温度比同钢种的钢坯或钢材要高 20～50℃。当采用高速锤锻造时，高速变形产生的很大的热效应会使坯料温度升高，以致引起过烧，所以其始锻温度应比通常情况低 100℃左右。对于大型锻件的锻造，最后一火的始锻温度应根据该火的变形量来确定，以免锻后晶粒粗大，这对不能用热处理方法细化晶粒的钢种尤为重要。

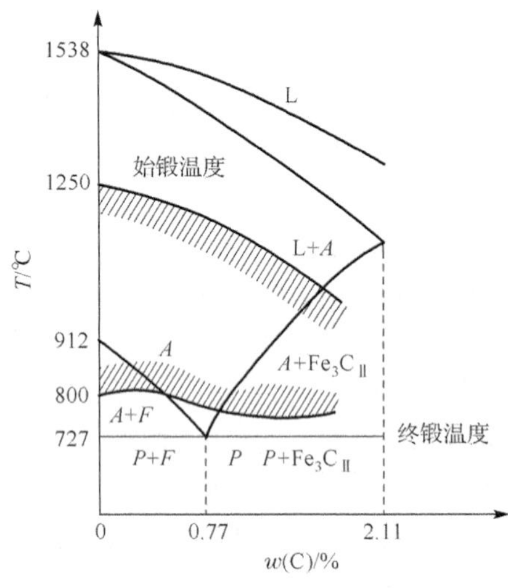

图 3-21　碳钢的锻造温度范围

钢的终锻温度应略高于其再结晶温度，这样既能保证坯料在终锻前仍有足够的塑性，又可使锻件在锻后能完全再结晶，得到细小的组织和良好的性能。因此碳钢的终锻温度应在铁-碳相图 A_1 线以上 25～75 ℃。由图 3-21 可见，亚共析钢的终锻温度处于 A_3 以上的单相奥氏体区。而对含碳量小于 0.3%的低碳钢，其终锻温度处于奥氏体和铁素体的两相区，因为钢仍具有足够的塑性，变形抗力也不高，不会给锻造带来困难。此外，还扩大了锻造温度范围，有利于减少锻造火次和提高生产率。高碳钢的终锻温度处于奥氏体和渗碳体的两相区，此时析出的二次渗碳体能被打碎，且可均匀弥散地分布在钢的基体上，从而避免因终锻温度过高沿奥氏体晶界析出网状渗碳体。还需指出，钢的终锻温度也与钢的组织、锻造工艺和后续工艺有关。例如，无相变的钢由于不能通过热处理来细化晶粒，只能依靠锻造均匀变形来控制晶粒度，所以这类钢的终锻温度应偏低些，以免锻后晶粒长大，降低锻件的力学性能。精整工序的终锻温度应允许比规定位低 50～80℃。而对于锻后要立即进行余热处理的锻件，其终锻温度要满足余热处理的要求，若为低碳钢锻件，终锻温度应稍高于 A_3。

各类钢的锻造温度范围见表 3-2，由表 3-2 可见，碳钢的锻造温度范围较宽，可达 400～580℃，而合金钢尤其是高合金钢则很窄，只有 200～300℃。因此，高合金钢最难锻造，对锻造工艺要求也最严格。

表 3-2　各类钢的锻造温度范围

钢种	始锻温度/℃	终锻温度/℃	锻造温度范围/℃
普通碳素钢	1280	700	580
优质碳素钢	1200	800	400
碳素工具钢	1100	770	330
合金结构钢	1150～1200	800～850	350
合金工具钢	1050～1150	800～850	250～250
高速工具钢	1100～1150	900	200～250
耐热钢	1100～1150	850	250～300
弹簧钢	1100～1150	800～850	300
轴承铜	1080	800	280

2. 锻后冷却

锻后冷却的重要性不亚于锻前加热和锻造变形过程，如果锻后冷却方法选择不当，锻件还有可能产生裂纹、白点或网状碳化物等缺陷，使锻件的力学性能降低，甚至报废。

锻后冷却规范的关键是冷却速度，通常应根据坯料的化学成分、组织特点、原料状态和断面尺寸等因素来确定合理的冷却速度。一般来说，坯料的化学成分越单纯，锻后允许的冷却速度越快；反之则慢。因此，对成分简单的碳钢和低合金钢中小型锻件，锻后均采用空冷。

而成分复杂的中高合金钢锻件，锻后应采用坑冷或炉冷。对于含碳量较高的工具钢和轴承钢等，为防止网状碳化物的析出，锻后先用空冷、鼓风或喷雾快速冷至 700℃，再把锻件放入坑中或炉中缓慢冷却。对于无相变的奥氏体钢、铁素体钢，由于锻后冷却过程无相变，同时为获得单相组织，锻后可采用快冷，所以这类钢的锻件锻后通常采用空冷。对于高速钢、高碳高铬钢和马氏体不锈钢等空冷自淬钢，空冷就能发生马氏体相变，由此会引起很大的组织应力，极易产生冷却裂纹，所以这类钢的锻件锻后必须缓慢冷却。对于含铬镍白点敏感的钢种，为防止冷却过程中产生白点，应按一定的冷却规范进行炉冷。通常用钢材锻成锻件在锻后的冷却速度比用钢锭锻成锻件的冷却速度快。对于大断面尺寸的锻件，因冷却过程中的温度应力大，锻后应缓慢冷却；而对断面尺寸小的锻件，锻后则可快速冷却。

3.3.3 自由锻

自由锻最主要的变形工序包括镦粗、拔长、冲孔、扩孔和弯曲等，正确控制各变形工序，不仅能确保锻件的良好成形，而且可以避免在成形过程中出现某些缺陷，以获得高质量的锻件。

1. 镦粗

镦粗是使坯料高度减小、横截面增大的变形工序，其主要作用是可得到比坯料横截面大的锻件；冲孔前增大坯料横截面积和平整坯料断面；提高下一步拔长时的锻造比；提高锻件横向力学性能和减小纤维组织方向性。

坯料在镦粗时应尽量避免不均匀变形的产生，否则在锻件侧面易产生纵向裂纹，锭料镦粗后在其上、下端易保留铸态组织，从而影响锻件质量。产生不均匀变形的主要原因与工具和坯料接触面间存在摩擦以及工具接触部分坯料降温太快有关。为防止不均匀变形的产生，可在工具与坯料接触面间加润滑剂，以降低摩擦力，使变形易于进行。例如，当镦粗低塑性材料时可用玻璃粉、石墨粉等润滑剂来降低工具与坯料间摩擦。此外，预热镦粗工具至 200～300℃，可防止与工具接触部分变形金属快速降温而引起变形抗力的增大。另外，在工具和坯料间放置一块温度不低于坯料温度的软金属垫后再镦粗或在环套内进行镦粗，均可减小不均匀变形，降低附加拉应力，这对镦粗低塑性的高速钢和高碳高铬钢等特别有利。

此外，坯料在镦粗时要控制高度与直径之比，若比值过大，则镦粗时易失稳而发生纵向弯曲。为防止这一缺陷的产生，高度与直径之比应控制在 2.5～3。

2. 拔长

拔长是使坯料横截面减小而长度增加的变形工序，常用于锻造长轴杆类零件。

拔长的变形程度常用锻造比(拔长前坯料的原始横截面积与拔长后的横截面积之比)表示，其大小直接影响锻件的组织性能，因而它是控制锻件质量的一个重要因素。通常随着锻造比的增大，由于内部孔隙被焊合，铸态树枝晶被打碎，锻件纵横向力学性能均能得到明显提高。但是，当锻造比超过一定数值后，由于形成纤维组织，横向塑韧性急剧降低，导致锻件出现各向异性。因此，在制定锻造工艺规程时，应根据所锻材料的种类和锻件的类型确定合理的锻造比。例如当用铸锭锻制大型锻件时，为改善其组织性能，一般应采用较大的锻造比，通常对用合金结构钢锻制的汽轮发电机转子和叶轮，锻造比取 4～6；对锻造高速钢或高碳高铬钢等莱氏体钢锻件，为破碎共晶碳化物，降低碳化物偏析，必须采用更大的锻造比，一般取 10。当用钢材锻制锻件时，除莱氏体钢锻件外，通常无须考虑锻造比，因为经过大变形的锻或轧，钢材的组织性能已得到改善。但是对截面尺寸较大的莱氏体钢材，为进一步降低碳化物的不均匀性，延长锻件使用寿命，也应尽可能采用大的锻造比，而且要进行反复的镦粗和拔长。此外，为获得高质量的锻件，在设计成形工艺时，必须使纤维组织合理分布，避开纤维组织的不利影响。一般原则是零件工作时的正应力最好与纤维方向一致，剪切应力与纤维方向垂直，并使纤维分布与零件外形轮廓相一致而不被切断。

在拔长过程中还应控制好坯料的送进量(坯料送进长度与料高之比)和压下量，同时要不断地翻转坯料，否则易产生不均匀变形，从而会产生较大的拉应力或剪切应力，导致在锻件表面或内部产生裂纹。通常送进量过大或过小和压下量过大都会产生较大的拉应力。为防止裂纹的产生，较合适的送进量控制在 0.5～0.8，压下量不宜过大，并采用适当的操作方法和工具。例如，拔长高速钢时采用“两轻一重”的操作方法，即始锻温度和接近终锻温度时轻击，在 900～1050℃塑性较好区重击，并采用较大圆角的锤砧，可降低变形的不均匀性和产生裂纹的可能性。圆截面采用型砧拔长可避免内部产生纵向裂纹。而空心件采用 V 型砧拔长可防止内孔壁产生裂纹和厚薄不均等缺陷。

3. 冲孔

冲孔是用冲头将坯料冲出透孔或不透孔的锻造工序。常用的冲孔方法有实心冲头冲孔、空心冲头冲孔和在垫环上冲孔。实心冲头冲孔操作简单，芯料损失少，广泛用于 400mm 以下的小孔径锻件。空心冲头冲孔坯料变形小，但芯料损失大，可将坯料中心质量差的部分冲除，主要用于孔径在 400mm 以上的大锻件。在垫环上冲孔坯料形状变化小，但芯料损失较大，故仅适用于薄环锻件。

在冲孔过程中出现的主要质量问题是走样、裂纹和孔冲偏等。

走样表现为坯料高度减小，外径上小下大，上端面内凹，下端面凸出，如图 3-22 所示。通常坯料直径 D_0 与孔径 d 之比越小，走样越严重。

冲孔时产生的裂纹常出现在冲低塑性材料的外侧表面和内孔圆角处，且为纵向裂纹，如图 3-23 所示。外表面裂纹的产生也与坯料直径与孔径之比过小有关，在冲孔时使外层金属受到较大的切向拉应力。因此，为防止走样过大和避免产生外表面裂纹，应合理选取坯料直径与孔径之比，在生产中常取 $D_0/d=3$。内孔圆角处裂纹由冲孔时此处温度降低较多、塑性较低所引起。为避免内孔圆角处出现胀裂，不仅要求冲头锥度小，而且要求经过多次加热逐步冲成。

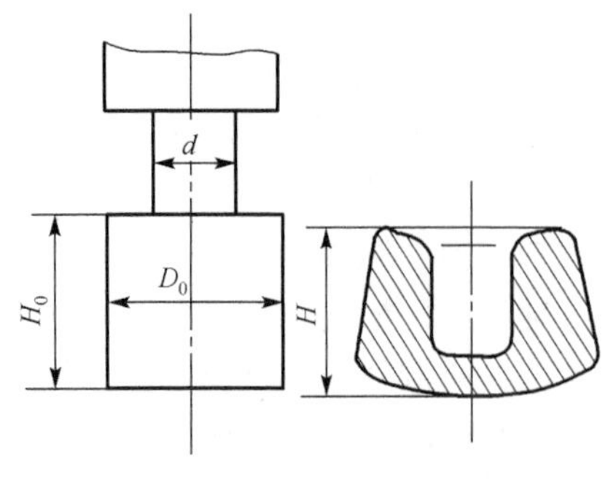

图 3-22　冲孔时走样现象

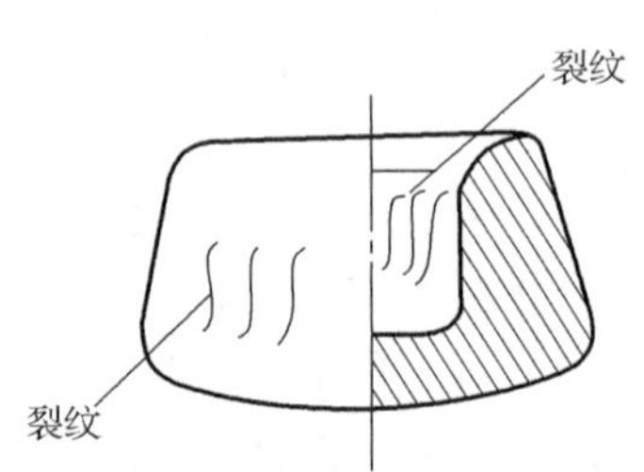

图 3-23　冲孔时出现裂纹

孔冲偏通常由冲头放偏、环形部分金属性质不均匀、冲头各处的圆角斜度不一致等所引起，且坯料越高，越易冲偏。因此应控制坯料高度小于直径。

4. 扩孔

扩孔是减小空心坯料壁厚而增加其内、外径的锻造工序。常用的扩孔方法有冲头扩孔、芯轴扩孔和碾压扩孔，如图 3-24～图 3-26 所示。

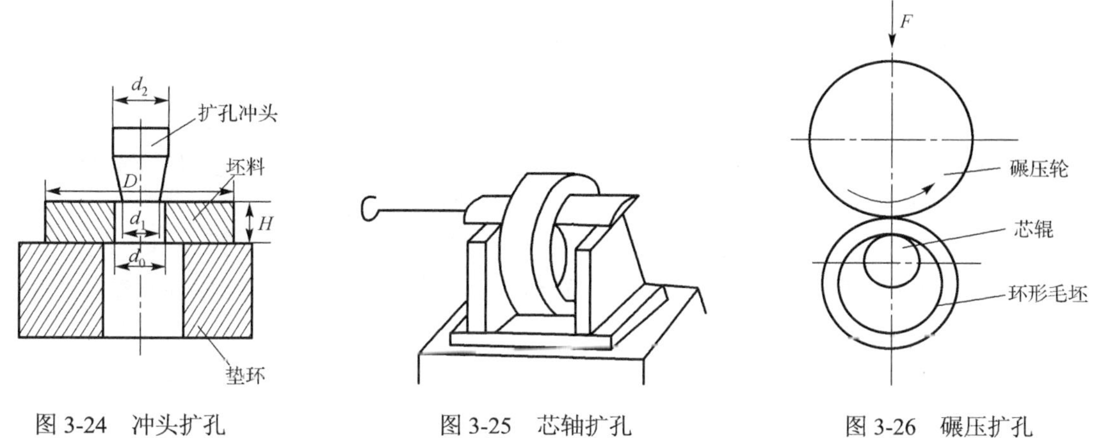

图 3-24 冲头扩孔　　图 3-25 芯轴扩孔　　图 3-26 碾压扩孔

(1) 冲头扩孔。类似胀形变形方式，坯料切向受拉应力，容易胀裂，故应控制每次扩孔量不宜太大。此法一般用于锻件外径 D 与扩孔冲头直径 d_2 之比大于 1.7 和锻件高度 $H \geqslant 1.125D$ 的壁不太薄的锻件。

(2) 芯轴扩孔。类似于拔长变形方式，坯料沿圆周方向延伸。变形区金属受三向压应力，故不易产生裂纹。因此，芯轴扩孔可以锻制薄壁锻件。为保证芯轴的强度、刚度和锻件的质量，应选择好芯轴的尺寸。若芯轴过细，不仅锻造时芯轴易折断，而且会使锻件内壁形成梅花压痕。

(3) 辗压扩孔。和芯轴扩孔一样，类似拔长变形方式，但工具是旋转的，产生连续变形，扩孔时一般压下量小，故具有表面变形特征。其优点是锻件形状接近零件形状，且精度高，还可提高材料利用率，生产环形件的尺寸范围大，直径可从 40mm 到 5m，在扩孔机上可以轧制火车轮箍、轴承套圈、齿圈和法兰等锻件。

5. 弯曲

弯曲是将坯料弯成规定外形的锻造工序，此法可用于锻制起重机吊钩、弯曲轴杆等各种弯曲锻件。坯料在弯曲时，变形区的内侧受压缩，可能起皱而产生折叠，外侧受拉伸，容易产生裂纹。此外，弯曲处坯料断面形状发生畸变，断面积减小，弯曲半径越小、弯曲角度越大，上述现象越严重。

为保证锻件的质量，弯曲变形区坯料断面应比锻件断面稍大(增大 10%～15%)，锻时先将不弯曲部分拔长到锻件尺寸，再进行弯曲成形。此外，坯料加热部分不宜过长，最好仅加热弯曲段，并要求加热均匀。当锻件有数处弯曲时，弯曲次序一般是先弯端部，再弯曲与直线相连接的部分，最后弯其余部分。

自由锻的基本工序还有错移(将坯料的一部分相对另一部分平移的锻造工序)、扭转(将坯料的一部分相对另一部分绕其同一轴线扭转一定角度的锻造工序)和切割等，其中错移和扭转工序常用于锻制曲轴类锻件，此处不再一一介绍。

3.3.4 模锻

1. 模锻设备及其特点

常用模锻设备有模锻锤、摩擦压力机、热模锻压力机和平锻机等。

1)模锻锤

模锻锤有蒸汽-空气模锻锤、无砧座锤、高速锤和液压模锻锤。其中应用最普遍的是蒸汽-空气模锻锤(图 3-27)，一般将其简称为模锻锤。模锻锤的吨位一般为 0.01～0.16MN(1～16t)。模锻锤是以冲击力使坯料变形的，其能力以落下部分的质量来表示。

蒸汽-空气模锻锤的特点是结构简单，无须由外部供给动力，操作方便，吨位较小，一般为 65～75kg。因此广泛应用于无动力站的锻造车间里生产小型锻件，其吨位按锻件尺寸和重量来选择。

蒸汽-空气模锻锤是用压力为 0.4～0.9MPa 的蒸汽或压缩空气为动力来推动锤头工作的，最常见的为双柱式蒸汽-空气模锻锤，如图 3-27 所示。其特点是打击能力可大可小，落下部分的质量较空气锤大得多，一般为 1～5t，适宜于锻造中型或较大的锻件。通常根据锻件材质外形尺寸和重量来选择模锻锤的吨位。

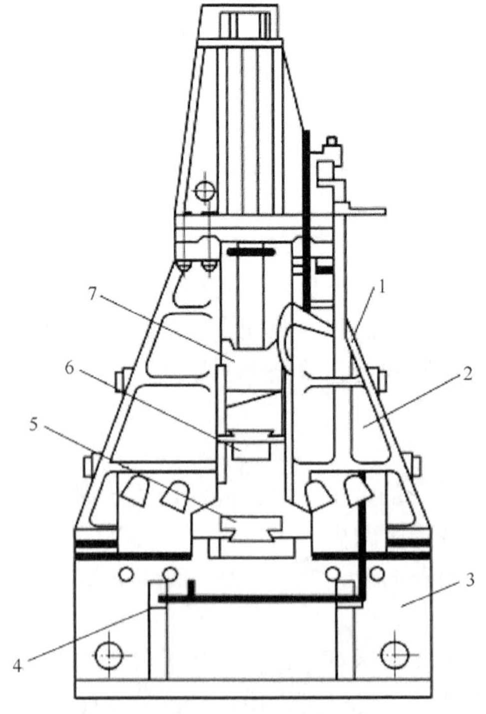

图 3-27　蒸汽-空气模锻锤

1-操纵机构；2-锤身；3-砧座；4-踏杆；5-下模；6-上模；7-锤头

模锻锤的工艺特点是：靠冲击力使金属变形，利用金属的流动惯性充满模膛，且上模膛比下模膛有更好的填充性，因此，应尽可能将锻件上难充满的部分放在上模。此外，锤头行程不固定，金属在模膛中的变形是经锤头多次打击后完成的，因此可完成各种模锻工步，一般无须为其制坯，可锻出各种形状的锻件，适应性广，通用性大。但是因为模锻锤的导向精度较差、工作时的冲击和行程不固定、无顶出装置，模锻件的精度不高。此外，模锻锤冲击振动和噪声大，劳动条件差，对厂房地基要求高。

2) 摩擦压力机

摩擦压力机的工作原理如图 3-28 所示。锻模分别安装在滑块 7 和机座 9 上，电动机 5 经皮带 6 使摩擦盘 4 旋转，改变操作杆位置可以使摩擦盘沿轴向左、右移动，于是飞轮 3 可先后分别与两侧的摩擦盘接触而获得不同方向的旋转，并带动螺杆 1 转动，在螺母 2 的约束下，螺杆的转动变为滑块的上、下滑动，实现模锻生产。

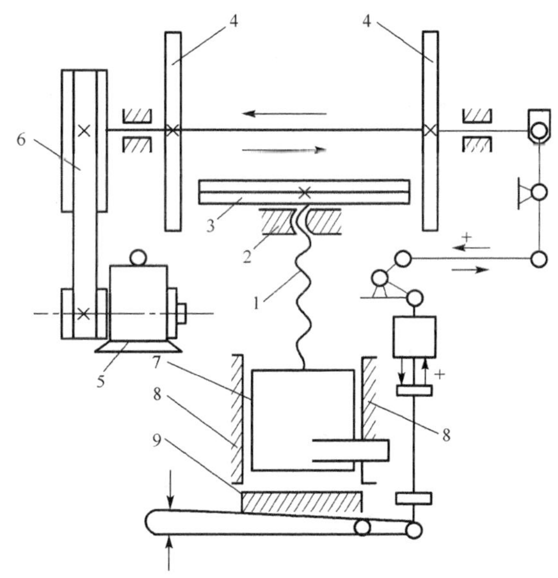

图 3-28　摩擦压力机传动图

1-螺杆；2-螺母；3-飞轮；4-摩擦盘；5-电动机；6-皮带；7-滑块；8-导轨；9-机座

摩擦压力机工作过程中，滑块运动速度为 0.5～1.0m/s，具有一定的冲击作用，且滑块行程可控，这与模锻锤相似，坯料变形抗力由机架承受，形成封闭力系，这又是压力机的特点。因此，摩擦压力机具有模锻锤和压力机的双重工作特性，吨位为 3500kN 的摩擦压力机使用较多，最大吨位可达 10000kN。

摩擦压力机上模锻的特点如下。

(1) 工艺适应性好，压力机滑块行程不固定，可进行墩粗、弯曲、预锻、终锻等工序，还可进行校正、切边和冲孔等操作。

(2) 摩擦压力机承受偏心载荷的能力差，通常只适用于单膛锻模进行模锻。对于形状复杂的锻件，需要在自由锻设备或其他设备上制坯。

(3) 模具设计和制造简化，由于滑块打击速度不高，设备本身具有顶料装置，故既可以采用整体式锻模，也可以采用组合式锻模。

(4) 生产率较低，由于滑块运动速度低，生产效率低，但特别适合于锻造低塑性合金钢和非铁金属(如铜合金)等。

摩擦压力机适合于中小型锻件的小批量或中批量生产，如铆钉、螺钉阀、齿轮、三通阀等。

3) 热模锻压力机

热模锻压力机是针对模锻锤的缺点而发展起来的。热模锻压力机的吨位用滑块运行到接近下死点时所产生的最大压力来表示，一般为200～12000t。

热模锻压力机的主要工艺特点是：锻件尺寸精度高。因为滑块行程一定，机架刚性大，导轨与滑块间隙小，装配精度高，能保证上、下模不产生错动。同时有上、下顶出机构，故锻件出模斜度小，甚至可锻出不带模锻斜度的锻件。此外，由于金属变形在滑块一次行程中完成，坯料内、外几乎同时发生变形，变形深透而均匀，锻件各处力学性能基本一致，有利于提高锻件质量。此外，由于滑块的压力基本上属于静压，金属在模膛内流动较慢，这十分有利于对变形速度敏感的低塑性合金的成形，如某些耐热合金和镁合金等。但是，主要靠压入方式成形的锻件应采用多模膛模锻，使坯料逐步成形。断面变化较大的锻件需用其他设备制坯，这主要是由于热模锻压力机行程固定，不适合拔长和液压等制坯工步。此外，由于锻压时坯料表面氧化皮不易去除，应尽量采用电加热或少无氧化加热。热模锻压力机主要应用于大批量、专业化生产。

4) 平锻机

平锻机相当于卧式曲柄压力机，其主滑块做水平往复运动。平锻机的吨位以凸模所产生的最大压力表示，一般为50～3150t，可加工直径为25～230mm的棒料。

平锻机的工艺特点是：锻造时坯料水平放置，其长度不受设备工作空间限制，能锻出在模锻锤上或压力机上难以锻造的长杆类锻件。此外，由于有两个互相垂直的分模面，故可以锻出在两个方向有凹档、凹孔的锻件，如双凸缘轴套等，这在一般立式锻压设备上是难以锻成的。此外，平锻机刚度大、行程固定、抗偏载能力较强，因此可进行开式和闭式模锻，完成制坯和终锻成形，还可进行弯曲、压扁、切料、穿孔和切边等工序。平锻机锻件长度方向尺寸稳定性比模锻锤高。但平锻机所用坯料一般为高精度热轧钢材或冷拔整径钢材，否则凹模会夹不紧或在凹模间产生大的纵向毛刺。平锻机不适宜模锻非对称锻件。此外，平锻机造价高，只适用于成批、大量生产。

从以上不同模锻设备的工艺特点可知，模锻与自由锻相比的主要优点是锻件尺寸精度高，表面光洁；能锻制外形复杂的零件；节省原材料和机加工工时；生产效率高。其主要不足是锻大件有困难；锻模用钢的加工成本高，不适合单件、小批生产。

2. 模锻件的质量控制

为了保证模锻件的质量，除控制锻前加热和锻后冷却外，还必须正确制定锻件图、正确设计锻模模膛和结构。

(1) 正确制定锻件图。正确制定锻件图的关键是确定分模面、机加工余量、锻件公差和圆角半径及模锻斜度。

分模面位置和形状会影响锻件的成形、质量、出模等。其基本原则是最好选择在使模膛最浅的部位，且在锻件的最大尺寸截面上，以便于金属快速充满模膛，容易取出锻件。此外，必须使沿分模面上、下模的模膛外形一致，便于在锻造过程中发现上、下模的错移。

正确确定机械加工余量和锻件公差可以减少锻件的废品率、降低切削加工量和金属的消耗、提高锻件的精度，从而满足零件的形状和尺寸精度、表面粗糙度和力学性能的要求。通常可根据锻件重量、加工精度及锻件复杂程度查表确定模锻件的加工余量。而锻件公差则可根据锻件尺寸、重量、精度级别、形状复杂程度和材质等因素查表确定。

锻件上的圆角半径对保证金属流动、易于充满模膛、提高锻件质量、延长模具寿命都是十分重要的。通常锻件上外圆角半径过小，金属充满模膛困难，且易引起锻模崩裂；若过大，会影响机加工余量。锻件上的内圆角半径过小，模对金属流动的纤维会被割断，导致力学性能降低，还可能因此产生折叠，使该件报废；或使模膛产生压塌，影响锻件出模。若内圆角半径太大，不仅会增加机械加工余量和金属损耗，而且对某些锻件会使金属过早流失，导致发生充不满现象。圆角半径与锻件形状和尺寸有关，一般锻件高度尺寸大，圆角半径应大，其值可按有关规定确定。

模锻斜度是为了使锻件成形后能顺利地从模膛中取出和有利于金属顺利充填。若斜度过小，锻件难以从模膛中取出，尤其是在无顶出装置的模锻锤上更甚。若斜度过大，金属充填困难，且会增加金属的消耗和机加工余量。通常模锻斜度应根据模锻设备、锻件形状和尺寸、斜度位置、锻件材料等因素来确定。

(2) 正确设计模锻模膛和结构。模锻模膛的正确设计是保证锻件能够获得良好的几何形状、尺寸精度和组织性能的重要条件，尤其是终锻模膛的设计将直接关系到锻件的几何形状和尺寸以及折叠、充不满等缺陷的产生。通常终锻模膛的形状和尺寸根据热锻件图设计；而预锻模膛的形状和尺寸根据所用模锻设备、预锻工步图和防止终锻产生折叠、充不满等缺陷进行设计。

锻模模膛结构设计对锻件质量、生产率、锻模寿命等有很大的影响。不同模锻设备有不同的锻模结构形式，因此锻模模膛结构设计应随不同模锻设备而异。以锻模锤为例，由于其结构为整体式，且常采用多模膛，故锻模模膛结构设计主要解决好模膛的合理布排、错移力的平衡、锻模的强度和模块尺寸问题，因为它们直接影响锻件尺寸精度和设备寿命。例如，为减少上下模产生错移、保证锻件质量、降低设备磨损，模膛的布排应力求使终锻和预锻模膛中心靠近锻模中心；为平衡错移力和保证锻件质量，应针对产生错移力的不同情况来设计模具结构。

3.4 挤 压

1. 概述

挤压就是把坯料放入模具内加压，使之通过模孔成形的一种压力加工方法。

挤压的方法有多种，但是最基本的方法是正挤压和反挤压，如图3-29所示。由图3-29可见，在正挤压时，坯料的流动方向与挤压杆的运动方向是一致的，其特点是坯料与挤压筒内壁间有相对滑动，因而两者存在很大的外摩擦。反挤压时，坯料的流动方向与挤压杆的运动方向相反，其特点是坯料与挤压筒内壁间无相对滑动，因而无外摩擦存在。正挤压与反挤压的不同特点对挤压过程、产品质量和生产效率等都有很大的影响。挤压坯料可用初轧坯、锻造坯、铸造坯、连铸坯。

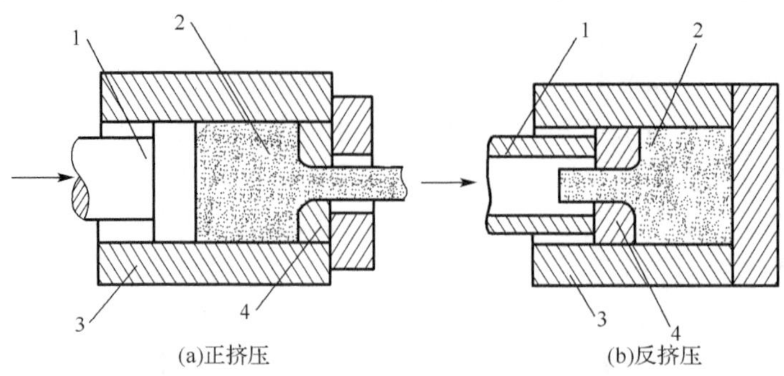

图 3-29　挤压示意图

1-凸模；2-坯料；3-挤压筒；4-挤压模

挤压设备有机械挤压机和液压挤压机两大类。机械挤压机的最大特点是挤压速度快，但挤压速度是变化的，故对工具寿命和制品性能均不利，因此应用有限。目前应用最为广泛的液压传动卧式挤压机可用来生产棒材、型材和管材等。

2. 挤压制品的质量控制

挤压制品的质量主要受挤压工艺、挤压模具和挤压机参数的控制，下面仅讨论挤压工艺对制品质量的影响。

(1) 挤压温度。挤压温度对制品的组织性能影响很大，通常挤压温度越高，制品晶粒越粗大。而某些会发生高温相变的合金在高于相交温度挤压时，晶粒会变得很粗大，从而使制品的强度、硬度和塑性均降低。例如，TC6 和 TC2 等钛合金不宜在 900℃以上挤压，以防止产生粗晶，降低力学性能。此外，过高的挤压温度会使坯料表面过度氧化，易黏结工具，恶化制品表面质量。相反，当挤压温度过低时，不仅会增大变形抗力，而且在制品表面由于金属流动的不均匀而出现拉应力，易导致周期性横向裂纹的产生。在挤压生产中，适宜的挤压温度范围应根据合金的种类和成分、合金的高温塑性和变形抗力以及制品的质量要求来确定。

(2) 挤压速度。挤压速度对制品组织性能的影响主要通过改变金属热平衡来实现，其一般规律是挤压速度低，金属散失热量较多，致使挤压制品尾部出现加工组织，使强度、硬度升高，塑性降低。挤压速度高，热量传递来不及进行，温升大，甚至有可能在变形区内发生绝热挤压过程，导致温度越来越高，变形金属可充分地进行再结晶，得到粗大的晶粒，使强度、硬度降低，严重情况下可使制品表面产生裂纹。在实际生产中挤压速度常受挤压温度、被挤材料的性质、制品的形状以及设备条件等所制约。通常挤压温度高时应采用较低的挤压速度，只有在较低温度挤压时才允许提高挤压速度，且速度的提高以不影响挤压制品的质量为条件。

(3) 变形程度。变形程度影响挤压制品纵、横向变形的均匀性，从而影响组织性能的均一性。通常当挤压比 λ 较小时，外层金属的变形程度总是大于内层，尾部金属的变形程度大于头部，因而出现沿径向和轴向变形不均匀，这样外层和后端的晶粒细、强度较高，而内层和前端的晶粒较粗大、强度较低。当挤压比较大时，变形趋于均匀，因而制品组织性能的不均匀性减小。当挤压比很大时，纵、横向性能基本趋于一致。

3.5　拉　　拔

1. 概述

拉拔(drawing)是在外加拉力的作用下迫使金属坯料通过模孔以获得相应形状、尺寸制品的一种塑性加工方法，它是生产棒材、型材、线材和管材的主要方法之一。

1)拉拔方法的分类

拉拔按制品截面形状可分为实心材与空心材拉拔，前者主要为棒材的拉拔，后者则为管材和异型材的拉拔。

空心材拉拔的基本方法有空拉、长芯杆拉拔、固定短芯头拉拔、游动芯头拉拔、顶管法和扩径拉拔，如图3-30所示。

(1)空拉。管坯内不放芯头，通过模孔后外径减小，管壁变化不大，故通常适于小直径管材、异型管材、盘管拉拔以及减径量很小的减径与整形拉拔。

(2)长芯杆拉拔。道次加工率大，但由于需要准备众多不同直径的长芯杆并增加脱管工序，生产中很少采用，此法主要适于生产薄壁管材和塑性较差的钨、钼管材。

(3)固定短芯头拉拔。可同时实现减径和减壁，内表面质量比空拉好，故此法在管材生产中应用最为广泛；但拉拔细管困难，且不能生产长管。

(4)游动芯头拉拔。芯头靠本身特有的外形建立起来的力平衡被稳定在模孔中，它对提高拉拔生产率、成品率和管材内表面质量极为有利，故是一种较为先进的管材拉拔方法，极适于长管和盘管生产。但此法拉拔难度较大，工艺条件和技术要求较高。

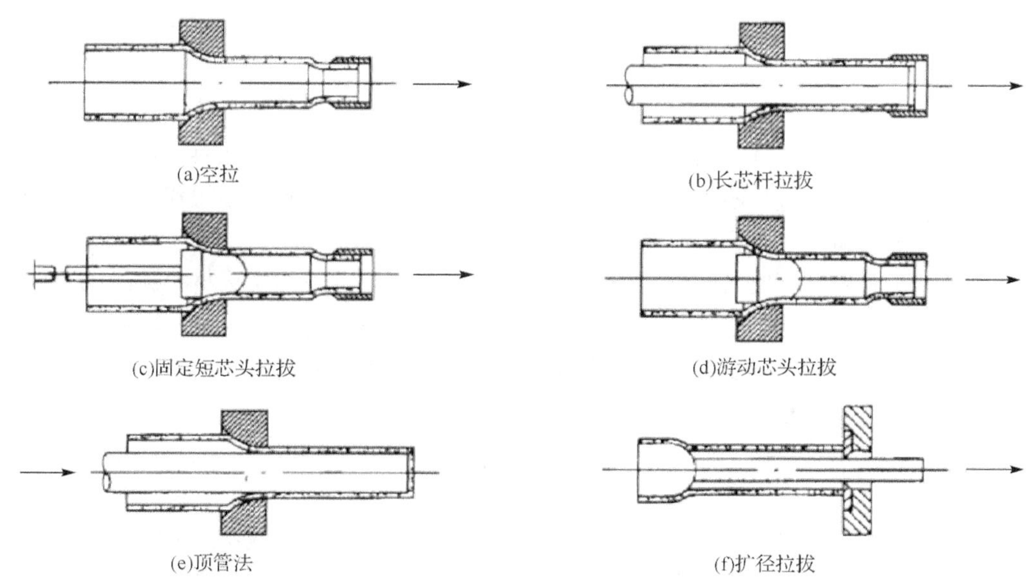

图3-30　空心材拉拔

(5)顶管法。将芯杆套入带底的管坯中，操作时管坯与芯杆一同由模孔中顶出，此法常用于生产大直径管材。

(6)扩径拉拔。主要在设备能力受到限制而不能生产大直径管材时采用。

拉拔的原始坯料为轧制的或挤压的棒材和管材，材料可以是钢或有色金属及其合金。

2)拉拔机械

管材、棒材拉拔机有多种形式，目前应用最广泛的是链式拉拔机，其结构简单、适应性强，管材、棒材和型材均可在同一台设备上拉拔。线拉拔机有单模拉线机和多模连续拉线机之分，由于单模拉线机的生产率低，现在大批量拉拔铝、铜及其合金以及钢等的中、细线都采用多模连续拉线机，它的总加工率大、拉拔速度和自动化程度高。

3)拉拔工艺流程

拉拔通常都是在冷态下进行的，其一般工艺流程如下：坯料→打头→酸洗清理→润滑→拉拔→脱脂→退火→成品。

在拉拔前必须对坯料表面进行酸洗清理，以保证拉拔产品的表面质量。同时必须抛光模孔，并用矿物油、乳化液或二硫化钼等润滑剂进行润滑，以降低拉拔时在坯料和模孔间所产生的摩擦力。此外，为消除多次拉拔所产生的加工硬化、恢复塑性和继续进行拉拔，必须对经拉拔的材料进行中间退火和表面清理。

需要指出，对一些常温下强度高、塑性差的金属材料(如某些合金钢和钨、钼以及具有六方晶格的锌和镁合金)，为提高它们的塑性，则需采用温拔。

4)拉拔工艺的特点

拉拔与其他压力加工方法相比主要特点如下。

(1)制品的尺寸精度高、表面质量好、性能优良。

(2)可以生产各种钢和有色金属型材、管材、棒材、线材，尤其适合于连续高速生产断面很细的长制品。

(3)生产工具与设备简单，维护方便，在一台设备上可生产多种品种与规格的制品。

2. 拉拔制品的质量控制

为了获得一定形状尺寸、力学性能和表面质量的制品，一般要将坯料经过几次拉拔，因此必须控制拉拔总变形量、各次拉拔的变形量以及各道次所需的模孔形状和尺寸。

1)拉拔总变形量

拉拔总变形量直接影响拉拔制品的性能和表面质量，通常根据拉拔材料的加工硬化曲线来确定保证制品规定性能所需的拉拔总变形量。为使制品不产生粗晶组织，应避免采用临界变形度进行加工，适当增大拉拔总变形量有利于保证制品表面质量。

2)各次拉拔的变形量

各次拉拔的变形量(又称道次加工率)将影响制品的形状、尺寸、成品率和生产率。道次加工率一般不宜过大，否则易导致拉拔制品尺寸、形状不合格，实心材易产生中心裂纹，甚至被拉断。在拉拔异型管时，大的加工率会使拉拔力相应增大、金属不易充满模孔，因而不能获得尺寸精确的成品，同时使残余应力增大，这不仅影响产品的力学性能，而且对成品尺寸的稳定也有不良作用。管材制品的道次加工率过大，管壁易失稳而产生凹陷或褶皱缺陷。相反，道次加工率过小会增加拉拔道次、退火、酸洗等工序，降低成品率和生产率。通常道次加工率控制在20%～60%。

3) 模孔形状、尺寸

模孔形状、尺寸设计直接影响拉拔时变形的均匀性，从而影响制品形状的精确性、组织性能的均匀性以及拉拔缺陷的产生。模孔设计的关键是使坯料各部分同时受到尽可能均匀的压缩，以尽量减小变形的不均匀性，这要求根据道次加工率、被拉拔材料的种类和模子材料采用最佳的模角，通常随道次加工率的增大，最佳模角值增大。拉拔软金属时由于摩擦系数较大，最佳模角值要大；而硬金属则相反。此外，还要正确地确定原始坯料的形状和尺寸，以尽可能受到相等的延伸变形。因为拉拔变形时坯料的横向尺寸难以增加，通常要求成品型材的外形必须包括在坯料中。坯料与模孔各部分要同时接触，以免未接触部分的强迫延伸影响制品形状的精确性。实心材在拉拔过程中的不均匀变形易引起表面裂纹缺陷，被拉金属周边层所受轴向基本拉应力大于中心层，当发生不均匀变形时，周边层受到较大的附加拉应力作用，叠加到轴向基本应力上，使周边层所受的实际应力较中心大得多，当此应力超过材料的抗拉强度时便产生表面裂纹。

3.6 冲 压

冲压(stamping)是压力加工中毛坯或零件成形的重要生产方法之一，它用压力机通过模具对板坯进行加工，使其产生塑性变形，从而获得一定形状、尺寸和性能的制件。板料冲压通常是在冷状态下进行的，故常称为冷冲压。只有当板料厚度大于 20mm 时才采用热冲压。

冲压生产所用的坯料要求具有较高的塑性，特别是冲制中空环形、弯曲形、钩环形等制品时往往要产生较大的塑性变形，故坯料要有足够的塑性。在板料冲压中使用最多的金属材料有低碳钢板、塑性较好的合金钢板、紫铜板、含铜量高的黄铜板、铝及其合金板、镁合金和钛合金板等。此外，也可使用某些非金属材料的板带材。

冲压生产的基本工序可分为分离工序和成形工序两大类。分离工序包括剪切、冲裁和整修等。成形工序包括弯曲、拉深、胀形、翻边和缩口等。

冲压生产所用的设备为各种冲压机床，最常用的是机械传动式冲床，它主要有曲柄压力机和螺旋压力机，尤其以曲柄压力机应用更为广泛。

板料冲压工艺的特点是可冲制出其他加工方法难以生产的形状复杂的零件，且零件的尺寸精度和表面质量相当高，互换性好，一般不再需要大量的机械加工就能获得强度高、刚性好、重量轻的零件。此外，板料冲压工艺生产率高、成本低、比较容易实现机械化与自动化。正由于此，板料冲压广泛应用于各个工业部门，特别是在汽车、拖拉机、电机、电器、仪表以及日常生活用品等生产方面都占有十分重要的地位。

3.6.1 冲裁

冲裁是利用模具使板料产生分离的一种冲压工序，它包括落料、冲孔、切边和切口等。冲裁既可为成形工序准备坯料，也可直接生产出成品零件。

冲裁件的质量主要受断面质量和尺寸精度所控制。

冲裁件的断面一般由圆角带、光亮带和断裂带三部分组成。其中光亮带为垂直断面，其表面光洁、平直，质量最佳；断裂带的断面粗糙、不光亮，有斜度和毛刺。为保证冲裁件有平直、光洁、毛刺小的高质量断面，必须设法增加光亮带的高度，这主要通过控制冲裁模的合理间隙来实现。图 3-31 为冲裁模的间隙对制件断面质量的影响，由图 3-31 可见，在合理间隙下冲裁时，从凸、凹模刃口沿最大剪切应力方向产生的裂纹相互重合，此时冲出的断面虽有一定斜度，但比较平直、光洁，毛刺很小，而且冲裁力很小。当间隙过小或过大时，均将导致上、下裂纹不能相交重合于一条线，其结果是：间隙过小，在上、下裂纹之间将产生二次剪切，在制件断面的中部形成撕裂面，而两头为光亮带，在端面出现挤长的毛刺；间隙过大使材料受到很大的拉应力，材料易被撕裂，且裂纹在离刃口稍远的侧面上产生，导致制件光亮带减小，而毛刺、圆角带和断裂斜度都增大。冲裁模的间隙还影响制件尺寸精度和模具寿命。通常间隙过大或过小均使冲裁尺寸和冲模刃口尺寸的偏差增大，从而降低冲裁件尺寸精度。而过小的间隙还会增大模具与坯料间摩擦，故对模具寿命是不利的。在实际生产中冲裁模的合理间隙主要根据冲裁件的断面质量和模具寿命来确定，一般来说，当要求获得高质量的冲裁断面时，应采用较小的间隙值；反之，则应增大间隙值，以利于延长模具寿命。其具体数值可依据材料的厚度、性能等通过经验公式计算确定。

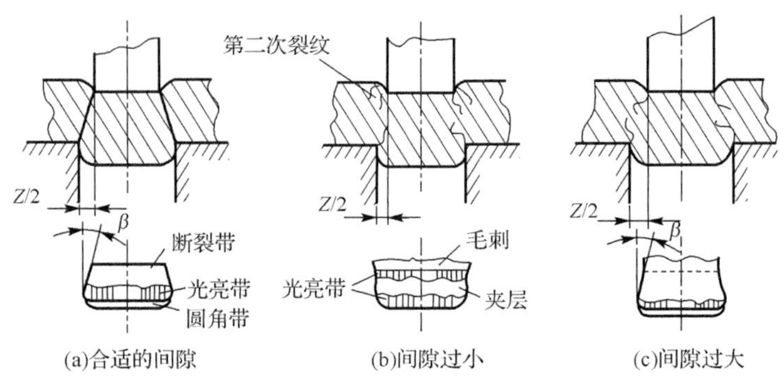

图 3-31　间隙对制件断面质量的影响

控制冲裁件尺寸精度的首要因素是模具刃口尺寸的精度。因此，正确确定冲裁模刃口尺寸及其公差是冲裁模设计中的一个极其重要的问题。其一般原则是：首先，当设计落料件尺寸时，以凹模作为设计基准，且凹模基本尺寸应取工件尺寸公差的较小值，间隙取在凸模上；而设计冲孔件尺寸时，以凸模为设计基准，且凸模基本尺寸应取工件孔尺寸公差的较小值，间隙取在凹模上。这样在凸、凹模磨损到一定程度时仍能冲出合格的制品。其次，材料的性质和厚度、模具制造精度、结构和间隙等也影响冲裁件尺寸精度。此外，在确定模具刃口制造公差时要综合考虑制件的精度要求、模具制造难易程度和使用寿命等问题。

3.6.2　弯曲

弯曲是将平板、型材或管材等坯料弯成具有一定角度、曲率半径和形状的工序，它在冲压生产中占有很大比例，例如，汽车纵梁、自行车把、电器仪表外壳等都是用弯曲方法制成的。

坯料在弯曲过程中易产生的质量问题主要有弯曲件尺寸精度低和形状误差大、弯曲变形区变薄、弯曲外缘表层拉裂等。

弯曲件尺寸精度低和形状误差大是由弹性回复(简称弹复)量过大导致工件的弯曲半径和弯曲角与模具产生差别所引起的，因而在模具设计和制造时必须考虑弹复的影响。通常可修正模具工作部分的尺寸和形状，使工件的弹复量得到补偿。此外，还可用校正法、拉弯法等减少弹复，从而提高弯曲件尺寸精度和形状正确性。

弯曲变形区变薄是由切向应力为零的中性层内移，使外层拉伸变薄量大于内层压缩增厚量所引起的。因而在制定弯曲工艺和设计模具时必须采取适当措施，才能得到合乎要求的制件。例如，U形件弯曲时，必须选择适当的凸、凹模间隙，防止制件边部变薄，降低弹复，提高制件尺寸精度和延长模具寿命。

弯曲外缘表层拉裂是因外缘表层的剪切应力最大，当外层的合成应力超过板料的抗拉强度时，就会沿板料弯折线方向产生拉裂，特别是当相对弯曲半径(弯曲半径与板厚之比)很小时拉裂可能性更大。为防止弯曲外缘表层拉裂，一般应根据被弯材料的力学性能、弯曲线方向、板材表面质量和坯料边缘状况等来确定合适的弯曲半径。例如，塑性较好的材料可采用较小的弯曲半径，加工硬化的材料可先软化退火再进行弯曲。当弯曲时切向变形方向与板材的纵向相重合时可用最小的弯曲半径，这是因为顺纤维方向的塑性高于垂直纤维方向的塑性。当板材的表面质量、坯料剪切断面质量差时易造成应力集中和降低塑性变形的稳定性，使材料过早地破坏，此时应采用较大的弯曲半径。在生产中经常采用清除毛刺、切掉剪切表面的硬化层等来提高弯曲变形的成形性能。

3.6.3 拉深

拉深是利用拉深模将平板坯料压制成各种形状的开口空心零件的冲压工艺方法。用拉深可以加工出筒形、阶梯形、锥形、球形、盒形和其他不规则的薄壁零件。拉深与其他成形工艺相配合还可制造形状极为复杂的零件，因此广泛应用于汽车、拖拉机、航空航天、电机电器、电子仪表和日用五金等工业部门。

板坯在拉深过程中可能产生的工艺缺陷有起皱、拉裂、材料变薄、形状歪扭和回弹等，其中起皱和拉裂对拉伸件质量影响最大。

在拉深过程中当板坯的相对厚度(板料厚度与坯料直径之比)和拉深系数(拉深件的直径与坯料直径之比)较小时，在圆筒形拉深件的凸缘部分因切向压应力过大造成板料失稳而发生起皱。板坯起皱不仅会影响拉深件的表面质量和尺寸精度，而且严重时难以通过凸、凹模间隙，会被拉断而形成废品。为防止拉深起皱，生产中主要通过改变工件变形时的变形方式和受力状况来解决。例如，采用防皱压边圈把坯料紧压在凹模平面上进行拉深，可防止坯料起皱，图3-32为采用两种结构压力圈的拉深。此外，还可采用反拉深和锥形凹模拉深来防止起皱。

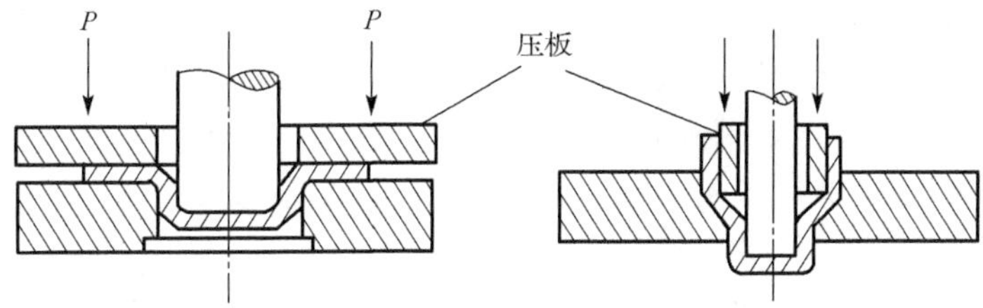

图3-32 带压边拉深

拉裂通常与拉深系数和凸、凹模圆角半径选取不合理有关。拉深系数和凸、凹模圆角半径取得过小都会显著增大拉深应力，使工件筒壁严重变薄、强度显著降低而导致拉裂。为防止拉裂，拉深系数不能取得太小，若一次拉深达不到成品所要求的高度和直径，可进行多次拉深，但一般需中间退火，以消除加工硬化，同时拉深系数值应逐次增大。此外，应尽量采用较大的凸、凹模圆角半径和适当增大模具间隙，这不仅可降低拉裂倾向，而且有利于延长模具寿命。但是凸、凹模圆角半径和间隙也不能过大，否则又会引起拉深起皱和坯料口部变厚得不到消除。

3.7 特种塑性成形加工

目前特种塑性成形加工的方法很多，本节主要对生产上应用较多的精密模锻、粉末热锻、特种轧制和高能率成形进行简要介绍。

1. 精密模锻

精密模锻(precision die forging)是在一般模锻基础上发展起来的一种少无切削成形加工的新工艺，它可在普通模锻设备上锻出形状复杂、精度高的锻件。例如，精锻的直齿圆锥齿轮，其齿形不再进行机械加工，齿轮精度即可达到IT10级；精锻的叶片，轮廓尺寸精度可达到±0.05mm，厚度尺寸精度可达到±0.06mm。

精密模锻具有以下工艺特点。

(1) 精确计算原始坯料尺寸。要精确计算原始坯料尺寸，严格按坯料质量下料，否则会增大锻件尺寸的偏差，降低精度，影响锻件的成形质量。

(2) 保证坯料表面质量。坯料的表面质量是实现精锻的前提。因此，在加热坯前应仔细清除表面氧化皮、脱碳层及其他缺陷，锻后应在保护介质中冷却锻件，以免发生二次氧化。

(3) 合理选择成形工序。应根据锻件形状合理选择成形工序，以保证成形质量、有效地减小单位变形力和延长模具寿命。例如，齿形在端面且齿较高的钢制锥形齿轮由于变形抗力较大，应先采用1000～1100℃的高温初成形，经切边和清理后再加热到800～850℃用高精度模具进行温热精压。温热精压是保证该类锻件尺寸精度和表面粗糙度的关键。

(4) 模具应具有高的精度。因为模具的精度直接影响锻件的精度，通常要求模具的精度比锻件精度高2级。

(5) 良好的润滑和冷却锻模。良好的润滑和冷却锻模可使金属易充满模膛，有效地降低变形抗力和减小弹复量，从而提高锻件的尺寸精度和延长模具使用寿命。

(6) 模锻设备要求刚度大、精度高。精密模锻一般应在刚度大、精度高的曲柄压力机、摩擦压力机和高速锤等模锻设备上进行，以满足锻件尺寸的精度要求。

精密模锻与一般模锻相比的主要优点是锻件表面质量好，尺寸精度高，机加工余量少，材料利用率高，金属流线沿零件轮廓合理分布。因此，形状复杂、批量大的中小型锻件用精密模锻生产可显著提高产品质量生产率、降低成本。目前精密模锻主要应用于以精锻代替粗切削加工，这样可将精锻件直接进行精切削加工而得到成品零件。另外精密模锻一般用于精密成形零件上难切削加工部位，而其他部位仍需进行少量切削加工。有时精密模锻可直接用于生产成品零件。

2. 粉末热锻

粉末热锻(powder hot-forging)通常是指将粉末烧结的预成形坯经加热后在闭式模中锻造成零件的工艺。它实际上是将传统的粉末冶金和精密模锻结合起来的一种新工艺，兼有两者的优点。一方面它吸取了精密模锻工艺的特点，将粉末预成形坯通过加热锻造提高制品的密度，从而使粉末锻件的性能达到甚至超过同类熔铸锻件的水平。另一方面它保持粉末冶金制坯的特点，即无成分偏析、组织结构均匀、尺寸精度高、能实现少无切削加工。目前粉末热锻除用于生产铁基零件外，已用于生产镍基、铜基、钛基等合金的粉末锻件。

控制粉末热锻件质量的主要环节如下。

(1)合理设计预成形坯。预成形坯的密度、形状、尺寸的设计必须保证预成形坯有足够的强度，在工序间传输不损坏；在锻造时有利于致密和充满型腔、有较大的横向流动和尽可能在三向压应力状态下成形。保证锻件有高的密度和性能，减小拉应力，避免产生裂纹。

(2)必须正确地选择预成形坯的锻造温度、速度和变形力等参数。通常较高的锻造温度和速度、较大的变形力有利于获得致密、高性能的粉末热锻件。此外，预成形坯的锻前加热需用保护气氛下的电炉加热或感应加热，严格控制在空气中的暴露时间，以防止或减少氧化和脱碳。

(3)模具应具有高的精度，且要润滑和预热。这样才能保证锻件的精度和质量，延长模具的寿命。模具预热温度一般为200～300℃；常用润滑剂为水基或胶体石墨悬浮液，也可在模具或预成形坯表面喷涂水溶性玻璃润滑剂。

(4)锻压机要有良好的刚性和导向精度，这样才能保证锻件精度。一般用曲柄压力机或精度较高的摩擦压力机。

3. 特种轧制

轧制除用于原材料的成形加工外，近年来已广泛用于机械制造中生产各种零件或毛坯，又称为特种轧制(special rolling)。轧制与锻造相比其产品具有尺寸精度高、表面粗糙度低、质量好、生产率高、成本低和节材效果显著等优点。但由于零件毛坯长度不大，且沿长度方向不是等截面的，轧制辊轮的形状和模具设计与制造较复杂，成形工艺的通用件较差，大多用于品种少、批量大的场合。

通常用于零件或毛坯的轧制方式有辊锻轧制、横轧、楔横轧、斜轧和辗环轧制。

1)辊锻轧制

辊锻轧制(form rolling)是将坯料通过装有圆弧模块的一对相对旋转的轧时因使受压而变形的一种压力加工方法，它是将纵向轧制引入锻造生产的一种新工艺。由于辊锻轧制时毛坯受压部位的截面积和高度都减小，宽度略有增加，伸长较大，辊锻轧制大多用于以伸长变形为主的成形过程。

2)横轧

横轧(transverse rolling)是轧辊轴线与坯料轴线相互平行的轧制方法。此法主要用于齿轮等的轧制，如汽车、拖拉机中的直齿轮和斜齿轮均可用热轧来制造。图3-33为热轧齿轮示意图，圆柱形坯料经感应加热器加热后，在既有转动又有径向移动的齿轮轧辊的作用下逐渐压入坯料，从而使坯料形成轮齿，再经轧轮将齿轮外表面碾平，轧后将齿轮从棒料上切割下来，整个热轧过程可在半自动设备上完成。

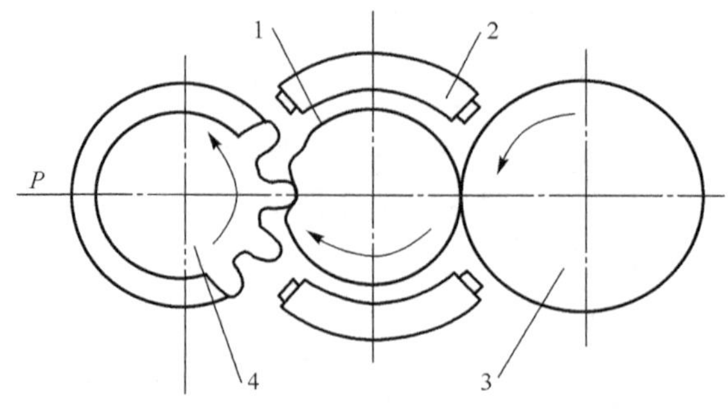

图 3-33　热轧齿轮示意图

1-坯料；2-感应加热器；3-轧轮；4-齿轮轧辊

3）楔横轧

楔横轧(wedge rolling)是利用两个带楔形的轧辊以相同的方向旋转，对沿轧辊轴向送进坯料进行轧制的一种成形方法，如图 3-34 所示。由于楔横轧的变形主要靠两个楔形模压缩坯料，坯料的径向尺寸减小、轴向伸长。楔横轧主要用于加工阶梯轴、锥形轴等各种对称零件，也可用于模锻精确制坯。

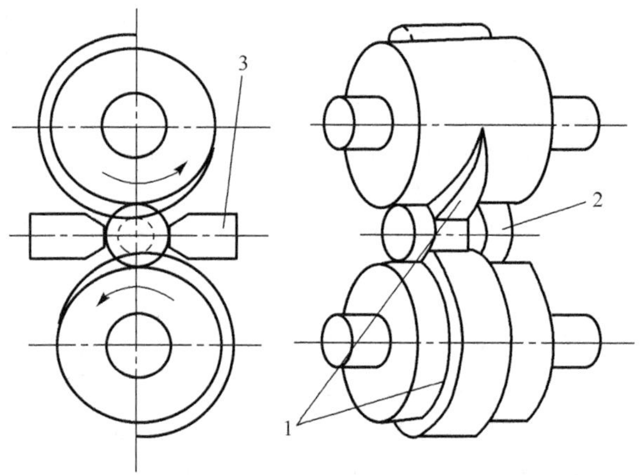

图 3-34　楔横轧原理图

1-带楔形模具的轧辊；2-坯料；3-导板

楔横轧产品有优良的质量和高的尺寸精度，这是由于产品内部的纤维是连续的，且晶粒细、组织好，为学性能显著提高。热轧件的径向尺寸公差可控制在 0.2mm 以内，长度尺寸公差可达 0.1～1mm。若采用高刚度轧机或冷轧，尺寸精度还可提高，甚至可达到无切削加工要求。此外，楔横轧进出料方便、生产率高、节省原材料、模具寿命长，易实现机械化与自动化，适于大批量生产。

楔横轧的产品质量主要受一次断面收缩率、轧辊孔型的成形角及展宽角控制。通常楔横轧的一次断面收缩率要求小于 75%，否则易产生轧件不旋转、螺旋缩颈，甚至拉断。因此，当轴类零件直径尺寸相差很大时，为防止轧制时一次断面收缩率超过 75%，可采用在同一轧辊多次楔入轧制。但是一次断面收缩率不能小于 35%，否则由于变形未渗透到中心而容易出现中心疏松等缺陷。为避免产生疏松缺陷，应选择较小的展宽角和较大的成形角。

4) 斜轧

斜轧(oblique rolling)是轧辊轴线与坯料轴线相交成一定角度的轧制方法。轧制时两个相交斜放的带有螺旋形槽的轧辊做同方向旋转，而坯料在轧辊间做反向旋转并向前做直线运动，坯料受压变形获得的产品，所以斜轧又称螺旋轧制。

由于斜轧的生产率和材料利用率高，产品质量好，且进、出料方便，故常用于轧制钢球或周期截面的毛坯。此外，还可热轧出带螺旋线的高速钢滚刀体、自行车后轧壳体以及冷轧丝杆等。斜轧的主要不足是轧辊形状较复杂、工艺调整困难，故仅对轧制长度小、生产批量大的零件才具有优越性。

5) 辗环轧制

辗环轧制(ring rolling)是利用摩擦力使坯料在辗压辊和芯辊间受压而变形，以减小毛坯壁厚，扩大其内、外径，从而获得各种环状零件的一种轧制方法。

辗环轧制坯料的尺寸和形状是获得合格辗环制品的决定因素之一，当用模锻压力机或摆动辗压机进行制坯时，可以完成辗环轧制工艺所需毛坯形状的轴向变形，从而可达到精辗的目的。

目前辗环轧制主要用于生产环类零件，如火车轮箍、滚动轴承内外套围、齿轮圈、衬套、法兰以及各种加强环等。

4. 高能率成形

高能率成形(high-energy-rate forming)是一种在极短时间(几毫秒)内释放高能量而使金属变形的方法。

高能率成形与常规成形方法相比的特点是仅有凹模，在液体、气体等传力介质作用下便可实现毛坯成形，且制品精度高、表面质量好。此外，还可提高材料的塑性变形能力，有利于采用复合工艺，并能有效地缩短生产周期，降低成本，故对塑性差、难成形的材料是一种理想的成形方法。

在生产实践中所应用的高能率成形方法有爆炸成形、电液成形和电磁成形等。

1) 爆炸成形

爆炸成形(explosive forming)是利用火花在爆炸瞬间所释放出的巨大化学能对金属坯料进行压力加工的方法。当用电雷管将炸药引爆后，位于爆炸中心周围的水在爆炸所生成的高温、高压气体的骤然作用下，形成向四周急速扩散的高压冲击波，并与成形毛坯相接触，由于冲击波的压力大大超过毛坯塑性的变形抗力，毛坯开始运动，并以很大的加速度积累自己的运动速度，冲击波压力很快降低，当其值降至毛坯变形抗力时，毛坯位移速度达到最大值。此时毛坯所获得的动能使它在冲击波压力低于毛坯变形抗力以及在冲击波停止作用后仍能继续变形，并以一定速度贴模，从而完成成形过程。

爆炸成形的突出优点是所用模具简单，无需冲压设备，能简易地加工出大型板材零件，这不仅省去设备费用，简化生产条件，而且制造模具及工装简单、周期短、成本低，故特别适于小批量或试制特大型冲压件。

爆炸成形主要用于板材拉深、胀形、校形、冲孔和翻边等成形工艺。

2) 电液成形

电液成形(electro-hydraulic forming)是利用液体中强电流脉冲放电所产生的强大冲击波对金属坯料进行压力加工的方法。

电液成形与爆炸成形相比的特点是能量易调整和控制，成形过程稳定，操作方便，生产率高，且便于组织生产。但是由于受到设备容量的限制，电液成形仅限于中小型零件的加工，主要用于板材的拉深、胀形、翻边和冲裁等成形工艺。

3) 电磁成形

电磁成形(electromagnetic forming)是利用脉冲磁场对金属坯料进行压力加工的一种高能率成形方法。电磁成形的装置原理与电液成形基本相同，所不同的仅是放电元件为空气中的线圈，而电液成形则为水介质中的电极。当工作线圈通过强脉冲电流时，线圈周围便产生均匀的强脉冲磁场，此时线圈内管坯的外表面就会产生感应脉冲电流，该电流在管坯周围又会产生感应脉冲磁场。放电瞬间，在管坯内部空间，放电磁场与感应磁场方向相反而相互抵消；而在管坯与线圈之间，放电磁场与感应磁场方向相同而得到加强，使管坯外表面受到很大磁场的压力作用，当管坯受力达到屈服点时，就会引起缩径变形，从而完成管坯的缩径工艺。若将工作线圈放在管坯内部，放电时会产生相反的结果，管坯内表面受到强大磁场压力，使管坯发生胀形，从而完成管坯的胀形工艺。若用平面螺旋线的成形线圈，则可完成平板毛坯的拉深工艺。

电磁成形零件应具有良好的导电性，如果毛坯的导电性很差或不导电，则应在毛坯表面放置由薄铝板制成的驱动片，用以带动毛坯成形。

电磁成形的最大特点是不需要传压介质即可实现金属的成形，并可在真空或高温下成形，能量易控制，成形过程稳定，再现性强，生产效率高，易实现机械化和自动化。但电磁成形的加工能力受到设备容量的限制，故只能加工厚度不大的小零件，适于板材，尤其是管材的胀形、缩口、翻边、压印等。

思　考　题

1．名词解释

(1) 锻造性能；(2) 纤维组织；(3) 锻造比；(4) 模锻斜度；(5) 拉深

2．简答题

(1) 金属的热成形性能通常用什么指标来衡量，它受哪些因素的影响？举例说明。

(2) 金属冷成形性能的优劣主要取决于哪些力学性能参量？它们受哪些冶金因素的影响？

(3) 什么是纤维组织？纤维组织的存在有何意义？

(4) 影响金属锻造性能的主要因素是什么？

(5) 热加工对金属的组织和性能有何影响？

(6) 重要的轴类锻件在锻造过程中常安排墩粗工序，为什么？

(7) 模锻件为何要有斜度、圆角及冲孔连皮？

(8) 什么叫控制轧制？控制轧制三阶段如何影响轧材的组织性能？与常规热轧相比，控制轧制工艺有何特点？其主要优越性表现在哪些方面？

(9) 综合分析控制锻件质量的主要因素。

第 4 章　材料的焊接

4.1　焊接基本理论

焊接技术，又称材料连接工程(materials joining engineering)，是一种重要的材料加工工艺，随着人类社会对物质文明的不断追求、各种新型材料的不断开发以及科学技术的不断发展。焊接技术已成为一门独立的学科。它广泛地应用于石油化工、电力、航空航天、海洋工程、核动力工程、微电子技术、桥梁、船舶、潜艇，以及各种金属结构等工业部门。可以预料，在推动我国的经济建设和发展科学事业上，焊接技术将起到重要的作用。

4.1.1　焊接冶金过程

焊接时，母材金属和填充金属被加热到熔化状态，互相混合成为熔池，在金属熔化过程中，金属-熔渣-气体之间发生强烈而复杂的化学反应和物理作用，最后凝固形成焊缝金属的整个过程称为焊接冶金过程。

1. 金属的熔化及熔滴过渡

1) 金属的熔化

焊丝(焊条的情况大致相同)金属受到电阻热和电弧热的加热以后，开始熔化。表示金属熔化特性的主要参数是熔化速度。

在正常焊接工艺参数内，熔化速度与焊接电流成正比，即

$$V_{\mathrm{m}} = m / t = a_{\mathrm{m}} I t \tag{4-1}$$

式中，V_{m} 为焊丝金属的熔化速度(g/h)；m 为熔化的焊丝质量(g)；t 为电弧燃烧时间(h)；I 为焊接电流(A)；a_{m} 为焊丝的熔化系数(g/(A · h))。

焊丝的熔化系数 a_{m} 表示在 1h 内 1A 电流所能熔化的焊丝金属质量。它是表示熔化速度的一个参数。

在用混合气体保护焊焊接不锈钢的情况下，由于焊丝伸出长度对电阻热的影响较大，随着焊接电流的增加，熔化速度曲线上升，但二者不是呈正比的直线关系，这说明电阻热的影响也不能完全忽略。

2) 金属熔滴过渡

电弧焊时，在焊条或焊丝端部形成的向熔池过渡的液态金属滴称为熔滴。熔滴通过电弧空间向熔池转移的过程称为熔滴过渡。

(1) 熔滴上的作用力。熔滴上的作用力有重力、表面张力、电磁压缩力、斑点压力、等离子流力、电弧气体的吹力等，每种力对熔滴的过渡有着不同的影响，并且直接影响熔滴的尺寸和过渡形式。

(2) 熔滴过渡的形态。焊接电弧燃烧的稳定性和焊缝成形的质量在很大程度上取决于熔滴过渡的特点，特别是在熔化极气体保护焊时，这个问题就更加突出。熔滴过渡按形态大致可分为粗滴过渡、短路过渡和喷射过渡三种类型。

①粗滴过渡，即熔滴呈粗大颗粒状向熔池自由过渡的形式(图 4-1(a))。当焊接电流较小时，熔滴主要依靠重力的作用克服表面张力的束缚而下落，此时熔滴尺寸较大，呈粗滴状过渡。粗滴过渡会影响电弧的稳定，使焊缝成形不好，通常不采用。

②短路过渡，即焊丝(或焊条)端部的熔滴与熔池短路接触。由于强烈过热和磁收缩的作用使熔池爆断，熔滴直接向熔池过渡的形式(图 4-1(b))。短路过渡时电弧稳定，飞溅较小，成形良好，广泛用于薄板焊接和全位置焊接。

③喷射过渡，即熔滴呈细小颗粒，并以喷射状态快速通过电弧空间向熔池过渡的形式(图 4-1(c))。在氩和富氩保护气体中，当焊接电流增大时，熔滴尺寸逐渐减小，当焊接电流增大到某临界值时，焊丝端部呈铅笔尖状，熔滴如水流从其端部脱落，呈喷射过渡。熔滴从粗滴过渡转变为喷射过渡时的焊接电流称为临界焊接电流，不同的保护气体、焊丝材料、焊丝直径，其临界焊接电流值各不相同。

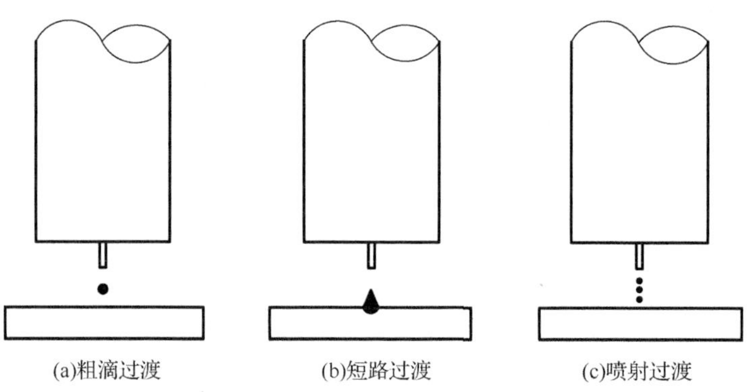

图 4-1　熔滴过渡形式

3) 熔滴过渡时的飞溅

熔滴过渡时的飞溅主要是气体爆炸、斑点压力和短路过渡引起的。飞溅会影响电弧燃烧的稳定性，飞溅的金属会污染焊缝附近的金属，焊接不锈钢时还会降低母材金属的抗腐蚀性，所以它是焊接过程中的一种不利因素，在操作中应尽量减小飞溅。

4) 熔滴过渡时的蒸发

电弧焊时，由于电弧和斑点的高温，电弧空间将产生大量的金属蒸气，如焊接黄铜时，锌极易蒸发，结果在焊接区域产生一层白色烟雾，这样不但给操作带来困难，而且会直接影响焊工的身体健康。

2. 焊接化学冶金反应区及其条件

与普通化学冶金过程不同，焊接化学冶金过程是分区域(或阶段)进行，各区的反应条件(反应物的性质和浓度、反应温度、反应时间等)也有较大的差异，因而影响各区反应进行的可能性。

不同焊接方法有不同的反应区。手工电弧焊时有三个反应区：药皮反应区、熔滴反应区和熔池反应区，如图 4-2 所示。熔化极气体保护焊时，只有熔滴和熔池两个反应区。不填充金属的气焊、钨极氩弧焊和电子束焊接只有一个熔池反应区。现以手工电弧焊为例加以讨论。

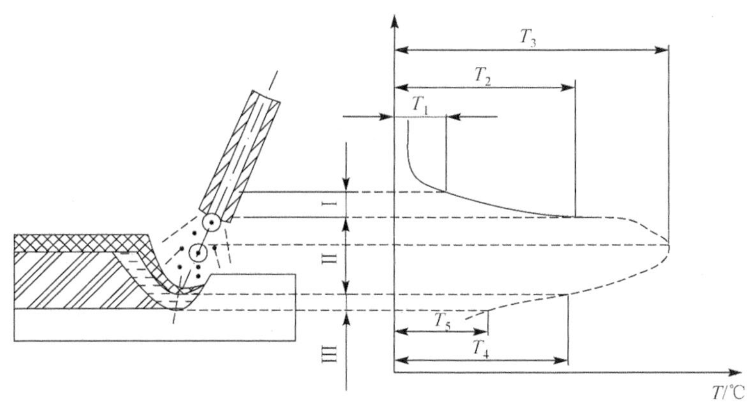

图 4-2　焊接化学冶金反应区

Ⅰ-药皮反应区；Ⅱ-熔滴反应区；Ⅲ-熔池反应区；

T_1-药皮开始反应温度；T_2-焊条端熔滴温度；T_3-弧柱间熔滴温度；T_4-熔池最高温度；T_5-熔池凝固温度

1) 药皮反应区

药皮反应区的温度范围从 100℃至药皮的熔点(对钢焊条约为 1200℃)。在该区内的主要物化反应有水分的蒸发、某些物质的分解和铁合金的氧化。

当药皮被加热时，其中的吸附水就开始蒸发，加热温度超过 100℃，吸附水全部蒸发；加热温度超过 200～400℃，药皮中某些组成物，如白泥、白云母中的结晶水将被排出，而化合水则需要在更高的温度下才能析出。

当药皮加热到一定温度时，其中的有机物(如木粉、纤维素和淀粉等)则开始分解和燃烧，形成 CO、CO_2、H_2 等气体。某些焊条中的碳酸盐(如大理石($CaCO_3$)、菱苦石($MgCO_3$))和高价氧化物(如赤铁矿(Fe_2O_3)、锰矿(MnO_2)等)也发生分解，形成 CO_2、O_2 等气体。

上述物化反应产生的大量气体一方面对熔化金属有机械保护作用，另一方面对被焊金属和药皮中的铁合金(如锰铁、硅铁和钛铁等)有很大的氧化作用。试验表明，高于 600℃就会发生铁合金的明显氧化，使气相的氧化性大大下降。这个过程即先期脱氧。

药皮反应阶段可视为准备阶段。因为这一阶段反应的产物可作为熔滴反应和熔池反应阶段的反应物，所以它对整个焊接化学冶金过程和焊接质量有一定的影响。

2) 熔滴反应区

从熔滴形成、长大到过渡至熔池中都属于熔滴反应区。从反应条件看，这个区有如下特点。

(1) 熔滴温度高。电弧焊焊接钢时，在熔滴活性斑点处的温度接近焊芯的沸点，约为 2800 ℃；熔滴的平均温度根据焊接工艺参数不同，为 1800～2400℃。这样使熔滴金属的过热度很大，可达 300～900℃。

(2) 熔滴与气体和熔渣的接触面积大。在正常情况下，熔滴的比表面积可达 10^3～$10^4 cm^2/kg$，约比炼钢时大 1000 倍。

(3) 各相之间的反应时间(接触时间)短。熔滴在焊条末端停留时间仅为 0.01～0.1s。熔滴向熔池过渡的速度高达 2.5～10m/s，经过弧柱区的时间极短，只有 0.0001～0.001s。在这个区各相接触的平均时间约 0.01～1.0s。由此可知，熔滴阶段的反应主要是在焊条末端进行的。

(4) 熔滴与熔渣发生强烈的混合。在溶滴形成、长大和过渡过程中，不断地改变自己的形状，使其表面局部收缩或扩张。这时总有可能拉断覆盖在熔滴表面的展层，而被熔滴金属所包围。金相分析已证明，熔滴内包含熔渣的质点，其尺寸可达 50μm。这种混合作用不仅增大了相的接触面积，而且有利于反应物和产物进入与退出反应表面，从而加快反应速度。

由上述特点可知，在该区的反应时间虽短，但因为温度高，相接触面积大，并有强烈的混合作用，所以冶金反应最为激烈，许多反应可达到接近终了的程度，因而对焊缝成分影响最大。在熔滴反应区进行的主要物化反应有气体的分解和溶解、金属的蒸发、金属及其合金成分的氧化和还原，以及焊缝金属的合金化等。

3) 熔池反应区

熔滴和熔渣落入熔池后，各相之间进一步发生物化反应，直至金属凝固，形成焊缝金属。

与熔滴相比，熔池的平均温度较低，为 1600～1900℃；比表面积小，为 3～130cm^2/kg；反应时间稍长些，例如，手工电弧焊时通常为 3～8s，埋弧焊时为 6～25s。熔池的突出特点之一是温度分布极不均匀，因此在熔池的前部和后部反应可以同时向相反的方向进行。例如，在熔池的前部发生金属的熔化、气体的吸收，并有利于发生吸热反应；而在熔池的后部却发生金属的凝固、气体的逸出，并有利于发生放热反应。此外，熔池中的强烈运动有助于加快反应速度，并为气体和非金属夹杂物的外逸创造了有利条件。

总之，焊接化学冶金过程是分区域连续进行的。在熔滴阶段进行的反应多数在熔池阶段将继续进行，但也可能停止反应甚至改变反应方向。各阶段冶金反应的综合结果决定了焊缝金属的最终化学成分。

3. 气相对焊缝金属的作用

焊接时焊接区内充满大量气体，特别是焊条电弧焊。这些气体主要来源于焊接材料，其次是热源周围的气体，如空气(约占 3%)，也有来自焊丝和母材表面上的杂质，如油污、铁锈、吸附的水分等。电弧区内的气体主要有 CO、CO_2、H_2O、O_2、H_2、N_2 和由它们分解的产物及金属和熔渣的蒸气。对焊接质量影响最大的气体是 O_2、N_2、H_2、CO_2、H_2O。

1) 氮对金属的影响

根据氮与金属作用的特点，大致可分为两种情况。一种是不与氮发生作用的金属，如铜和镍等，它们既不溶解氮，又不形成氮化物，因此焊接这一类金属可用氮作为保护气体；另一种是与氮发生作用的金属，如铁、钛等既能溶解氮，又能与氮形成稳定的氮化物，焊接这一类金属及合金时，防止焊缝金属的氮化是一个重要问题。

在碳钢焊缝中，氮是有害的杂质。氮是促使焊缝产生气孔的主要原因之一。液态金属在高温时可以溶解大量的氮，而在其凝固时氮的溶解度突然下降。这时过饱和的氮以气泡的形式从熔池中向外逸出，当焊缝金属的结晶速度大于它的逸出速度时，就形成气孔。因保护不良产生的气孔，如手工电弧焊的引弧端和弧坑处的气孔，一般都与氮有关。

氮是促使焊缝金属时效脆化的元素。焊缝金属中过饱和的氮处于不稳定状态，随着时间的延长，过饱和的氮将逐渐析出，形成稳定的针状 Fe_4N。这样就会使焊缝金属的强度上升，塑性和韧性下降。在焊缝金属中加入能形成稳定氮化物的元素，如钛、铝、锆等，可以抑制或消除时效现象。

2) 氢对金属的影响

根据氢与金属作用的特点可把金属分为两类：第一类是能形成稳定氢化物的金属，如 Zr、Ti、V、Ta、Nb 等。这类金属吸收氢的反应是放热反应，因此在较低温度下吸氢量大，在高温时吸氢量少。焊接这类金属及合金时，必须防止在固态下吸收大量的氢，否则将严重影响接头的质量。第二类是不形成稳定氢化物的金属，如 Al、Fe、Ni、Cu、Cr、Mo 等。但氢能够溶于这类金属及其合金中，溶解反应是吸热反应。这类金属及合金在工业上应用很广泛，故着重讨论氢在这类金属中的溶解问题。

许多金属及合金焊接时，氢是有害的。就结构钢的焊接而言，氢的有害作用有以下三个方面。

(1) 氢脆。氢在室温附近使钢的塑性严重下降的现象称为氢脆。氢脆现象是由溶解在金属晶格中的氢引起的。在试件拉伸过程中，金属中的位错发生运动和堆积，结果形成显微空腔。与此同时溶解在晶格中的原子氢不断地沿着位错运动的方向扩散，最后聚集到显微空腔内结合为分子氢。这个过程使空腔内产生很高的压力，导致金属变脆。

(2) 白点。碳钢或低合金钢焊缝如果含氢量高，则常常在其拉伸或弯曲断面上出现银白色圆形局部脆断点，称为白点。白点的直径一般为 0.5～3mm，其周围为塑性断口，故用肉眼即可辨认。在许多情况下，白点的中心有小夹杂物或气孔。如果焊缝产生白点，则其塑性大大下降。

(3) 产生冷裂纹。冷裂纹是焊接接头冷却到较低温度产生的一种裂纹，其危害很大。氢是促使产生这种裂纹的主要原因之一。

3) 氧对金属的影响

根据氧与金属作用的特点，可把金属分为两类：一类是不溶解氧，但焊接时发生激烈氧化的金属，如 Mg、Al 等；另一类是能有限溶解氧，同时焊接过程中发生氧化的金属，如 Fe、Ni、Cu、Ti 等。后一类金属氧化后生成的金属氧化物能溶解于相应的金属中。例如，铁氧化生成的 FeO 能溶于铁及其合金中。

溶解在熔池中的氧与碳发生反应，生成不溶于金属的 CO，在熔池凝固时 CO 气泡来不及逸出就会形成气孔。氧烧损钢中的有益合金元素使焊缝性能变坏。熔滴中氧和碳含量多时，它们相互作用生成的 CO 受热膨胀，使熔滴爆炸，造成飞溅，影响焊接过程的稳定性。

必须指出，焊接材料具有氧化性并不是在所有情况下都是有害的。相反，为了减少焊缝含氢量，改进电弧的特性，获得必要的熔渣物理化学性能，在焊接材料中有时要故意加入一定的氧化剂。

4. 保护焊缝金属的途径

目前常见的焊接方法一般是采用如下几种保护方法来保护焊缝金属的。

(1) 气保护。利用高速的气流排除焊接区的空气来达到保护焊缝金属的目的。该保护方法要求保护气体具有较高的稳定性，常用的保护气体有二氧化碳、氩以及富氩气体等，采用这种保护方法的常见焊接方法有二氧化碳气体保护焊、氩弧焊等。

(2) 渣保护。利用焊接电弧的高温把一些外加的焊剂(焊药)熔化，覆盖在熔融焊缝金属上面，从而把熔融焊缝金属与外界相隔离以达到保护焊缝金属的目的。该保护方法要求熔融的焊剂(渣液)具有一定的黏度及熔点，还需有合适的表面张力。采用渣保护的常用焊接方法有埋弧焊、电渣焊等。

(3)气-渣联合保护。这种保护在焊接时既有气流保护，又有渣液保护的双重保护措施，采用该保护方法的焊接方法主要是焊条电弧焊。

4.1.2 焊接过程组织转变

焊接接头包括焊缝及热影响区。熔焊时，局部熔化的母材和填充金属构成焊缝。由于局部加热，焊缝区域附近的母材金属引起组织或性能的变化区域称为热影响区。焊缝与热影响区的交界面称为熔合区。由此看来，保证焊接接头质量，不但要获得优异的焊缝金属的组织与性能，还必须保证焊接热影响区及熔合区的性能。母材及填充材料、焊接方法、焊接温度场、焊接热循环都会影响接头质量。

1. 焊接温度场

在焊接接头的形成过程中，焊接热过程伴随始终，它对焊接冶金过程、焊缝固态结晶及固态相变、组织性能和应力变形等均有重要的影响。

1)焊接温度场的定义

在热源作用下，焊件上各点的温度均随时间的变化而发生变化，某一瞬间焊件上各点的温度分布称为焊接温度场。用数学的关系表示如下：

$$T = f(x, y, z, t) \tag{4-2}$$

式中，T 为焊件上某点某瞬时的温度；x，y，z 为焊件某点的空间坐标；t 为时间。

焊接温度场的分布情况可以用等温线或等温面表示。焊件上瞬时温度相同的点连接成为一条线或者一个面称为等温线或等温面。焊件上温度场由不同的等温线或等温面构成。图 4-3 为焊接过程中焊接温度场等温线分布及温度梯度。

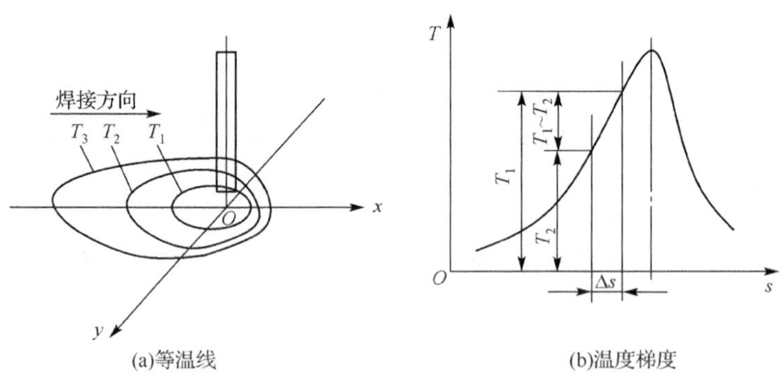

(a)等温线　　(b)温度梯度

图 4-3　等温线及温度梯度

2)影响焊接温度场的主要因素

(1)热源的种类和作用时间。焊接热源不同，热能功率密度、加热最高温度、加热最小面积不同，因此，焊接温度场分布不同。气焊加热最小面积大，因而温度场范围很大；电子束及激光焊热能功率密度高，加热最高温度高，加热最小面积小，因而温度场范围小。在同一热源加热，焊接工艺参数不同，热源分布形态不同。

根据焊件的尺寸和热源的性质，焊接传热可以是三维(空间传热)、二维(平面传热)和一维(线性传热)。根据热源作用时间，分为瞬时热源(如点焊)和连续作用热源，连续作用热源又分为固定不动热源(如补焊)和移动热源(如一般电弧焊)，这些都影响温度场分布。

厚大焊件在表面上堆焊，可以把温度场看作三维温度场，这时可把热源看作一个点（点热源)，热的传播沿 X、Y、Z 三个方向进行。一次焊透的薄板，温度场可以看作二维温度场，可以认为在板厚方向没有温差，把热源看作沿板厚的一条线（线热源)，热的传播为 X、Y 两个方向，属于平面传热。钢筋的摩擦焊接，温度在细棒截面上的分布是均匀的，如同一个均温的小平面进行热的传播(面热源)，此时的传热方向只有一个 X 方向。

(2) 母材物理性能。被焊金属物理性能不同，在相同热源、相同焊件尺寸情况下，温度场分布会不同。由于各种材料的热物理常数是不同的，特别是热导率(λ)和比定压热容(C_p)不同，对焊接温度场的分布具有很大的影响，进而选择的焊接工艺参数不同。焊接铬镍不锈钢时，相同等温线的范围要比低碳钢焊接时小。这是由于铬镍不锈钢 λ=0.193W/(cm · ℃)，导热性较差，低碳钢 λ=0.331W/(cm · ℃)，导热性高于铬镍不锈钢。因此，当焊接不锈钢和耐热钢时，所选用的焊接线能量应比焊接低碳钢时要小。相反，焊接铜（纯铜 λ=3.783W/(cm · ℃))和铝(纯铝 λ=2.65W/(cm · ℃))时，由于导热性能良好，应选用比焊接低碳钢更大的线能量。不同金属材料热导率并不是一个常数，当金属的化学成分、组织和温度变化时，热导率也随之发生变化。

(3) 焊接热输入量。同样的焊件热源，焊件工艺参数不同，热输入量也不同，温度场会不同。熔焊时，由焊接热源输入单位长度焊缝上的能量称为热输入，也称线能量。电弧焊的热输入公式为

$$q / v = \eta(IU / v) \tag{4-3}$$

式中，q/v 为热输入(J/cm)；I 为焊接电流(A)；U 为电弧电压(V)；v 为焊接速度(cm/s)；η 为电弧加热功率有效系数(焊条电弧焊 η 为 0.7～0.8)。

当热源功率固定时，随焊接速度的增加，等温线的范围变小，即温度场的宽度和长度都变小，但宽度的减小更大些，所以温度场的形状变得细长。随热源功率的增加，温度场的范围增大。

(4) 焊件形态。焊件几何尺寸(如厚度)和所处状态(环境温度)对传热有很大影响，因而影响温度场分布。

2. 焊接热循环

在焊接过程中热源沿焊件移动，在焊接热源作用下，焊件上某点的温度随时间变化的过程称为该点的焊接热循环。当热源加热时，某点的温度随时间由低到高，达到最大值，随着热源的离开，又由高到低，整个过程用一条曲线来表示，这种曲线称为热循环曲线，如图 4-4 所示。焊接过程是一个不均匀加热和冷却的过程，靠近焊缝不同区域组织和性能不同，还会产生应力，直接影响焊接接头质量。

直接影响焊接接头质量的焊接热循环主要参数如下。

(1) 加热速度 V_H。焊接加热速度快，提高相变点 A_{c3}，奥氏体均质化及碳化物溶解程

度不同，势必影响热影响区的组织与性能，焊接方法、焊接工艺参数、母材及尺寸影响加热速度。

(2) 加热最高温度 T_M。距离焊缝不同区间，加热最高温度不同，组织与性能不同。对于碳钢焊接，近缝区温度接近材料的熔点，超过晶粒严重长大温度，因此造成粗晶脆化。

(3) 在相变温度以上停留时间 t_H。在相变温度 T_H 以上停留时间越长，越有利于奥氏体的均质化过程，但超过 1100℃，晶粒发生长大。

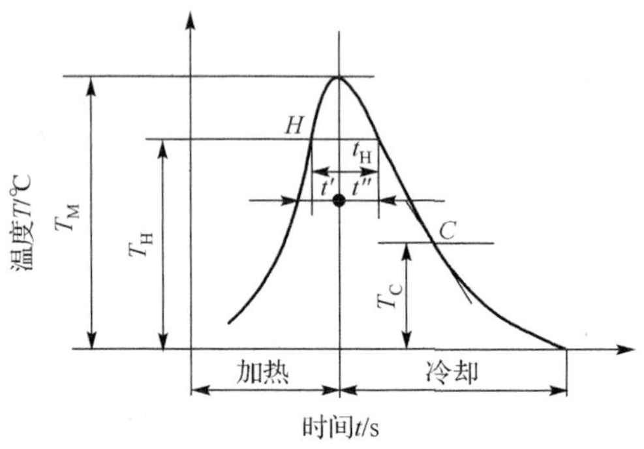

图 4-4　焊接热循环

(4) 冷却速度 V_C (或冷却时间 $t_{8/5}$)。冷却速度不同，即使相同母材焊接，焊后热影响区组织和性能也会不同。冷却速度是决定热影响区组织性能最重要的参数之一，是研究焊接热过程的主要参数，尤其是冷却温度为 800～500℃时，主要相变在此温度完成，因此，采用 800～500℃的冷却时间 ($t_{8/5}$) 来代替瞬时冷却速度。焊接参数和热输入、预热和层间温度、板厚和接头形式都会对焊接热循环有很大影响。

3. 焊接接头各区域组织性能

焊接时，随着热源的离开，熔化金属开始结晶，金属原子由近程有序排列转变为远程有序排列，即由液态变为固态。对于具有同素异构转变的金属，随着温度的下降，将要发生固态相变。例如，碳钢料发生 $\delta \to \gamma \to \alpha$ 转变。由于在焊接条件下金属快速连续冷却，焊缝金属的结晶和相变都具有各自的特点，并有可能在这些过程产生偏析、气孔、夹杂、热裂纹、脆化、淬硬、冷裂纹等缺陷。因此，根据焊接过程的组织转变特性将接头区分为 4 个区域，如图 4-5 所示。

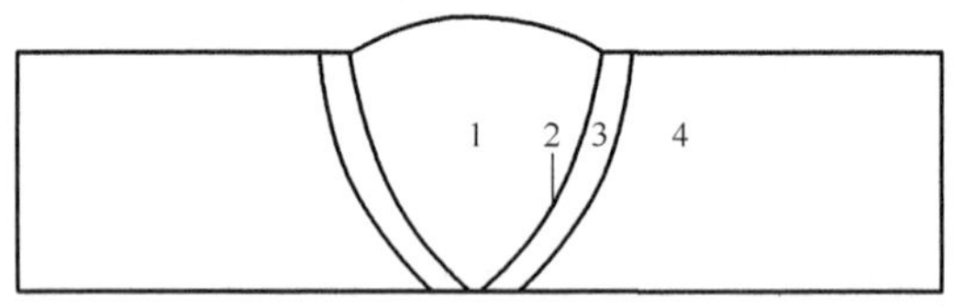

图 4-5　焊接接头示意图

1-焊缝；2-熔合区；3-热影响区；4-母材

1) 熔池的凝固结晶形态

熔池的凝固过程对焊缝金属组织和性能具有重要影响，它的结晶规律与铸钢锭一样，都是形核和晶核长大过程，但是熔池凝固有自身的特点，即熔池体积小、冷却速度快、熔池的液态金属处于过热状态、熔池在运动状态下结晶。

焊接熔池结晶形核依附在半熔化的熔合区晶粒表面，以柱状晶成长。焊接熔池边界正是固、液相的相界面，熔池边界部分熔化的母材晶粒表面成为新相晶核的基底，焊缝金属呈柱状晶形式与母材相联系，好似母材晶粒外延长大。依附于母材晶粒现成表面而形成共同晶粒的凝固方式称为联生结晶、交互结晶或外延结晶。

由于焊缝在运动状态下进行凝固，其柱状晶的成长方向同熔池形状及焊接速度有很大关系。在一般焊接速度情况下，焊缝柱状晶朝向焊缝中心并趋向于朝向焊接方向前倾而成长为弯曲形态，可称为偏向晶，焊接速度越慢，柱状晶主轴越弯向焊接前进方向。在高速焊接条件下，柱状晶成长方向几乎不变，可垂直焊缝边界以对向生长方式一直长到焊缝中心，可称为定向晶。

焊缝金属的结晶形态除了温度过冷，还存在成分起伏造成成分过冷，过冷度不同形成不同的结晶形态。熔质浓度、结晶线速度、温度梯度不同，结晶形成不同。常见的结晶形态有以下五种。

(1) 平面晶。平面晶发生在结晶前沿没有浓度过冷的情况，结晶前沿为平滑界面向前推进。

(2) 胞状晶。成分过冷度较小或界面成长速度相当缓慢的情况下，易于生成胞状晶，由相互平行的棒状体组成，棒的横截面近似呈六角形，其主轴方向同成长方向一致，每一个胞状晶棒体前沿中心都有稍微突前的现象。

(3) 胞状树枝晶。当界面液相的成分过冷度较大时，胞状晶前沿更向液相中突出，并向台阶方式成长过渡，造成表面凸起择优生长，开始有树枝晶呈现，即胞状树枝晶。

(4) 树枝状晶。当界面液相的成分过冷度很大时，树枝状晶周围界面便会突入过冷的液相中而形成分枝，产生一次横枝、二次横枝。

(5) 等轴晶。成分过冷度最大，可在液相中形核，自由成长成二维对称等轴晶。

焊缝结晶形态多为柱状晶，包括平面晶、胞状晶、胞状树枝晶、树枝状晶。从熔合区向焊缝中心结晶形态变化是由平面晶向胞状晶、胞状树枝晶、树枝状晶变化，焊缝中心也可能生成等轴晶。

2) 熔合区的特性

熔合区是焊缝和热影响区的过渡地带，焊接热源加热时，该区间由于半熔化母材晶粒结晶位向不同，晶粒的传热方向不同，热传播不均匀，呈不规则的类似锯齿形，甚至有曲折现象，这种参差不齐的焊缝轮廓线表明这是一个熔化不均匀的部位。

熔合区是液固共存区间，由于元素在液相和固相中溶解度不同，从而造成其化学成分不均匀性；熔合区形成温度高，冷却后形成大量空位(空位聚合可能是熔合区延迟断裂的原因之一)，故该区还存在物理不均匀性。熔合区不仅存在化学成分不均匀性、物理性质(导热系数和膨胀系数)不均匀性，甚至也有力学性能(屈服强度和弹性模量)不均匀性，这些都会在熔合区引起较大的残余应力。

因此，熔合区是整个焊接接头中的一个薄弱地带，许多焊接结构的失效常常是由熔合区的某些缺陷而引起的。例如，冷裂纹、再热裂纹和脆性相等常起源于熔合区。因此，对这个区域的一些特征应给予足够的重视。

3) 热影响区组织与性能

熔焊时在焊接热源的作用下，焊缝两侧母材发生组织和性能变化的区域称为热影响区

(heat affected zone，HAZ)。随着生产的发展，各种高温、耐压、耐蚀、低温的容器管道所采用的金属材料涉及高强度钢、不锈钢、耐热钢等，在这种情况下，对焊接结构质量要求越来越高。焊接结构质量不仅取决于焊缝，也取决于热影响区组织及性能。

(1) 焊接热影响区组织。对于一般常用的低碳钢和某些低合金钢，因含碳量低，不易淬火，称为不易淬火钢，如低碳钢，低合金钢中 16Mn、15MnTi、15MnV 等。根据组织上的特征，焊接热影响区可分为以下六个区。图 4-6 给出了含碳量 0.22%钢焊接接头的温度分布及与铁-碳相图的关系。

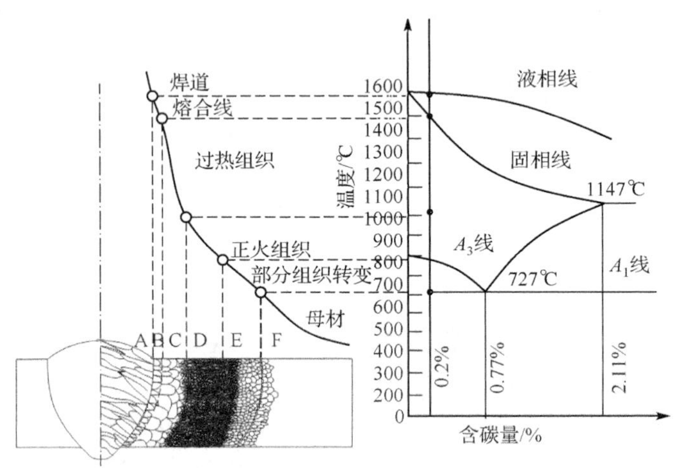

图 4-6　焊接接头温度分布和组成

①区域 A：熔池(焊缝)。熔池温度超过液相线的区域，是由母材和填充材料完全熔化形成的区域。由于焊接加热温度高，熔池过热度大，使元素烧损，加上体积小，冷却速度快，熔池凝固形成柱状晶组织。图 4-6 中 A 可见柱状晶组织。

②区域 B：熔合区。熔合线出现在温度处于液相线和固相线之间的区域内，在这个区域内既存在固态又存在熔融金属。由于存在化学成分不均性和物理不均匀性，熔合区是焊接接头最薄弱的地带。图 4-6 中 B 为焊缝与热影响区的界面。

③区域 C：过热区。过热区是指加热温度处在固相线以下到 1100℃左右，金属处于过热的状态，奥氏体晶粒发生严重的长大现象，冷却之后便得到粗大的组织。由于超过晶粒严重长大的温度，晶粒发生粗化。对于低碳钢焊接，该区产生魏氏组织，造成粗晶脆化，该区硬度较高、变形能力较小、韧性低。图 4-6 中 C 可见热影响粗晶区晶粒粗化及产生的魏氏组织。

④区域 D：相变重结晶区(正火区)。这个区域是指加热超过 A_3 线，处于材料正火处理温度范围。这个区域的组织经过正火处理，发生相变重结晶，该组织转变导致晶粒细小、均匀。因此，该区域组织比未受过热处理的母材往往具有更好的力学性能。图 4-6 中 D 可见热影响细晶区产生细小的铁素体和珠光体。

⑤区域 E：不完全重结晶区(部分组织转变区)。温度处于 A_3 与 A_1，属于不完全重结晶区。部分组织发生相变结晶过程，珠光体部分转变成奥氏体，而后转变细小珠光体，部分组织未

发生转变，即未能溶入奥氏体的铁素体，成为粗大的铁素体，最后组织晶粒尺寸不均匀，见图 4-6 中 E。该区材料屈服强度较低。

通常将 C、D、E 区称为热影响区。

⑥区域 F：母材组织。该区域不超过 727℃，因此，组织和材料性能一般不发生变化。

两种例外情况对实践而言是重要的。

a. 500～700℃时，冷作变形组织的晶粒尺寸发生改变，此过程称为再结晶。经过 5%～15%冷作变形(临界变形度)后，形成韧性很小的粗晶粒组织。在焊接冷作变形的钢材时应该注意这个问题。由于焊接热的影响，冷作变形区会变成粗晶粒区，致使存在脆断的危险。因此，在标准和技术规程中规定了冷作变形钢的焊接条件。

b. 200～400℃(蓝色回火温度)时，会出现人工时效现象，时效会使韧性急剧降低。前提是钢中存在冷作变形的组织及最低的含氮量。

(2)热影响区的晶粒粗化。通常晶粒长大或粗化可分为正常长大和异常长大两类。通常未变形的金属和合金在足够高的温度下加热时，晶界发生缓慢的迁移，晶粒均匀长大，这就是晶粒正常长大。在异常长大中存在一个晶粒急剧粗化的温度区间，在此温度区间以下，晶粒长大倾向极小，超过此温度区间后，原始细小晶粒急剧粗化，甚至超过正常长大的程度。这种晶粒异常长大常发生在焊接热影响区的过热区，由于晶粒尺寸过大，称此区为粗晶粒区。异常长大实质上是二次再结晶现象。一次再结晶晶粒边界的迅速迁移使大多数一次再结晶的初生晶粒消失，形成很大的二次晶粒即粗晶。因此，该区是焊接接头薄弱地带。

(3)焊接热影响区连续冷却转变(simulated HAZ continuous cooling transformation，SHCCT)图。在实际焊接过程中，采用焊接热模拟试验装置来建立某种钢的 SHCCT 图，在大量钢种出现之前，可预先估计热影响区的组织性能，或作为制定焊接工艺，确定焊接线能量的依据。通过 SHCCT 图可得到在不同的冷却速度下的组织，即估计组织。需要说明的是由于焊接热循环具有加热和冷却速度快、加热最高温度高、相变点以上停留时间短的特点，SHCCT 图与热处理状态(continuous cooling transformation，CCT)图不同。焊接时母材热影响区上各点距焊缝的远近不同，所以各点所经历的焊接热循环不同，导致整个焊接热影响区的组织和性能不均匀。

4.1.3　焊接应力与变形

焊接应力与变形往往使焊接产品质量下降，使接下来的工序无法进行，但是校正变形有时要消耗数倍于焊接的时间和物资，个别情况下甚至无法补救而不得不报废。因此要焊接好结构，必须从结构的整体考虑，而不应局限于一条焊缝。焊接裂纹的产生和焊接变形与应力也有密切关系，必须较深入地分析焊接变形与应力的规律，例如，分析焊接变形与应力的产生原因，在分析时必须掌握材料的物理、力学特性，即产生变形与应力的内因，同时必须了解焊接点热过程及构件刚性等外因。

1. 焊接应力

1)应力的概念及分类

物体受外力作用就会在其中产生内应力，其大小与外力相等，而方向相反。在单位面积上的内力称为应力。没有外力作用时物体内部也存在的应力称为内应力，如图 4-7 所示。

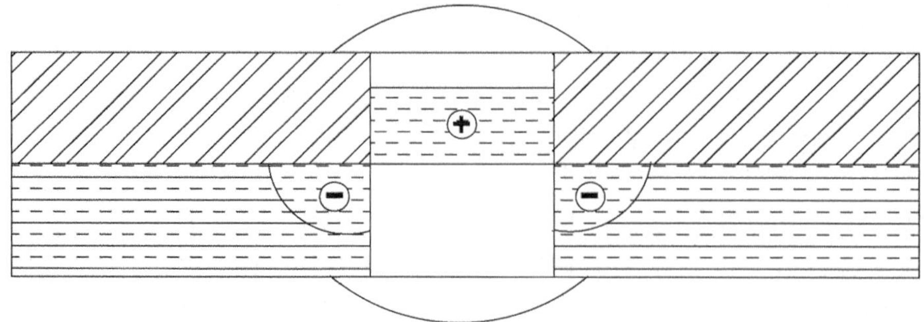

图 4-7　铆接结构中的应力分布

内应力的特点如下：内应力是在无外力作用下形成的，因此应该形成相互平衡的力系，也就是说应当遵循静力学的平衡条件。例如，在铆钉结构中，铆钉的拉应力和钢板平面的压应力总和平衡。

焊接应力可按下列特征分布。

(1)根据内应力的发生和相互平衡所在范围划分。

①第一类应力，它们具有一定的方向和数值，并在整个物体内部平衡，与外力作用产生的应力相似，也称宏观应力。

②第二类内应力，它们在微小的体积范围内(也就是金属晶粒间)相互平衡，与物体的大小和形状无关，因此没有一定的方向，也称微观应力。

③第三类内应力，它们在很微小的体积范围内相互平衡，其大小可用晶格尺度来比量，也称超微观应力。

(2)根据引起应力的基本原因划分。

①热应力：由焊接时温度分布不均匀所引起的应力。

②组织应力：由温度变化而引起的组织变化所产生的应力。

(3)根据存在的时间划分。

①瞬时应力：在一定温度和刚性条件下，某一瞬间内存在的应力。

②残余应力：通常是指焊接结束和完全冷却后仍继续存在的内应力。

(4)根据作用的方向划分。

①纵向应力：其方向平行于焊缝轴线。

②横向应力：其方向垂直于焊缝轴线。

2)内应力产生的原因

热胀冷缩是自然界中普遍存在的一种物理现象。物体受热后会膨胀，冷却后会收缩，也就是说，温度的变化会使物体产生变形。如果物体的这种“胀”、“缩”变形是自由的，即变形不受约束，则说明变形是温度变化的唯一反映；如果这种变形受到约束，就会在物体内部产生应力，这种应力称为温度应力或热应力。

热应力是由构件不均匀受热所引起的。如图 4-8(a)所示，将ω(C)=0.04%的钢棒固定在刚性台上，如果加热钢棒使其受热膨胀，钢棒受到刚性台的制约，膨胀不能自由进行，此时，钢棒就受到压应力，而刚性台就受到拉应力。这种应力是在没有外力作用的情况下出现的，并且拉应力和压应力在系统内部平衡，就构成内应力。此内应力是由不均匀加热造成的，因而是热应力。

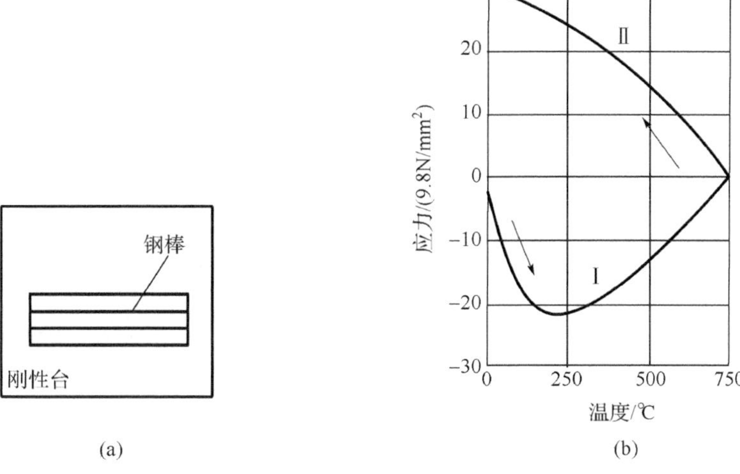

图 4-8　加热和冷却产生内应力的实验装置及温度应力曲线

如果钢棒受热产生的热应力低于材料的屈服强度，即钢棒不发生塑性变形，则冷却后热应力将随之消失。如果钢棒受热温度超过 250℃，此时产生的热应力就会超过钢棒材料的屈服强度，钢棒就开始产生压缩塑性变形。随着加热温度的继续升高，压缩塑性变形量会不断增加，而材料的屈服强度会不断降低，因而钢棒内的压应力也会不断减小。当钢棒温度达到 750℃时，由于材料的屈服强度下降为零，热应力也降为零，在此升温过程中的应力变化曲线如图 4-8(b)中的曲线 I 所示，此时热膨胀量全部转变为钢棒的压缩塑性变形。随后使钢棒降温，则钢棒的冷却收缩同样受到刚性台的制约，因而产生拉伸塑性变形并产生拉应力，降温时的应力变化曲线如图 4-8(b)中的曲线Ⅱ所示。而此时刚性台则受到压应力的作用，这样在系统中又形成了新的内应力，此应力是在温度均匀后残存在杆件中的，因此称为残余应力。

如果材料在受热过程中发生相变，并且相变造成材料的比体积发生变化，也会造成体积变化，即产生变形。这种相变所带来的体积变化如果受到制约，也会产生新的内应力，这种内应力即相变应力。当温度恢复到初始的均匀状态后，如果相变产物仍然保留，则相变应力也将保留，并形成残余应力，即相变残余应力。

2. 焊接变形的种类与分布

焊后产生的残余应力与变形一般是同时存在的。在低碳钢的焊接结构中，焊接变形对焊接结构产生的影响一般大于焊接应力。

通常将焊接变形分为两类：总体变形与局部变形。实际结构中这两类变形是同时存在的。总体变形就是整个结构的尺寸或形状发生变化，通常以纵向及横向收缩变形、弯曲变形和翘曲变形的形式出现。在焊接结构的生产中，不仅会出现结构的总体变形，也会在结构的局部区域出现角变形和波浪变形。此外，又可将焊接残余变形分为平面内变形和平面外变形，具体见表 4-1。

表 4-1　焊接残余变形的基本形式

分类	名称	图示	说明
平面内变形	横向收缩变形	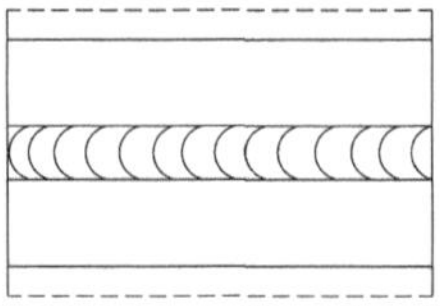	垂直于焊缝中心线方向的收缩
	纵向收缩变形	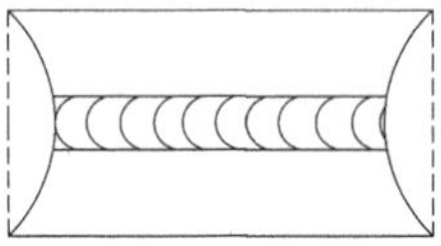	平行于焊缝中心线方向的收缩
	回转变形	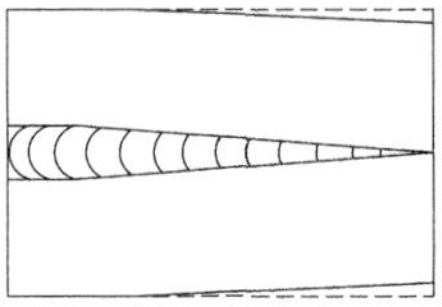	由热膨胀或收缩引起的在平面内的角变形
平面外变形	角变形	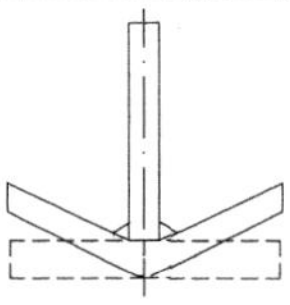	在板厚方向由不均匀的横向收缩引起沿焊缝中心线发生弯曲变形的，又称横向弯曲变形
	纵向弯曲变形	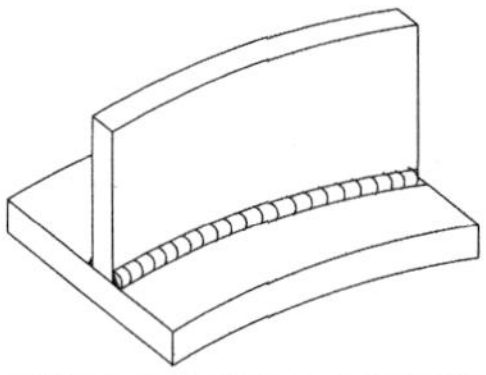	由于焊缝纵向收缩，在通过焊缝中心线并与板件垂直的平面内发生的弯曲变形
	压曲变形	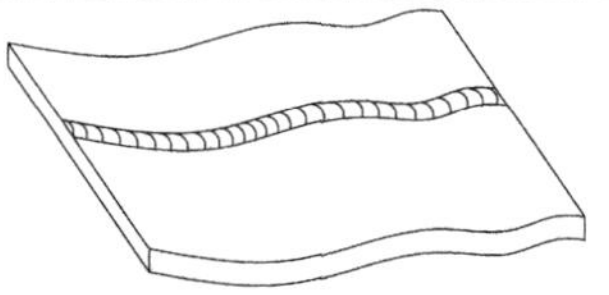	薄板焊接时，焊后残余压应力使板材压曲而形成的波浪变形

表 4-2 列举的是焊缝处在不同位置时引起的变形。

表 4-2　焊缝处在不同位置时引起的变形

	图例	说明
焊接缝对称分布	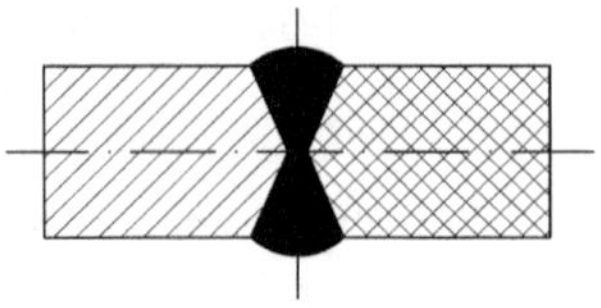	X 形坡口，焊缝关于结构截面中心线对称分布，焊后主要引起结构纵向和横向收缩
	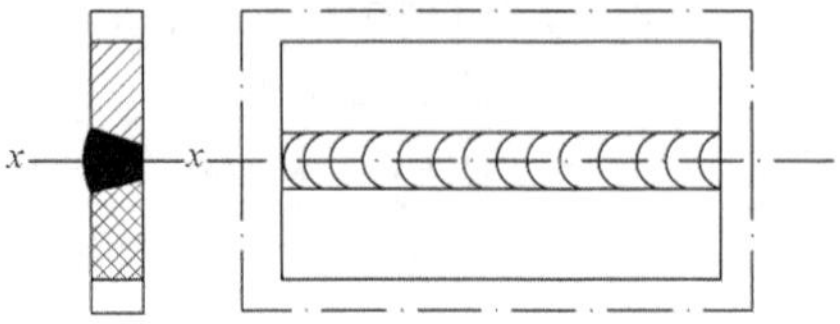 x　x	焊缝位于结构截面中心线上，焊后主要引起结构纵向和横向收缩

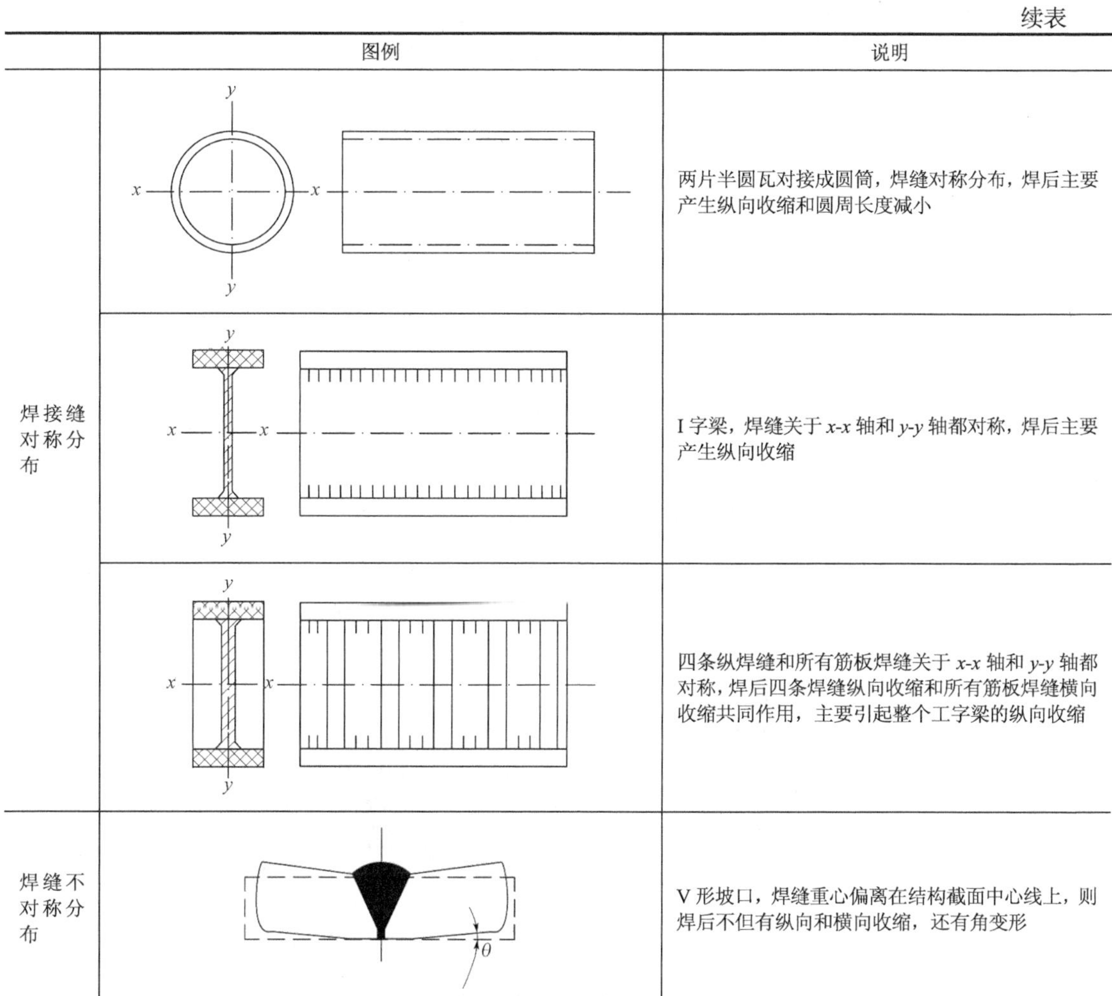

续表

	图例	说明
焊接缝对称分布		两片半圆瓦对接成圆筒，焊缝对称分布，焊后主要产生纵向收缩和圆周长度减小
		I 字梁，焊缝关于 x-x 轴和 y-y 轴都对称，焊后主要产生纵向收缩
		四条纵焊缝和所有筋板焊缝关于 x-x 轴和 y-y 轴都对称，焊后四条焊缝纵向收缩和所有筋板焊缝横向收缩共同作用，主要引起整个工字梁的纵向收缩
焊缝不对称分布		V 形坡口，焊缝重心偏离在结构截面中心线上，则焊后不但有纵向和横向收缩，还有角变形

3. *焊接残余应力分布*

一般焊接结构制造所用材料的厚度相对于长和宽都很小，在板厚小于 20mm 的薄板和中厚板制造的焊接结构中，厚度方向上的焊接应力很小，残余应力基本上是双轴的，即平面应力状态。只有在大型结构厚截面焊缝中，在厚度方向上才有较大的残余应力。通常将沿焊缝方向上的残余应力称为纵向应力，以 σ_x 表示；将垂直于焊缝方向上的残余应力称为横向应力，以 σ_y 表示；将厚度方向上的残余应力以 σ_z 表示。

1) 纵向应力的分布

平板对接焊件中的焊缝及近缝区等经历过高温的区域存在纵向拉应力，其纵向应力沿焊缝长度方向的分布如图 4-9 所示。当焊缝比较长时，在焊缝中段会出现一个稳定区，对于低碳钢材料来说，稳定区中的纵向应力 σ_x 将达到材料的屈服强度 σ_s。在焊缝的端部存在应力过渡区，纵向应力 σ_x 逐渐减小，在板边处 $\sigma_x=0$。这是因为板的端面 O—O 截面处是自由边界，端面之外没有材料，其内应力值自然为零，因此端面处的纵向应力 $\sigma_x=0$。一般来说，当内应力的方向垂直于材料边界时，在该边界处与边界垂直的应力值必然等于零。如果应力的方向与边界不垂直，则在边界上就会存在一个剪切应力分量，因而不等于零。当焊缝长度比较短时，应力稳定区将消失，仅存在过渡区，并且焊缝越短，纵向应力 σ_x 的数值就越小。

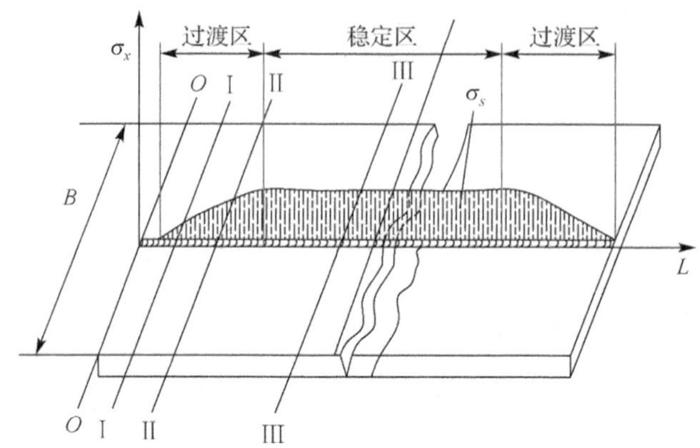

图 4-9　平板对接时焊缝上纵向应力沿焊缝长度方向上的分布

纵向应力沿板材横截面上的分布表现为中心区域是拉应力，两边为压应力，拉应力和压应力在截面内平衡。图 4-10 为不同材料的焊缝纵向应力沿板材横向上的分布。

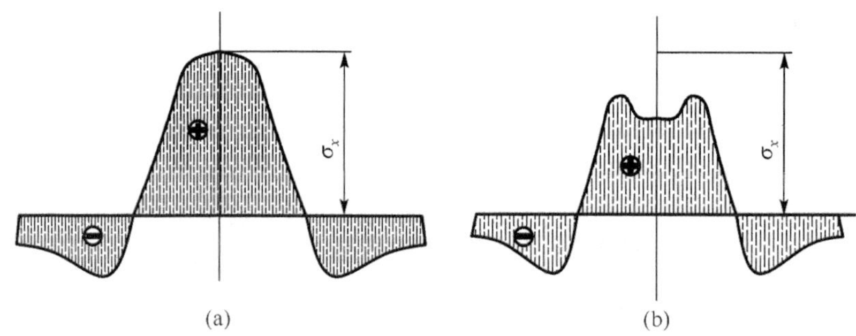

图 4-10　焊缝纵向应力沿板材横向上的分布

2) 横向应力的分布

横向应力产生的直接原因是焊缝冷却时的横向收缩，间接原因是焊缝的纵向收缩。另外，表面和内部不同的冷却过程以及可能叠加的相变过程也会影响应力的分布。

(1) 纵向收缩的影响。考虑边缘无拘束(横向可以自由收缩)时平板对接焊的情况。如果将焊件自焊缝中心线一分为二，就相当于两块板同时受到板边加热的情形。由前述分析可知，两块板将产生相对的弯曲。两块板实际上已经连接在一起，因而必将在焊缝的两端部分产生压应力而中心部分产生拉应力，这样才能保证板不弯曲。焊缝上的横向应力 σ_y 应表现为两端受压、中间受拉的形式，压应力的值要比拉应力大得多，如图 4-11 所示。当焊缝较长时，中心部分的拉应力值将有所下降，并逐渐趋近于零。不同长度焊缝上的横向应力分布如图 4-12 所示。

(2) 横向收缩的影响。对于边缘受拘束的板，焊缝及其周围区域受拘束的横向收缩对横向应力起主要作用。由于一条焊缝的各个部分不是同时完成的，先焊接部分先冷却并恢复弹性，会对后冷却部分的横向收缩产生阻碍作用，因而产生横向应力。基于这一分析，焊接的方向和顺序对横向应力必然产生影响。

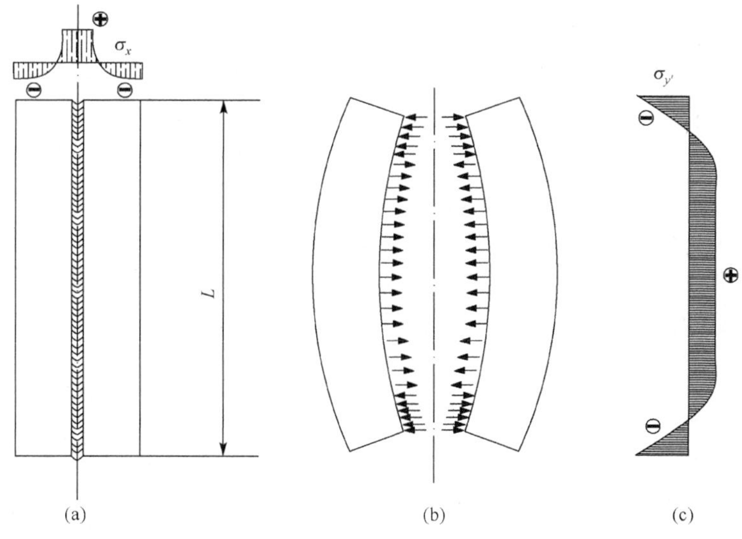

图 4-11　由纵向收缩所引起的横向应力分布

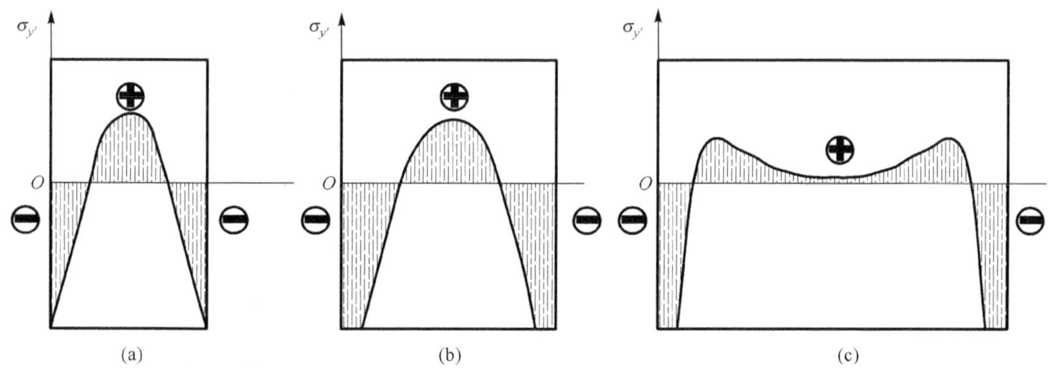

图 4-12　不同长度焊缝上的横向应力分布

3) 厚板中的残余应力

厚板焊接接头中除存在纵向应力和横向应力外，还存在较大的厚度方向的应力 σ_z。另外，板厚增加后，纵向应力和横向应力在厚度方向上的分布也会发生很大的变化，此时的应力状态不再满足平面应力模型，而应该用平面应变模型来分析。

厚板焊接多为开坡口多层多道焊接，后续焊道在(板平面内)纵向和横向都遇到了较高的收缩抗力，其结果是在纵向和横向均产生较高的残余应力。先焊焊道对后续焊道具有预热作用，因此对残余应力的增加稍有抑制作用。由于强烈弯曲效应的叠加，先焊焊道承受拉伸，而后焊焊道承受压缩。横向拉伸发生在单边多道对接焊缝的根部焊道，这是由于在焊缝根部的角收缩倾向较大，如果角收缩受到约束，则表现为横向压缩。板厚方向的残余应力比较小，因而多道焊明显避免了三轴拉伸残余应力状态。图 4-13 给出了 V 形坡口对接焊缝厚板的三个方向残余应力的分布。

4) 拘束状态下焊接的内应力

实际构件多数情况下都是在受拘束的状态下进行焊接，这与在自由状态下进行焊接有很大不同。构件内应力的分布与拘束条件有密切关系。这里举一个简单的例子加以说明。图 4-14 为金属框架，如果在中心构件上焊一条对接焊缝，见图 4-14(a)，则焊缝的横向收缩受到框架的限制，在框架的中心部分引起拉应力 σ_f，这部分应力并不在中间杆件内平衡，而是在整个框架上平衡，这种应力称为反作用内应力。此外，这条焊缝还会引起与自由状态下焊接相似的横向内应力 σ_y。反作用内应力 σ_f 与 σ_y 相叠加形成一个以拉应力为主的横向应力场。如果在中间构件上焊接一条纵向焊缝，见图 4-14(b)，则由于焊缝的纵向收缩受到限制，将产生纵向反作用内应力 σ_f。与此同时，焊缝还引起纵向内应力 σ_x，最终的纵向内应力将是两者的叠加。当然叠加后的最大值应该小于材料的屈服强度，否则，应力场将自行调整。

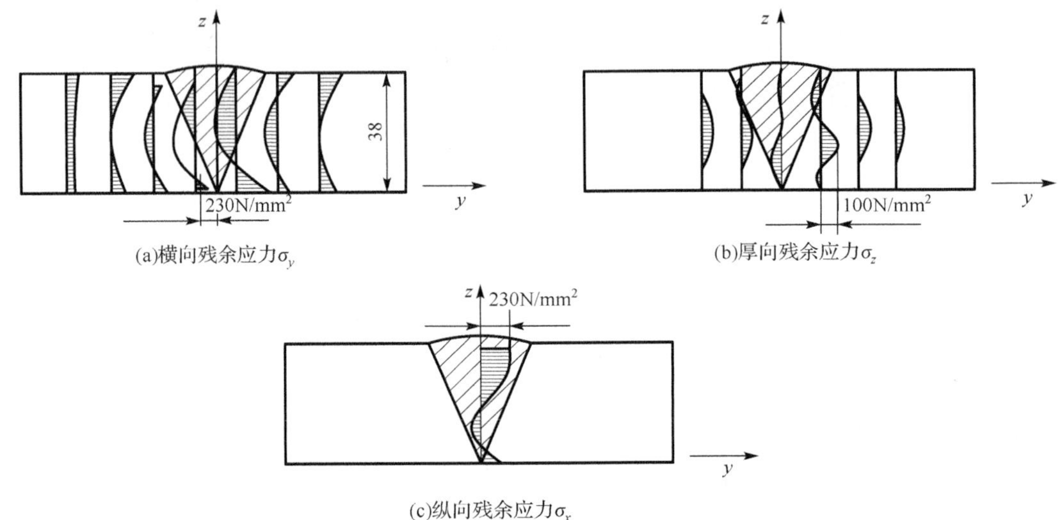

图 4-13　V 形坡口对接焊缝厚板的三个方向残余应力的分布

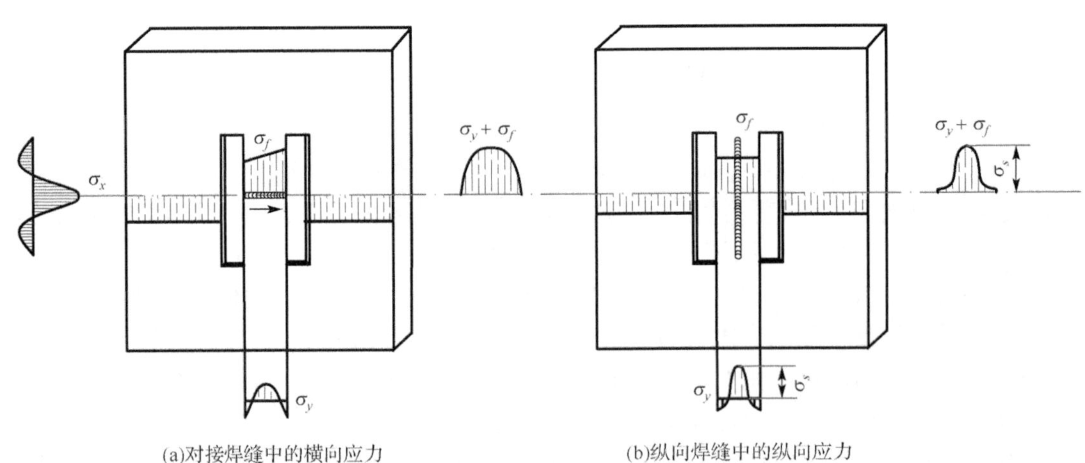

图 4-14 拘束条件下的焊接内应力

5) 封闭焊缝引起的内应力

封闭焊缝是指焊道构成封闭回路的焊缝。在容器、船舶等板壳结构中经常会遇到这类焊缝，如接管、法兰、人孔等焊缝。图 4-15 为典型的容器接管焊缝示意图。

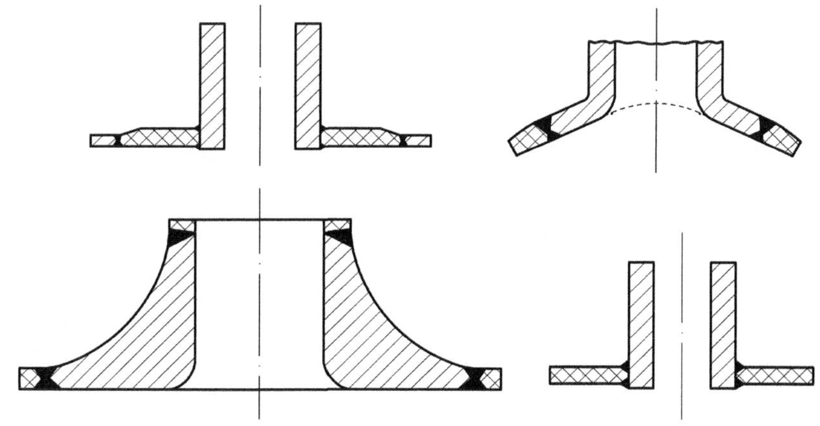

图 4-15　容器接管焊缝

4.1.4　材料的焊接性

焊接性是材料对焊接加工的适应能力，在一定焊接工艺条件下，是能否获得优质焊接接头和焊接接头能否在使用条件下安全运行的一种评价尺度。如果能焊出具有规定的材料性能的焊接接头，则这种材料的焊接性是良好的。焊接性包括工艺焊接性和使用焊接性，工艺焊接性是指金属材料对焊接加工的适用性，即在一定焊接条件下，获得优质、无缺陷焊接接头的能力；使用焊接性是指焊接接头或整体结构满足各种使用性能的程度，包括常规力学性能、低温韧性、高温蠕变等。前者涉及焊接制造工艺过程中的焊接缺陷问题；后者涉及焊接接头使用可靠性问题。

1. 影响焊接性的因素

金属的焊接性既与金属材料本身的材质有关，也与焊接工艺条件有联系。

与母材相关的影响因素如下。

(1) 母材的化学成分：伴生元素的含量和合金元素的含量，母材的供货状态和表面处理状态。

(2) 钢材生产制造方法和热处理工艺方法：生产制造方法、脱氧方法、热处理。

(3) 性能：熔点、导热性、强度、可变形性、韧性。

焊接工艺条件的影响因素如下。

(1) 焊接材料的选择，根据被焊材料及应用场合，可依据等强原则、低强原则、等成分原则选择焊接材料。

(2) 接头尺寸及形状、施焊顺序等影响焊接质量。

(3) 焊接工艺参数：焊接电流、焊接电压、焊接速度或线能量等。

(4) 焊接预热及后热、焊后热处理及环境条件。

2. 组织转变对焊接性的影响

焊接接头的加热和冷却过程对碳钢和低合金钢的焊接性产生两个重要的限制：一是不容许淬硬，产生冷裂纹；二是由硫等引起的热裂纹。

1) 焊接热影响区的淬硬

钢结构焊接时，在一般的焊接条件下，在小的构件约束范围内，不希望焊接冷却速度超过临界冷却速度。如果背离此条件，那么由于较大的冷却速度，产生淬火裂纹的危险是存在的，例如，用直径2.5mm的焊条(热输入很小)焊接S355对接焊缝的根部焊道，或者在立向下位置用熔化极气体保护焊焊接对接焊缝，在焊缝区域中，淬硬可能出现裂纹，淬硬程度由钢的化学成分来决定。在正常的焊接条件下，不允许由淬硬而导致淬火裂纹，故钢材中的碳和其他几种合金元素的含量不得超过其极限值。

当接头快速冷却时，可以达到或超过临界冷却速度，而造成高硬度，此高硬度的程度与钢的化学成分和接头形式有关，此时的组织转变过程不再符合铁-碳相图。在焊缝区域中出现硬化，也会造成粗晶脆化，主要体现在该区硬度高、变形能力很小、韧性很低、内应力大。

2) 热裂纹

热裂纹也称高温裂纹，是在高温下产生的，主要特征如下：宏观观察，裂纹沿焊缝的轴向呈纵向分布(连续或继续)，也可看到焊缝横向裂纹，裂口均有较明显的氧化色彩；微观看，沿晶粒边界(包括亚晶界)分布，属于沿晶断裂。热裂纹分为结晶裂纹、高温液化裂纹和多边化裂纹。其中结晶裂纹最为常见。结晶裂纹是指焊缝在凝固的过程中产生的裂纹。对于低碳钢、奥氏体不锈钢、铝合金，结晶裂纹主要发生在焊缝上，沿晶间开裂。在焊缝金属凝固结晶的后期，即结晶固液阶段，也称脆性温度区间，低熔点共晶物被排挤在晶界，形成一种液态薄膜，在焊接拉应力作用下，就可能在薄弱地带开裂，产生结晶裂纹。产生结晶裂纹原因如下：一是液态薄膜；二是拉应力。液态薄膜是根本原因，拉应力是必要条件。在脆性温度区间，焊缝所承受的拉应力及所产生的变形大于焊缝金属所具有的塑性时，就会产生裂纹。

热裂纹首先由伴生元素硫引起。当钢液凝固后温度低于 1000℃的情况下，Fe-FeS(共晶温度988℃)化合物仍然是液体，在已结晶的晶粒之间以液态薄膜形式存在。随着收缩的出现，焊缝产生拉应力，此薄膜被撕裂导致结晶裂纹。

例如，钢中的含硫量超过0.059%，在晶界处(988℃)形成Fe-FeS低熔点共晶物薄膜，产生结晶裂纹；奥氏体不锈钢焊接的含硫量过高，在晶界处(845℃)形成Ni-Ni_3S_2低熔点共晶物薄膜，更易形成结晶裂纹。

对于沸腾钢的焊接，由于沸腾钢具有高含硫量的偏析区，而在材料的边缘层是含硫量低的区域(纯度较高的区域)。如果偏析区在焊接时被熔化，则可能形成热裂纹。如果沸腾钢的钢板或型钢必须进行对接焊，那么肯定会出现裂纹(图4-16)。为了防止结晶裂纹的产生，应该使用镇静钢或特别镇静钢。

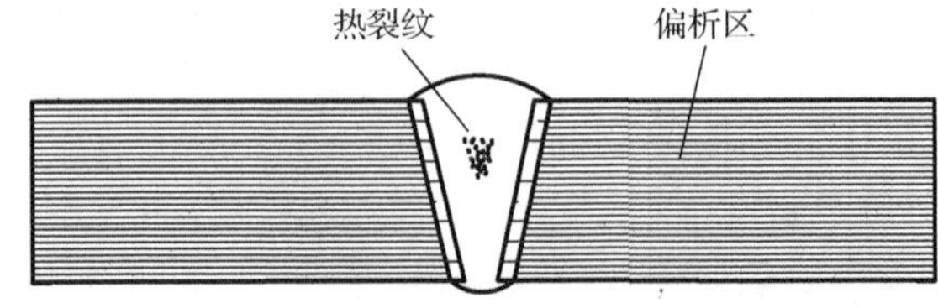

图4-16　有偏析区的沸腾钢的焊接

在沸腾钢轧制的型材中，偏析可以集中出现在型材表面附近，大多在型材的凹弧处。型材的板材区域不存在偏析，可以进行熔化而不出现热裂纹危险。

4.2　常用焊接方法

按照焊接工艺的特点，焊接方法分为熔焊、压力焊和钎焊三大类。每一种焊接方法又根据所用热源、保护措施、焊接设备的不同可进行细分。

4.2.1　熔焊

熔焊是在焊接过程中将工件接口加热至熔化状态，不加压力完成焊接的方法。熔焊时，热源将待焊两工件接口处迅速加热熔化，形成熔池。熔池随热源向前移动，冷却后形成连续焊缝而将两工件连接成为一体。

常用的熔焊有焊条电弧焊、气体保护焊、埋弧焊、电渣焊、高能焊等。

1. 焊条电弧焊

焊条电弧焊(manual arc welding)是将焊条和工件分别作为两个电极，由焊工手工操作进行焊接的方法，如图 4-17 所示。焊接时，首先通过短路接触，使焊条和工件之间引燃电弧，在电弧热的作用下，焊条端部和被焊工件局部同时熔化，焊芯熔化后以熔滴形式向焊缝金属过渡，与熔化的母材金属共同形成熔池，而焊条药皮熔化后形成熔渣覆盖在熔池表面，同时产生大量的气体，熔渣和气体对熔池金属进行联合保护，能有效地隔绝电弧周围的空气，与此同时，在高温下液态熔渣与熔池金属之间发生冶金反应。随着电弧的不断移动，远离电弧的熔池金属温度下降，冷却结晶后，形成致密连续的焊缝，熔渣冷却凝固形成渣壳。

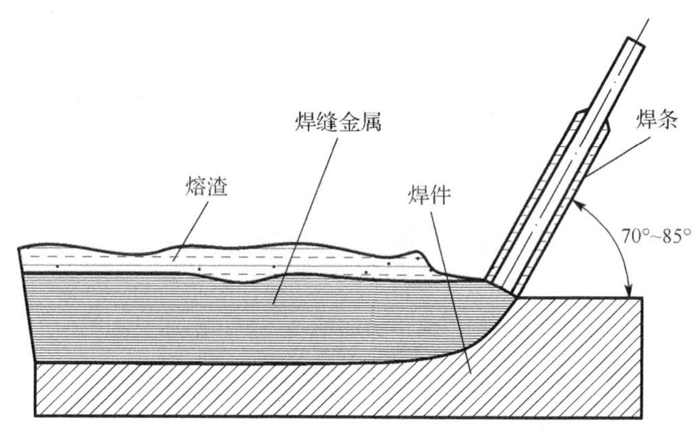

图 4-17　焊条电弧焊

1) 焊接电源

焊接电源是电弧焊机的核心部分，是用来对焊接电弧提供电能的一种专用设备，必须具有焊条电弧焊工艺所要求的电气性能。一般用电设备要求电源电压不随负载的变化而变化，但是由于焊接电源的负载是电弧，要求它的电压应随负载增大而迅速降低，即具有陡降的电源外特性。此外，焊接电源还必须具有合适的空载电压以满足引弧的需要；在焊接过程中，由于受到外界干扰(如电网电压波动)引起电弧长度变化时，电弧应能够保持稳定的燃烧状态；为适应不同材料和板厚的焊接要求，焊接电源还应具有调节特性，即焊接工艺参数应方便可调。对于直流焊接电源还要求其具有良好的动特性，即要求在焊接过程中引弧和重新引弧容易、电弧稳定、飞溅少。

焊条电弧焊设备简称电焊机，实质上是焊接电源，其类型主要有交流弧焊机、直流弧焊机和交直流两用弧焊机。交流弧焊机实质上是一台降压变压器(通过串联电抗器或利用变压器自身漏抗获得陡降外特性)，可将工业用的电压(220V 或 380V)降低到空载电压(50～90V)及工作电压(20～35V)，同时能提供很大的焊接电流，并能在一定范围内进行调节。常用的交流弧焊机有动铁心式、动线圈式和抽头式弧焊变压器等，总体上这类焊机的结构较简单、价廉，工作时噪声小，使用和维修方便，应用较广泛。直流弧焊机分为直流弧焊发电机和弧焊整流器两大类，直流弧焊机在焊接时一般电弧燃烧稳定，能适应各种焊条，但其结构相对复杂，价格较高。直流弧焊发电机由于噪声大、耗电多和费材料，基本上被淘汰。采用直流弧焊机时电流输出端有正、负之分，如图 4-18 所示，因此焊接时有两种连接方法。焊接时将焊件接正极，焊条接负极称正接法；将焊件接负极，焊条接正极称反接法。正接法焊件为阳极，产生热量较多，温度较高，可获得较大的熔深，适于焊接厚板；反接法焊条熔化快，焊件受热小，温度较低，适用于焊接薄板及有色金属等。

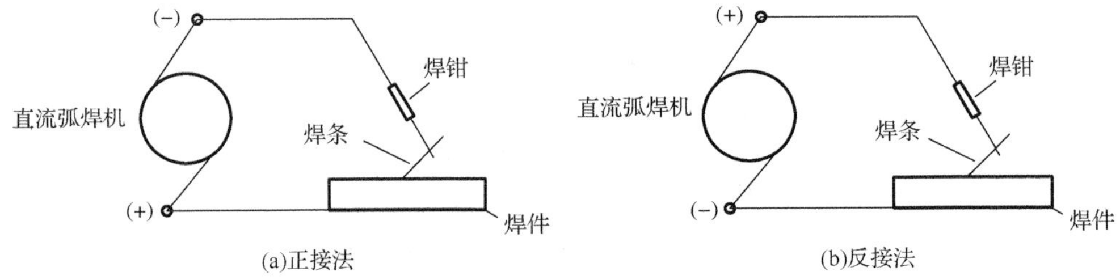

图 4-18　直流弧焊机正接和反接

使用酸性焊条焊接一般的低碳钢构件时，应优先考虑选用价格低廉、维修方便的交流弧焊机；使用碱性焊条焊接高压容器、高压管道、桥梁、船舶等重要钢结构，或焊接合金钢、有色金属、铸铁件时，应选用直流弧焊机。对于生产或维修单位购置能力有限而需要进行焊接的材料种类较多时，可考虑选用通用性强的交直流两用弧焊机。自从 20 世纪 80 年代以来，国内外竞相发展的弧焊逆变器具有高效节能、重量轻、体积小、良好的动特性和弧焊工艺性能等优点，在许多领域逐渐取代传统的弧焊电源，得到了广泛应用。

2)焊条

焊条电弧焊所用焊条通常由两部分组成，其中焊条内部为金属焊芯，外部涂覆焊条药皮。焊接时，焊芯既作为电极的一极，又作为填充金属过渡到焊缝金属中。焊芯的化学成分对焊缝金属的成分和性能具有重要影响，因此，焊接时应根据被焊金属的种类选用不同成分焊芯的电焊条。焊条药皮的作用主要有：①产生气体和形成熔渣，对焊接区起保护作用；②改善焊接工艺性，使电弧稳定燃烧、减少金属飞溅，并使焊缝成形美观；③与熔池金属发生冶金反应，起精炼作用，可脱氧、脱硫、去氢等，并向焊缝渗入有益合金元素，提高接头焊缝的性能。药皮中的主要成分有造气剂和造渣剂，还含有稳弧剂、脱氧剂和合金剂等。根据药皮熔化后形成的熔渣化学性质不同，通常可将焊条分为酸性焊条和碱性焊条两大类。

酸性焊条药皮中含有 SiO_2、TiO_2、MnO 等物质，其形成的熔渣以酸性氧化物为主，生成的保护气体主要为 H_2 和 CO，焊缝含氢量高，塑性、韧性较差，抗裂性低。但酸性焊条的工艺性能好，对工件上的铁锈、油污和水分不敏感，电弧燃烧稳定，焊缝成形好，使用方便，常用于一般焊接结构。碱性焊条药皮中主要含有 $CaCO_3$、CaF_2 等物质，其形成的熔渣以碱性氧化物和萤石为主，生成的保护气体主要为 CO_2 和 CO，合金元素过渡效果好，焊缝含氢量低，塑性、韧性好，抗裂性强。碱性焊条一般用于焊接重要结构，如锅炉、桥梁、船舶等，通常采用直流弧焊机反接法。但碱性焊条价格较高，工艺性能差，且对工件上的铁锈、油污和水分较敏感，焊缝成形较差，在焊前，焊条必须严格烘干(350～400℃，保温 2h)。

3)焊条电弧焊的特点及应用

焊条电弧焊设备简单、通用性强、焊接操作灵活方便，可进行全位置焊接，受施工场地条件的限制较小。可根据不同类型的被焊金属选用相应焊条进行焊接。不足之处是，焊条电弧焊的生产率低、劳动条件差，连续作业时工人的劳动强度大。此外，焊条电弧焊接头的热影响区较宽，焊接质量易受工人操作技术水平的影响，因此与一般钢材的单件、小批量生产，在焊接短焊缝或不规则焊缝时有一定优势，焊件厚度最好在 1.5mm 以上。

2. CO_2 气体保护焊

CO_2 气体保护焊(carbon dioxide arc welding)是一种采用 CO_2 作为保护气体的电弧焊接方法，其焊接原理如图 4-19 所示。它是采用 CO_2 作为保护气体，使焊接区和金属熔池不受外界空气的侵入，依靠焊丝和工件间产生的电弧热来熔化金属的一种熔化极气体保护焊，焊丝由送丝机构通过软管经导电嘴送出，而 CO_2 气体从喷嘴内以一定的流量喷出，这样当焊丝与焊件接触引燃电弧后，连续送给的焊丝末端和熔池被 CO_2 气流所保护，防止空气对熔化金属产生危害，从而保证获得高质量的焊缝。

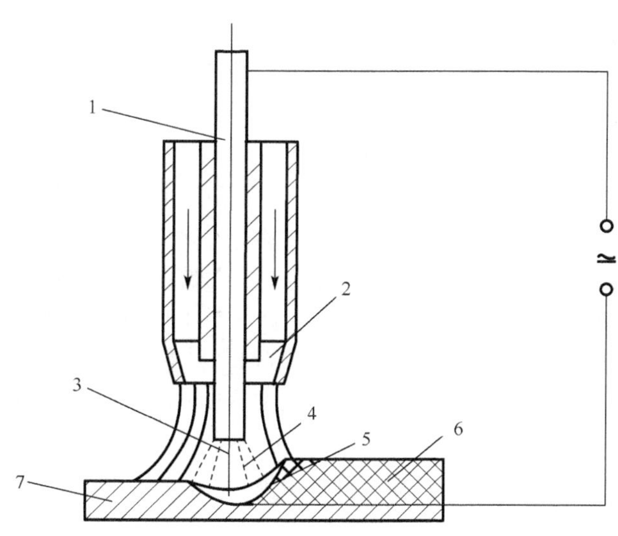

图 4-19　CO_2 气体保护焊原理

1-焊丝；2-喷嘴；3-电弧；4-CO_2 气流；5-熔池；6-焊缝；7-焊件

1) CO_2 气体保护焊的特点

(1)焊接熔池与大气隔绝，对油、锈敏感性较低，可以减少焊件及焊丝的清理工作。电弧可见性良好，便于对中，操作方便，易于掌握熔池熔化和焊缝成形。

(2) 电弧在气流的压缩下使热量集中，工作受热面积小，热影响区窄，加上 CO_2 气体的冷却作用，因而焊件变形和残余应力较小，特别适用于薄板的焊接。

(3) 电弧的穿透能力强，熔深较大，对接焊件可减少焊接层数。对厚 10mm 左右的钢板可以开 I 形坡口一次焊透，角接焊缝的焊脚尺寸也可以相应地减小。

(4) 焊后无焊接熔渣，所以在多层焊时就无须中途清渣。焊丝自动送进，容易实现自动操作，短路过渡技术可用于全位置及其他空间焊缝的焊接，生产率高。

(5) 抗锈能力强，抗裂性能好，焊缝中不易产生气孔，所以焊接接头的力学性能好，焊接质量高。CO_2 气体价格低，焊接成本低于其他焊接方法，仅相当于埋弧焊和焊条电弧焊的40%左右。

2) CO_2 气体保护焊的应用范围

CO_2 气体保护焊适用范围广，可进行各种位置焊接。常用于焊接低碳钢及低合金钢等钢铁材料和要求不高的不锈钢及铸铁焊补。不仅适用于焊接薄板，还常用于中厚板焊接。薄板可焊到 lmm 左右，厚板采用开坡口多层焊，其厚度不受限制。CO_2 气体保护焊是目前广泛应用的一种电弧焊方法，主要用于汽车、船舶、管道、机车车辆、集装箱、矿山和工程机械、电站设备、建筑等金属结构的焊接。

3. 埋弧焊

埋弧焊 (submerged arc welding) 是利用电弧在焊剂层下燃烧进行焊接的方法。与其他电弧焊方法相比，该方法的突出特点是电弧光不外露。此外，在焊接时，电弧的引燃、焊丝的送进、电弧沿焊接方向的移动等过程全部由设备自动完成，因此也称为埋弧自动焊。

1) 埋弧焊焊接过程

埋弧焊的原理如图 4-20 所示。焊接电源的两端分别接在导电嘴和待焊工件上。焊接时，先在待焊工件表面覆盖一层粒状焊剂 (焊接低碳钢时常用高锰高硅低氟焊剂 HJ431)，自动焊机头中的送丝机构将焊丝 (焊接低碳钢时常用 H08A 或 H08MnA 焊丝) 自动送入电弧焊接区并保证一定的弧长。电弧在焊剂层下燃烧，使焊丝焊剂和局部母材熔化以致部分蒸发，形成金属熔池并发生冶金反应。电弧的热量使周围的焊剂被熔化形成熔渣，部分焊剂分解，与金属一起形成蒸气，气体排开熔渣形成一个封闭的气泡。电弧在这个气泡中燃烧。气泡将熔池金属包围，使之与空气隔离，既能防止金属产生飞溅，又能减少电弧热量损失，并使有碍操作的电弧光辐射不能散射出来。随着电弧向前移动 (焊接环焊缝时，通常电弧不动，工件匀速转动)，电弧前方的金属和焊剂不断被加热熔化，电弧力将液态的熔池金属推向后方并逐渐冷却形成焊缝，熔渣则凝成渣壳覆盖在焊缝表面，未熔化的焊剂经回收处理后可重新使用。在焊接过程中，焊剂起到与焊条电弧焊中焊条药皮类似的作用，即保护、脱氧和向焊缝金属渗合金。

2) 埋弧焊的特点

(1) 生产效率高。焊丝的导电嘴伸出长度较短，故可采用较大的电流，而且焊剂和熔渣有隔热作用，热效率提高，因此，焊丝的熔化系数大，焊件熔深大，焊接速度快。

(2) 焊接质量好。一方面，焊剂和熔渣隔绝了空气与熔池和焊缝的接触，故保护效果好，特别是在有风的环境中；另一方面，焊接参数可以通过自动调节保持稳定，因此具有良好的综合力学性能。熔池结晶时间较长，冶金反应充分，缺陷较少，焊缝光滑、美观。

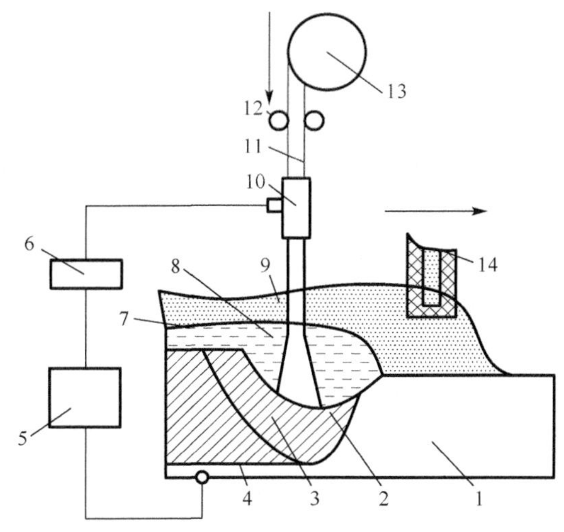

图 4-20　埋弧焊的原理

1-母材；2-电弧；3-金属熔池；4-焊缝金属；5-焊接电源；6-控制箱；7-凝固熔渣；8-熔融熔渣；9-焊剂；10-导电嘴；11-焊丝；12-焊丝送进轮；13-焊丝盘；14-焊剂输送管

(3) 节省焊接材料和电能。埋弧焊因熔深较大，与焊条电弧焊相比，在同等厚度下不开坡口或只开小坡口，从而减少了焊缝中焊丝的填充量，也节省了加工工时和电能。此外，由于电弧热集中，减少了向空气中的散热及由于金属飞溅和蒸发所造成的热能损失与金属损失。

(4) 适合厚度较大的焊接。它的焊丝伸出长度较短，较细的焊丝可采用较大的焊接电流(埋弧焊的电源密度可达 100～150A/mm^2)。

(5) 对接头的加工、装配要求很高，只能在水平或倾斜不大的位置施焊。只适合于长焊缝的焊接。对于铝焊缝、小直径环焊缝及狭窄位置的焊接受到一定的限制。不适合焊接薄板。

3) 埋弧焊的应用范围

埋弧焊的应用范围见表 4-3。埋弧焊还可以用于焊接镍基合金和铜合金以及堆焊耐磨耐蚀合金、复合钢材，在造船、锅炉、压力容器、桥梁、起重机械及冶金机械制造业中应用最为广泛。

表 4-3　埋弧焊的应用范围

焊件材料	适用厚度/mm	主要接头形式
低碳钢、低合金钢	≥3～150	对接、T 形接、搭接、环焊、堆焊
不锈钢	≥3	对接
铜	≥4	对接

4. 等离子弧焊

等离子弧焊(plasma arc welding)是利用等离子弧作为焊接热源的电弧焊方法。一般的自由电弧周围没有约束，当电弧电流增大时，弧柱直径也伴随增大。等离了弧是电弧的　种特殊形式，它是借助水冷喷嘴的外部拘束条件使电弧的弧柱区横截面受到限制，使电弧的温度、能量密度、等离子流速都显著增大。这种利用外部拘束条件使弧柱受到压缩的电弧就是通常所称的等离子弧，又称压缩电弧。

1）等离子弧焊的过程

等离子弧焊的原理如图 4-21 所示。从本质上讲，等离子弧仍然是一种电弧放电的气体导电现象，所用电极主要仍是铈钨或钍钨电极。焊接时，一般均采用直流正接法（钨棒接负极）。钨电极和工件之间的电弧在流经枪体时将发生 3 种压缩效应：①机械压缩效应，枪体内腔呈锥形，通入氩气或氮气，气体流过时断面缩小，弧柱受到机械压缩，尺寸变小，电离程度提高；②热压缩效应，气体流经枪体内孔时，受到水冷内壁及外层离子气流的冷却作用，外层温度下降，电流集中于弧柱中心，导电截面缩小、电流密度增大，导致电离过程加剧；③电磁压缩效应，把电弧看作由一束方向相同的电流线组成，磁场力作用迫使电流线互相靠拢，弧柱受到进一步的压缩。经过以上 3 种压缩效应，等离子弧的温度和能量密度很高，温度可高达 24000～50000K，能量密度可达 10^5～10^6W/cm^2。此外，等离子弧的温度和能量密度显著提高使等离子弧的稳定性与挺度得以改善，电弧热量更加集中。

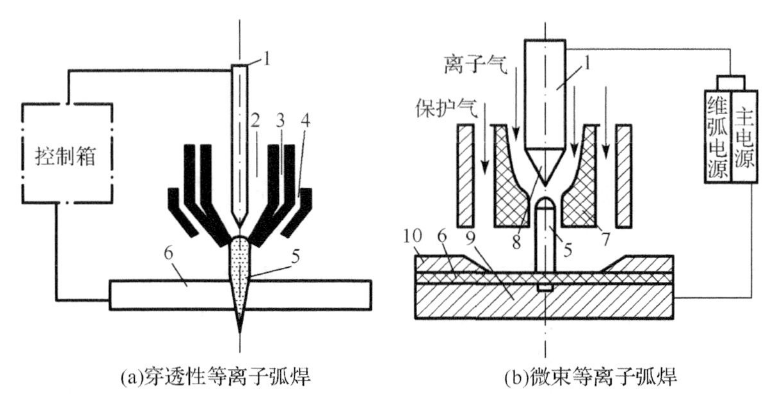

图 4-21　等离子弧焊的原理

1-电极；2-离子气；3-冷却水；4-保护气；5-等离子弧；6-焊接件；7-喷嘴；8-维弧；9-垫板；10-压板

2）等离子弧焊的特点

（1）等离子弧能量集中，弧柱温度高，穿透能力强（焰流速度可达 3mm/s 以上），可单面焊双面成形，一次焊透的厚度可达 12mm，焊缝质量优于钨极氩弧焊。即使焊接电流小到 0.1A，电弧仍能稳定燃烧，并保持良好的挺度和方向性。

（2）焊接速度比钨极氩弧焊快，生产效率高。电弧呈圆弧形，弧长在一定范围内变化，不会影响加热面积和焊接质量。此外，等离子弧焊的电极内缩在喷嘴内，不可能与工件相碰，避免夹钨现象，电极使用时间长。

（3）采用微束等离子弧焊可焊很薄（0.01mm）的板材和很细的线材。焊缝具有形状狭窄、熔深较大的特点，热影响区小。可焊厚度有限，一般在 25mm 以下。

3）等离子弧焊的应用范围

等离子弧焊可焊接低碳钢、低合金钢、不锈钢、耐热钢、铜及铜合金、镍及镍合金、钛及钛合金、铝及铝合金等。充氩箱内等离子弧焊还可以焊接钨、钼钽、铌、锆及其合金。微束等离子弧焊焊接薄件具有明显的优势，0.01mm 的板厚或直径都能进行焊接。大电流等离子弧焊时，不开坡口、不留间隙、不填焊丝、不加衬垫，一次可焊透 7～12mm。等离子弧焊主要应用于航空、航天、原子能、化工、电子等领域。

5. 氩弧焊

氩弧焊是采用氩气作为保护气体的电弧焊。依据使用电极的不同，氩弧焊可分为非熔化极氩弧焊(钨极氩弧焊)和熔化极氩弧焊两种。

1) 钨极氩弧焊

钨极氩弧焊通常又称 TIG 焊(tungsten inert gas arc welding)，如图 4-22 所示。它是用难熔金属钨或钨的合金棒作为电极，采用惰性气体 Ar 作为保护气体，利用钨电极与工件之间产生的电弧热作为热源，加热并熔化工件和填充焊丝(填丝焊时)的一种电弧焊方法。在电弧燃烧过程中，电极是不熔化的，故易维持恒定的电弧长度，焊接过程稳定。氩气对焊接区熔池金属的保护效果好，接头焊接质量高。

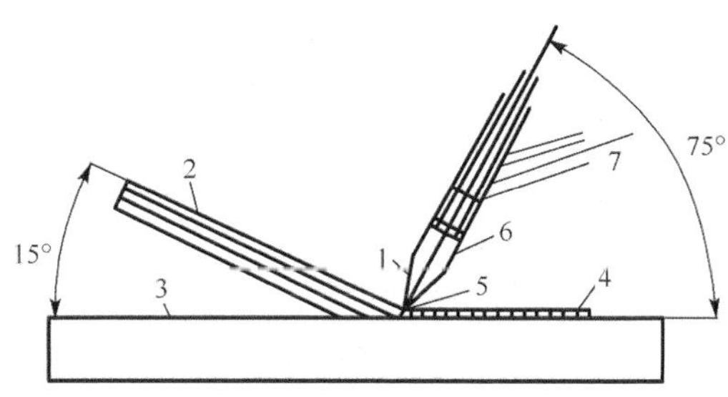

图 4-22　钨极氩弧焊的原理

1-钨极；2-填充金属；3-工件；4-焊缝金属；5-电弧；6-喷嘴；7-保护气体

钨极氩弧焊分手工钨极氩弧焊和自动钨极氩弧焊。根据被焊工件的厚度和接头形式要求，焊接时可以添加或不添加焊丝。手工钨极氩弧焊时焊枪运动和焊丝添加都是靠手工操作来完成；自动钨极氩弧焊时，焊枪运动和焊丝添加都是按系统预先程序设计自动完成。为了适应新材料和新结构的焊接要求，钨极氩弧焊也出现了一些新的形式，如钨极脉冲氩弧焊、钨极氩弧点焊、热丝钨极氩弧焊等。在钨极氩弧焊时，直流反接及交流焊的反极性半波中有一种去除氧化膜的作用(一般称阴极破碎或阴极雾化作用)，它是成功焊接铝、镁及其合金的重要因素。铝及其合金的表面存在一层致密难熔的氧化膜(Al_2O_3，它的熔点为 2050℃，而铝的熔点为 658℃)覆盖在焊接熔池表面，如果不及时清除，焊接时会造成未熔合，会使焊缝表面形成皱皮或内部产生气孔、夹渣，直接影响焊缝质量。反接时，被焊金属表面的氧化膜在电弧的作用下可以被清除掉而获得表面光亮美观、成形良好的焊缝。这是因为金属氧化物逸出功小，容易发射电子，所以氧化膜上容易形成阴极斑点并产生电弧。而阴极斑点的能量密度很高，同时被质量很大的正离子撞击，致使氧化膜破碎。

2) 熔化极氩弧焊

熔化极氩弧焊是以 Ar 作为保护气，焊丝作为电极及填充金属的气体保护电弧焊方法，其原理如图 4-23 所示。以 Ar 或 Ar-He 作为保护气体时，称 MIG 焊(metal inert gas arc welding)。当保护气体以 Ar 为主，加入少量活性气体如 O_2、CO_2、CO_2+O_2 等作为保护气体时，称为熔化极活性气体保护电弧焊，简称 MAG 焊(metal active gas arc welding)。不过，由于上述混合气体通常为富 Ar 气体，电弧仍呈氩弧特征。

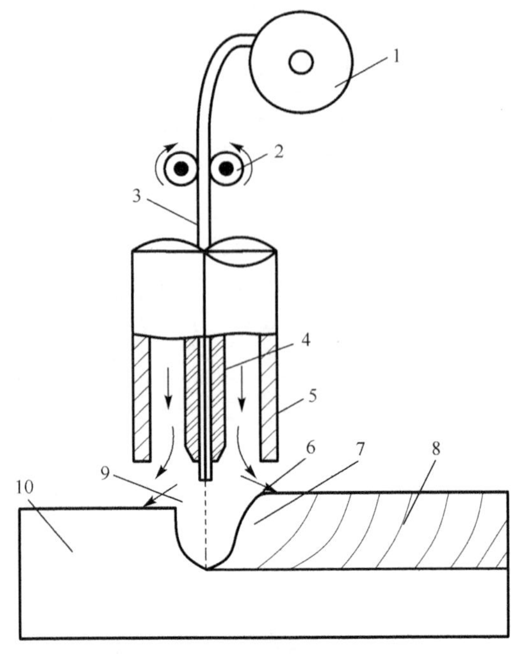

图 4-23　熔化极氩弧焊的原理

1-焊丝盘；2-送丝滚轮；3-焊丝；4-导电嘴；5-保护气体喷嘴；6-保护气；7-熔池；8-焊缝金属；9-电弧；10-母材

3) 氩弧焊的特点

(1) 氩气是一种惰性气体，焊接过程中对金属熔池的保护效果好，焊缝质量高。但是氩气没有冶金作用，所以焊前必须将接头表面清理干净，防止出现夹渣、气孔等。

(2) 电弧稳定，特别是小电流时也很稳定。因此，容易控制熔池温度，适合单面焊双面成形。

(3) 电弧在氩气流的压缩下燃烧，热量集中，所以焊接速度快，热影响区较小，焊后工件变形也小。

(4) 容易实现自动化操作，熔化极氩弧焊的电弧是明弧，焊接过程参数稳定，易于检测及控制，因此容易实现自动化。目前，世界上绝大多数的弧焊机械手及机械人均采用这种焊接方法。

4) 氩弧焊的应用

氩弧焊设备较复杂，且氩气成本高，主要用于焊接铝、铜、镁、钛及其合金，以及耐热钢、不锈钢等；适用于单面焊双面成形，如打底焊和管子焊接等；钨极氩弧焊，尤其是脉冲钨极氩弧焊，更适用于薄板焊接。

6. 电子束焊

电子束焊 (electron beam welding) 是利用电子枪产生的电子束流，在强电场的作用下以极高的速度撞击待焊工件表面，并将电子束的动能转化为热能而使焊件局部熔化、冷却后形成焊缝的一种工艺方法。

1) 电子束焊的过程

通常，电子束轰击工件时，99%以上的电子动能会转变为热能，因此，工件被电子束轰击的部位可被加热至很高的温度。电子束焊根据焊接时工件所处的真空度不同，可分为高真空电子束焊、低真空电子束焊和非真空电子束焊。图 4-24 为电子束焊原理。在真空中，电子枪的阳极通电后被加热至高温，随即发射出大量的电子，这些热发射电子在阴极和阳极之间的强电场作用下被加速。高速运动的电子经过聚束装置后形成能量密度很高的电子束流。电子束以极大的速度撞击待焊工件表面，电子的动能大部分转化为热能使焊件待轰击部位的温度迅速升高、产生熔化，随着焊件的不断移动便可形成连续致密的焊缝。为了能对焊件的不同部位进行焊接，可利用焊机中的磁偏转装置调节电子束的方向。

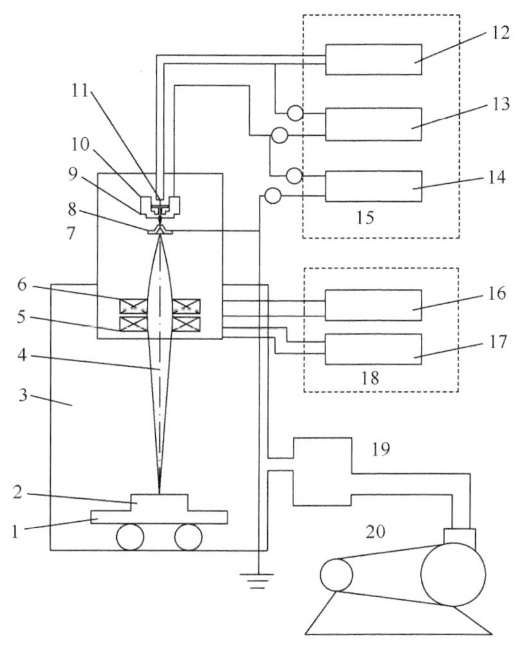

图 4-24　电子束焊原理

1-焊接台；2-焊件；3-真空室；4-电子束；5-偏转线圈；6-聚焦线圈；7-电子枪；8-阳极；9-聚束极；10-阴极；11-灯丝；12-灯丝电源；13-轰击电源；14-高压电源；15-高压电源系统；16-聚焦电源；17-偏转电源；18-控制系统；19-扩散泵；20-机械泵

2) 电子束焊的特点

(1) 焊接质量高。真空对焊缝具有良好的保护作用，使焊缝纯洁度高，高真空电子束焊尤其适合于焊接钛及钛合金等活性材料；由于电子束能量高度集中，熔化和凝固过程快，大大提高了焊接速度。例如，焊接厚 125mm 的铝板，焊接速度可达 400mm/min，是氩弧焊的 40 倍，能避免晶粒长大，使接头性能改善，高温作用时间短，合金元素烧损少，焊缝抗蚀性好。

(2) 焊件热变形小。电子束斑点尺寸小、功率密度高、输入焊件的热量少、焊件变形小，可实现高深宽比(即焊缝深面窄)的焊接，深宽比可达 60∶1，可一次焊透 0.1～300mm 厚度的不锈钢板。

(3) 工艺适应性强，易于实现机械化和自动化。电子束焊焊接参数易于精确调节，便于偏转，对焊接结构有广泛的适应性。不仅能焊接金属和异种金属材料，也可焊接非金属材料，如陶瓷、石英玻璃等。焊接参数易于实现机械化、自动化控制，重复性、再现性好，提高了产品质量的稳定性。

(4) 电子束焊的主要不足是设备复杂、造价高，焊前对焊件的清理和装配质量要求很高，焊件尺寸受真空室限制，操作人员需要防护 X 射线带来的影响。

3) 电子束焊的分类

电子束焊时，焊件所处环境的真空度不同，电子束散射程度不同，电子束流密度和相应的功率密度不同。根据束流密度与真空度的关系，将电子束焊按工件所处环境真空度不同分为高真空电子束焊、低真空电子束焊、非真空电子束焊 3 类，不同类型电子束焊的特点如表 4-4 所示。

表 4-4　不同类型电子束焊的特点

类型	真空度/Pa	特点
高真空电子束焊	5×10^{-4}	有效地防止熔化金属氧化燃烧，适于活泼金属、难熔金属、高要求、大厚度工件的焊接
低真空电子束焊	$10^{-4}\sim10^{-2}$	与高真空电子束焊相比，生产率高，适合于批量生产，焊接变速箱、组合齿轮
非真空电子束焊	大气压	散射严重，使束流及功率密度显著降低，使焊缝深及深宽比明显降低，一次焊透不超过 30mm
局部真空电子束焊	据要求确定	用于移动式真空室，或在工件焊接部位制造局部真空进行焊接，适用于大型工件的焊接

4) 电子束焊的应用范围

电子束焊适用于其他焊接方法有困难的熔焊，如高熔点易氧化材料、钛及其合金、低合金超高强度结构钢、高合金钢及奥氏体不锈钢等，纯铜及异种金属材料采用电子束焊也可获满意的效果。同时，可焊难以施焊、形状复杂的工件和无法接近位置的焊件。可焊接焊件最薄＜0.1mm，最厚焊件可一次焊透 300mm。

我国在航空发动机的制造中应用电子束焊技术，主要的零部件有高压压气机盘、燃烧室机匣组件、风扇转子、压气机匣、功率轴、传动齿轮、导向叶片组件等，涉及的材料有高温合金、钛合金、不锈钢、高强度钢等。此外，真空电子束焊在微型电子线路组件、非真空电子束焊在汽车零部件(如汽车扭矩转换器、汽车变速箱、齿轮组件和铝合金仪表板的焊接等)生产中获得应用。

7. 电渣焊

电渣焊(electroslag welding)是利用电流通过液态熔渣所产生的电阻热熔化母材和填充金属进行焊接的方法。

1) 电渣焊的过程

电渣焊是在施焊工件的两端面保持一定的间隙，为了保持熔池的形状，需在间隙两侧使用中间通水冷却的成形铜滑块紧贴于工件，使被焊处构成一个方柱形的空腔，在空腔底部放上一层焊剂。焊接电源的一个极接在工件上，另一个极接在焊丝的导电嘴上，引弧后电弧首先对焊剂加热，使其熔化，形成具有一定导电性的液态渣池，然后电弧熄灭。焊丝通过导电嘴送入渣池中，焊丝和工件间的电流通过渣池产生很大的电阻热，使渣池达到 1600～2000℃的高温。高温的渣池把热量传给工件和焊丝，使工件边缘和送入的焊丝熔化，由于液态金属的密度比熔渣大，沉于渣池下部，形成熔池。随着焊丝与工件边缘不断熔化，熔池及渣池不断上升，金属熔池达到一定深度后，下部逐渐冷却凝固成焊缝，在焊接过程中水冷铜滑块应随熔池及熔渣一起上升。电渣焊过程如图 4-25 所示。

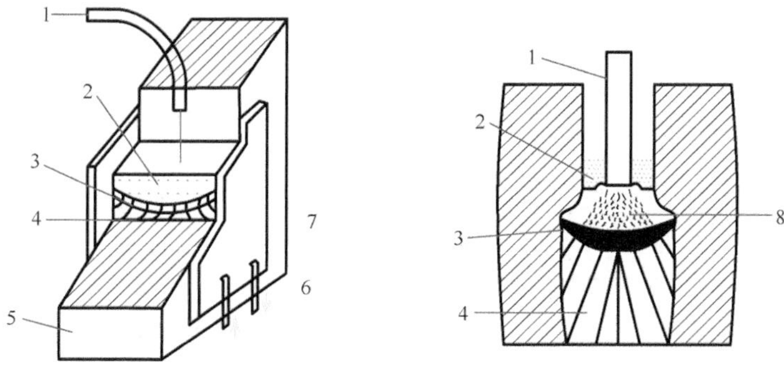

图 4-25　电渣焊过程

1-电极(焊丝)；2-渣池；3-金属熔池；4-焊缝；5-焊件；6-冷却水管；7-冷却滑块；8-高温椎体(熔滴)

2) 电渣焊的特点

(1) 焊接材料及电能消耗较少，如焊剂消耗量只有埋弧焊的 1/20～1/15，电能消耗只有埋弧焊的 1/3～1/2。

(2) 金属熔池的凝固速率低，熔池中的气体和杂质较易浮出。焊缝不易产生气孔和夹渣。

(3) 焊缝及近缝区冷却速度缓慢，对碳当量高的钢材，不易出现淬硬组织和冷裂纹倾向，故焊接低合金高强度钢及中碳钢时，通常可以不预热。

(4) 液相冶金反应比较弱，由于渣池温度低，熔渣的更新率也很低，液相冶金反应比较弱，所以焊缝化学成分主要通过填充焊丝或板极合金成分来控制。此外，渣池表面与空气接触，熔池中活性元素容易被氧化烧损。

(5) 焊接线能量大，焊缝热影响区在高温停留时间长，易产生晶粒大和过热组织。焊缝金属呈铸态组织。焊接接头的冲击韧性低，一般焊后需要正火加回火处理，以改善接头的组织与性能。

3) 电渣焊的应用范围

电渣焊主要用于厚壁压力容器纵焊缝和环焊缝，如原子能电站和热电站的大型压力容器焊接，也用于锅炉、重型机械、石油化工高压精炼设备和各种大型铸焊、锻焊、组合件焊接及厚板拼焊等大型结构件的制造，还可用于焊接铬镍不锈钢、铝及铝合金、钛及钛合金、铜及铸铁等。可焊工件厚度达 2m，焊缝长度 10m 以上。焊件厚度为 30～450mm 的均匀断面(纵缝和环缝)多采用丝极电渣焊。焊件厚度＞450mm 的均匀断面及变断面焊件可采用熔嘴电渣焊。

8. 激光焊

激光焊(laser welding)是以聚集的激光束作为能源轰击焊件接缝所产生的热量进行焊接的方法。激光是利用原子受激辐射的原理，使物质受激后产生波长均一、方向一致和强度非常高的光束。激光具有单色性好、方向性强、能量密度高(可达 10^6～10^{12}W/cm^2)的特点，在千分之几秒甚至更短时间内，激光能迅速转变成热能，其加热温度可达万摄氏度以上，是一种非常理想的焊接与切割热源。

1）激光焊的过程

激光焊过程如图 4-26 所示，激光器 1 受激产生方向性极强的激光束 2，通过聚焦系统 3 聚焦成十分微小的焦点，使其能量密度进一步提高。当把激光束调焦到焊件 4 的接缝处时，光能被焊件材料吸收后转换成热能，在焦点附近产生高温使被焊金属局部瞬间熔化，随着激光与焊件之间的相对移动，冷凝后形成焊接接头。激光焊的方式有脉冲激光点焊和连续激光焊两种。

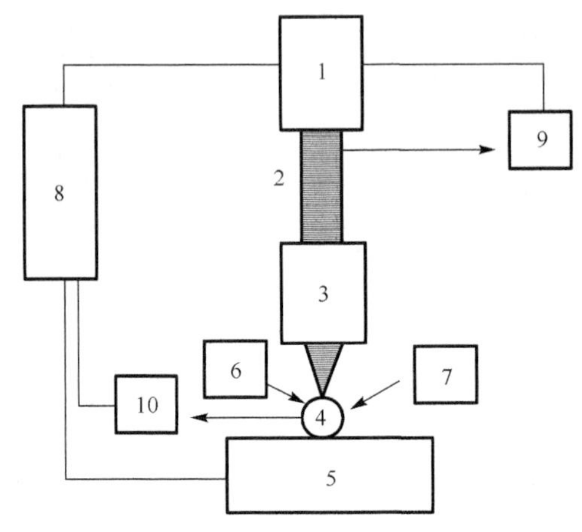

图 4-26　激光焊过程

1-激光器；2-激光束；3-聚焦系统；4-焊件；5-辅助台；6-观测瞄准系统；7-辅助能源；8-程序控制；9，10-信号器

目前，脉冲激光点焊应用较广泛，它适宜于焊接厚度为 0.5mm 以下的金属薄板和直径在 0.6mm 以下的金属线材。

2）激光焊的特点

(1) 热量集中、热影响区小、焊接变形和残余应力小。焊接温度高，可以焊接难熔金属，甚至可以焊接陶瓷，在其他非金属材料焊接中也得到很好的应用，如有机玻璃等。

(2) 可以一机多用，一台激光器可供多个工位、不同的加工方法使用。激光不产生有害的 X 射线，这比电子束焊优越，能对难以接近的部位进行焊接，可透过玻璃或其他透明物体进行焊接。激光不受电磁场的影响。

(3) 激光焊焊接反射率大的光亮金属有一定困难。受激光器功率等因素限制，焊接厚度不可能太大，达不到电子束焊的焊接厚度。激光的电光转换效率低（为 0.1%～0.3%）。工件的加工和组装精度要求高，夹具要求精密，因此，设备一次性投资较大，总的效率不高。

3）激光焊的应用范围

目前，激光焊已广泛应用于电子工业和仪表电器工业中，主要适于焊接微型、精密和对热敏感的焊件，如集成电路内外引线、温度传感器及航空仪表零件等。随着激光器制造技术的发展，激光器功率的进一步提高，激光焊在其他领域中的应用正逐步扩大。例如，激光焊焊接低合金高强度钢 HY-130 时，焊缝极细、热影响区窄，焊缝中的有害杂质元素大大减少，产生了净化效应，提高了接头韧性。不锈钢激光焊时，由于焊接速度快，减轻了不锈钢焊接时的过热现象和线胀系数大的不良影响，焊缝外观成形良好，无气孔、夹杂等缺陷，接头强度与母材相当。采用 CO_2 激光焊焊接热敏感性大的硅钢片也取得了较好效果，焊后不经热处理即可满足生产线对接头韧性的要求。此外，激光焊也是焊接铝合金、钛合金和耐热合金等的理想方法。在一定条件下，Cu-Ni、Ni-Ti、Cu-Ti、Ti-Mo、黄铜-铜、低碳钢-铜、不锈钢-铜及其他一些异种金属材料都可以进行激光焊。激光焊不仅可以焊接金属，还可以焊接陶瓷、玻璃、复合材料等非金属及金属基复合材料。激光焊在航空航天领域已成功应用，如美国 PW 公司用 6 台大功率 CO_2 激光器用于发动机燃烧室的焊接。

4.2.2　压力焊

压力焊是焊接过程中对焊件施加一定压力(加热或不加热)以完成焊接的方法，简称为压焊。压力焊的类型很多，最常用的有电阻焊、超声波焊、摩擦焊、搅拌摩擦焊等。

1. 电阻焊

电阻焊(resistance welding)又称接触焊，是通过两个电极对组合工件施加一定压力，利用电流通过接头的接触面及邻近区域产生的电阻热进行焊接的方法。

焊件组合后通过电极施加压力，利用电流通过接头的接触面及邻近区域产生的电阻热进行焊接。电阻焊的特点是低电压(几伏至十几伏)、大电流(几千安至几万安)，焊接时间极短，一般只有 0.1s 至几十秒。与其他焊接方法相比，电阻焊操作简单，对工人的操作技术水平要求低，生产效率很高，焊件变形小，无须填充金属和焊剂等，劳动条件较好，易于实现机械化和自动化。但电阻焊设备较复杂，一次性投入大，耗电量大，对焊件厚度和截面形状有一定限制，可单件小批量生产，更多用于成批大量生产。依据使用的电极形式不同，电阻焊可分为点焊、多点凸焊、缝焊和对焊，图 4-27 为电阻焊示意图。

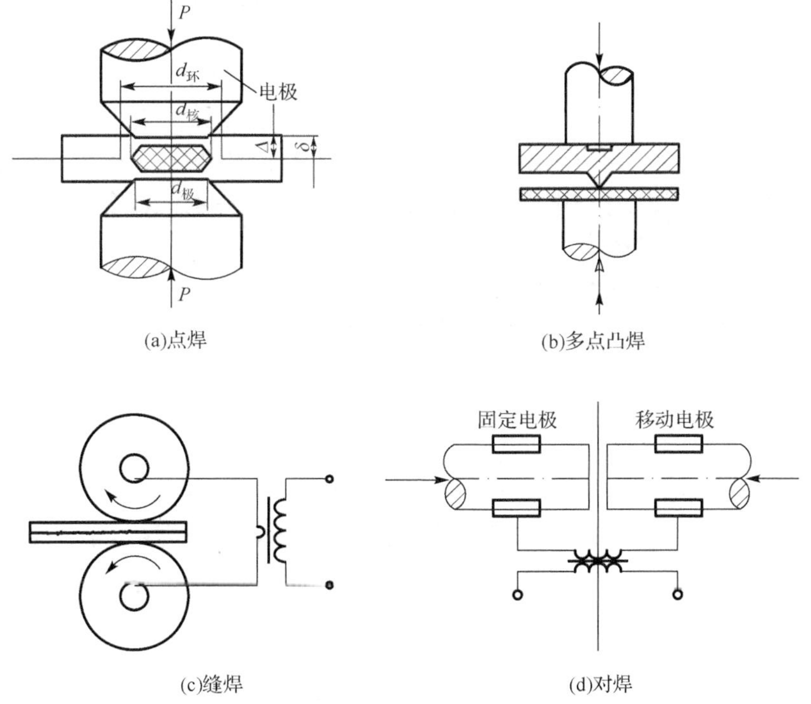

(a)点焊　(b)多点凸焊

(c)缝焊　(d)对焊

图 4-27　电阻焊示意图

1) 点焊

点焊是焊件装配成搭接接头，并压紧在两电极之间，利用电阻热熔化对接面处的固态金属，从而形成焊点的焊接方法，如图 4-27(a)所示。

点焊的主要工艺参数是电极压力、焊接电流和通电时间。若电极压力过大，接触电阻下降，热量出现飞溅、减少，造成焊点强度不足；若电极压力过小，则机件接触不良，热源虽强但不稳定，甚至出现飞溅、烧穿等缺陷。若焊接电流不足，则熔深过小，甚至造成未熔化；若焊接电流过大，则熔深过大，并有金属飞溅，甚至引起烧穿。通电时间对点焊质量的影响与焊接电流相似。

点焊前必须清理焊件表面的氧化膜、油污等杂质，以免焊件间接触电阻过大而影响点焊质量和电极寿命。将清理好的两焊件紧密接触、预压夹紧，然后接通电流，使接触处产生电阻热。电极与焊件接触所产生的电阻热很快被导热性能好的铜电极和冷却水传走，因此接触处的温度升高有限，不会熔化，而焊接件相互接触处则由于电阻热很大，温度迅速升高，接触处金属熔化，形成液态熔核。断电后，继续保持或加大压力，使熔核在压力下凝固，形成组织致密的焊点。焊点形成后，移动焊件，依次形成其他焊点。点焊第二个焊点时，有一部分电流可能流经已焊的焊点，这种现象称为分流现象。分流现象导致焊缝处电流减少，影响焊接质量。因此，两个焊点之间应有一定距离，距离与焊件材料和厚度有关。一般材料导电性越强，厚度越大，分流现象越严重。

选择点焊的焊接接头形式时，要充分考虑使点焊机电极能接近焊件，做到施焊方便，加热可靠。

点焊主要用于薄板冲压件的搭接，如汽车驾驶室、车厢等薄板与型钢构架的连接，蒙皮结构、金属网、交叉钢筋的接头。适于点焊的最大厚度为 3mm，小型构件厚度可达 5～6mm，特殊情况厚度为 10mm。钢筋和棒料直径达 25mm。点焊适用于不锈钢、铜合金、钛合金和铝镁合金等的焊接。

2) 多点凸焊

多点凸焊是一次加压和通电完成两个或两个以上焊点的焊接方法，如图 4-27(b)所示。焊接时，先在一个工件上凸压出一个或几个凸点，然后将工件放在焊机大平面电极之间，像点焊那样加压通电。因为工件与电极之间的接触面积比凸点端面大得多，电路电阻几乎全集中在凸点上，故热量集中。当凸点金属加热到塑性状态时，压力使凸点变平，形成焊点，迫使工件紧密地连接在一起。电极之间有几个凸点就能同时形成几个焊点，其数目只受焊机所提供的电流和压力的限制。许多电焊机通过改变电极就可进行多点凸焊，而且凸点可以和其他材料成形工序同时形成，几乎无须增加额外成本。

3) 缝焊

缝焊的焊接过程与点焊相似，只是用圆盘电极代替点焊时用的柱状电极，如图 4-27(c)所示。焊接时盘状焊件加压又导电，旋转时靠摩擦力带动焊件移动，最终在工件上焊出一道由许多相互重叠的焊点组成的焊缝。但缝焊分流现象严重，所需焊接电流为点焊时的 1.5～2 倍，只适用于厚度 3mm 以下的薄板结构。若采用断续送电、断续送进的工艺可节约电能，并使焊件和焊机有冷却时间。

缝焊主要用于制造有密封性要求的薄壁结构，如油箱、小型容器和管道等。缝焊也可用于金属板间的对接，此时要求使用高频电流，以限制焊接区附近的金属表面电流。焊接时，电极触头为前导，加热金属对接接头，然后利用加压滚轮逐渐压合在一起。

4) 对焊

对焊是将焊件装配成对接的接头，使其端面紧密接触，利用电阻热加热至塑性状态，然后迅速施加顶锻力完成焊接的方法，如图 4-27(d)所示。按照工艺过程特点的不同，对焊又分为电阻对焊和闪光对焊。

电阻对焊时，焊件夹紧在电极上，施加预压力并通电，利用电阻热加热至塑性状态，然后增大压力，同时断电，使接头处塑性变形并形成牢固的接头。此法对焊件表面清理要求高，否则会造成加热不均匀，易夹渣。

闪光对焊时，焊件夹紧在电极上，然后接通电源，并使焊件缓慢靠拢接触。强电流通过少数触点，使它迅速熔化、汽化；在磁场作用下，液态金属爆破飞出，造成闪光。由于焊件不断送进，旧触点爆破又形成新的触点，闪光现象连续产生，热量传到工件，待加热至两端面全部熔化时，迅速对焊件加压并断电，使熔化金属自结合面挤出，并产生大量塑性变形使焊件焊合。在此焊接过程中，工件端面的氧化物及杂质一部分随闪光火花带出，一部分在加压时随液体金属挤出，故接头中夹渣少，质量高。但金属损耗多，焊后有毛刺，需要清理。

对焊要求焊件接触的端面形状尺寸相同或相近，以保证两个焊件接触面加热均匀。对焊主要用于制造封闭形零件，如自行车车圈、汽车轮缘、船用锚链等；轧材接长，如钢轨、钢管、钢筋等；异种材料零件，以节省贵重金属。

2. 超声波焊

超声波焊(ultrasonic welding)是利用超声波的高频振荡对焊接接头进行局部加热和表面清理，然后施加压力实现点焊或缝焊的一种压力焊方法。

1) 超声波焊的过程

超声波焊的实质是利用超声频率的弹性机械振动，使焊件在压力的作用下彼此紧密接触，表面之间产生高频、高速的相对摩擦运动和错移变形，增加焊接件金属的温度和塑性，并破坏其表面的氧化物，然后在静压力和超声波的作用下产生塑性变形，使金属表面相互靠近，达到原子间产生结合力的程度，从而形成永久性的焊接接头。超声波焊原理如图 4-28 所示。超声波焊除了给焊接处提供超声振动，其加压及焊接方式与一般点焊和缝焊方法完全相同。

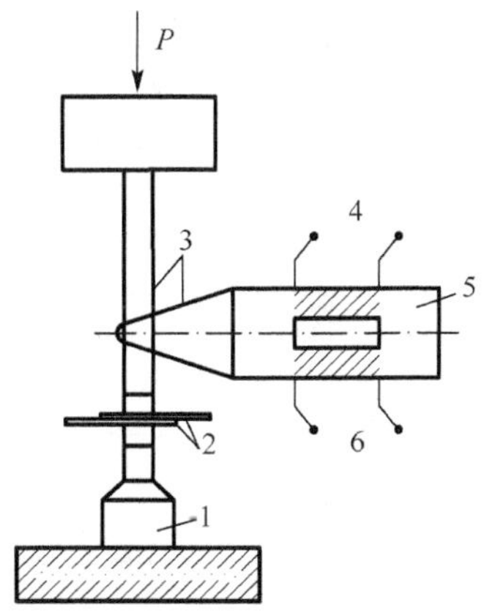

图 4-28　超声波焊原理

1-支座；2-工件；3-变换与传送系统；4-磁化线圈；5-磁转换器；6-高频电线圈

2) 超声波焊的特点

(1) 在焊接过程中不需要附加热源，因而金属不会受到高温影响而发生不良的化学反应和组织改变，焊接处变形较点焊或冷焊小。

(2) 对于工件表面预处理要求低，允许有少量氧化膜、油污、漆、聚合物膜等。

(3) 焊接温度低、焊件变形小，且节能低耗，耗电量仅为电阻焊的 5%。

3) 超声波焊的应用

超声波焊目前已广泛用于电子工业，特别适合于其他焊接方法难以焊接的微型元件，在微电机的制造中几乎取代了电阻焊和钎焊。该方法已成功地用于汽车、核反应堆、飞机、导弹和火箭等结构，它特别适用于各种尺寸和形状的金属箔包装件的密封，尤其对炸药、焰火和活性化合物等要求密封而又不能用加热或电加工工艺来封装的材料，具有独特的优越性。

超声波焊的主要缺点是焊接需用功率随工件厚度及硬度的提高呈指数剧增，因而只限于丝、箔、片等薄件，对某些较硬的金属，实际的厚度上限为 0.4～1.0mm。此外，虽然近年来已发明了超声波对接方法，但在绝大多数情况下超声波焊只适用于搭接接头。

3. 摩擦焊

摩擦焊(friction welding)是使两个焊件连接表面相互接触并做相对旋转运动，施加一定压力，利用相互摩擦所产生的热量使焊件端面达到塑性状态，然后迅速施加顶锻力在压力作用下完成焊接的压力焊方法。

1) 摩擦焊的过程

摩擦焊的基本原理如图 4-29 所示。焊接两个圆形截面工件时，首先使工件 1 高速旋转，然后工件 2 向工件 1 方向移动(图 4-29(a))。当两个工件接触后，减慢移动速度，此时工件 2 向旋转着的工件 1 施加轴向压力，开始摩擦加热(图 4-29(b))。当经过一段选定的摩擦时间或达到规定的摩擦变形量(工件 2 的摩擦位移量)后，接头被加热到焊接温度(图 4-29(c))。此时立即停止工件 1 的转动，同时工件 2 向前快速移动，对接头施加更大的顶锻压

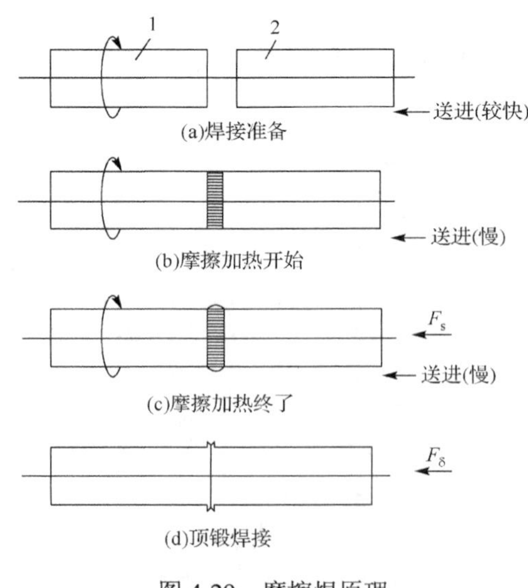

图 4-29　摩擦焊原理

1，2-工件

力 F_{δ}，产生一定的顶锻变形量(图 4-29(d))，压力保持一定时间后，焊接过程结束。通常焊接过程只要几秒。

2) 摩擦焊的基本特点

(1) 固态焊接，接头质量好。摩擦焊过程中，被焊材料通常不熔化，仍处于固态，焊合区金属主要为锻造组织。与熔焊相比，摩擦焊在焊接接头的形成机制和性能方面存在显著的差别。

(2) 适于各类同种或异种金属的连接。摩擦焊不仅可以焊接同种钢，还可以焊接常温和高温力学、物理性能差别很大的异种钢和异种金属。此外，摩擦焊还能焊接产生脆性相的异种金属，如铝-铜、铝-钢等。

(3) 焊件尺寸精度高、成本低。用于摩擦焊的柴油发动机预燃烧室，全长最大误差为 ±0.1mm。焊接变形小，且在焊前不需特殊处理，接头飞边有时都可以不用去除。

(4) 焊接施工时间短，生产效率高。我国锅炉蛇形管摩擦焊生产率为 120 件/h，而闪光焊只有 20 件/h；一般来说，摩擦焊的生产效率要比其他焊接方法高 1～100 倍，适合于大批量生产。

(5) 焊机功率小、节能、环保。摩擦焊和闪光焊相比，电功率和能量节约 5～10 倍以上；设备容易实现机械化、自动化；工作场所环境好，没有火花、弧光等伤害。

3) 摩擦焊的应用范围

摩擦焊以优质、高效、节能、无污染的技术特点受到制造业的重视，如刀具制造业的钻头、立铣刀、丝锥、绞刀、拉刀等，机器制造业的轴类零件、管子、螺杆、顶杆、拉杆、拨叉、地质钻杆等，汽车、拖拉机制造业的齿轮轴、增压器叶轮、汽车后桥轴头、排气阀、活塞杆等，电子行业的铜-铝接线端子、锅炉的管子对接等，均得到广泛的应用。

针对钛合金、轻金属以及先进材料的摩擦焊焊接接头质量非常好，在国外 NiTi 形状记忆合金的摩擦焊技术已经取得了满意的效果，焊接后的记忆合金特性与母材相同，陶瓷与金属的摩擦焊也取得了较大的发展，因此，摩擦焊技术在未来先进材料的焊接应用方面有较大的前景。

4. 搅拌摩擦焊

搅拌摩擦焊(friction stir welding，FSW)是由摩擦焊派生发展起来的一种新型固相焊接方法。

1) 搅拌摩擦焊的原理

搅拌摩擦焊焊接过程如图 4-30 所示。首先在被焊工件下安放底板，并刚性夹紧固定，如图 4-30(a)所示。然后将整个搅拌头高速旋转，并使搅拌头中心的耐高温硬质搅拌针慢慢深入接缝处，一直到搅拌头的轴肩与工件紧密接触，如图 4-30(b)所示。搅拌头(主要是搅拌针)与工件快速摩擦所产生的热使搅拌针周围的金属呈塑性状态，如图 4-30(c)所示。塑性软化区金属受到旋转搅拌针的搅拌和挤压向搅拌针的后方流动形成塑性金属流，如图 4-30(d)所示。搅拌头一方面高速旋转，另一方面沿工件的接缝与工件相对移动。离开搅拌针的塑性金属在受挤压(锻造)的条件下逐渐冷却形成固相焊接接头，如图 4-30(e)所示。搅拌头的肩部与工件表面紧密接触，一方面防止塑性材料的溢出，另一方面起到清除表面氧化膜的作用。

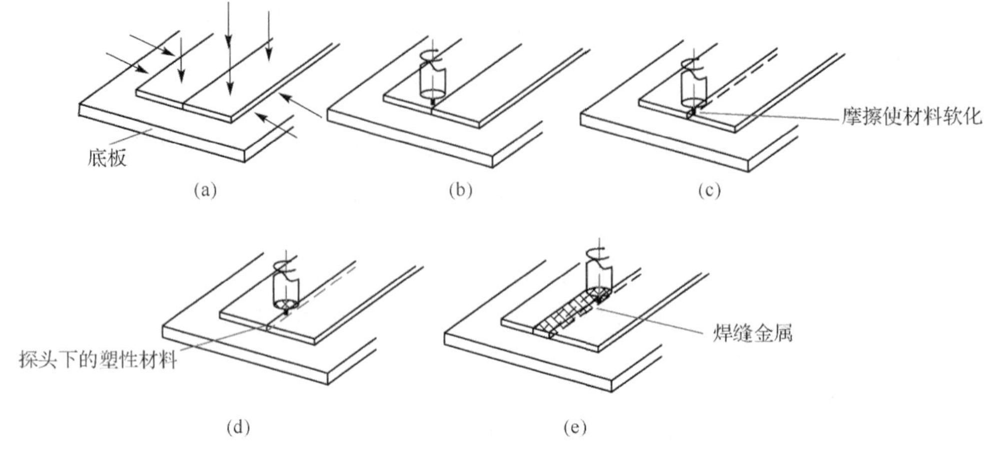

图 4-30　搅拌摩擦焊焊接过程

2) 搅拌摩擦焊的特点

(1) 焊接接头质量高。焊缝是在塑性状态下受挤压完成的，属于固相焊，避免了熔焊时熔池凝固过程所产生的裂纹、气孔等缺陷。

(2) 能一次完成较大截面、较长焊缝(一次焊成 20 m 焊缝)的不同位置焊接。由于不是依靠两个焊件相对摩擦来完成焊接，从根本上改变了传统摩擦焊只能焊简单断面的局限性，极大地扩大了它的应用范围。

(3) 成本低。焊接铝材工件只需用溶剂擦去油污即可，清理方便、对焊口装配精度要求低，且不用保护气体和填充材料。

3) 搅拌摩擦焊的应用范围

搅拌摩擦焊可以用来焊接多种材料和合金。除焊接铝合金外，国内外已用该方法成功焊接了铝锂合金、镁合金、铝基复合材料、钛合金、钢以及铜合金，焊后接头力学性能达母材的 80%～90%，有的甚至超过了母材的性能。搅拌摩擦焊开发时间虽然不算太长，但在焊接生产应用中发展很快，尤其是在铝和铝合金焊接领域受到了极大重视，在航空航天、交通运输工具的焊接生产中已经有了取代 MAG 焊的倾向，同时它在异种材料的焊接中也有较好的前景。

目前，该技术在挪威已用于焊接快艇用 20 m 铝合金结构件。在美国洛克希德·马丁空间系统公司已焊接了航天飞机用液氧低温容器；在马歇尔太空飞行中心已焊接了大型圆筒容器。在瑞典，已用于铝质汽车零件的大规模焊接生产。在澳大利亚，已用便携式搅拌摩擦焊机焊接了海洋观光船上的许多平直焊缝。在日本，已焊接了铝质蜂窝结构板件和耐海水的板材。

4.2.3　钎焊

钎焊是指采用比母材金属熔点低的金属材料作为钎料，将焊件和钎料加热到高于钎料熔点的温度，利用液态钎料润湿母材金属，填充接头间隙，并与母材金属相互扩散实现连接焊件的方法。

1. 钎焊的过程

钎焊时，钎焊接头的形成过程如下：熔点比焊件金属低的钎料与焊件同时被加热到钎焊温度，在焊件不熔化的情况下，钎料和钎剂熔化并润湿钎焊接触面，依靠两者的扩散作用形成新的合金，钎料在钎缝中冷却和结晶，形成钎焊接头，如图 4-31 所示。

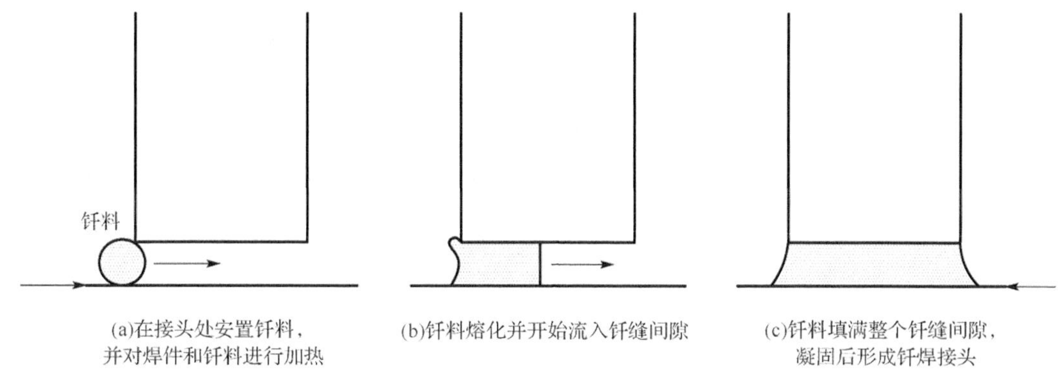

图 4-31　钎焊接头示意图

与熔焊方法最大的不同是，钎焊时，工件常被整体加热(如炉中钎焊)或钎缝周围大面积均匀加热，因此工件的相对变形量以及钎焊接头的残余应力都比熔焊小得多，易于保证工件的精密尺寸。此外，钎料的选择范围较宽，为了防止母材组织和特性的改变，可以选用液相线温度相对低的钎料进行钎焊。钎焊过程中，只要钎焊工艺选择得当，可使钎焊接头做到无须加工。此外，只要适当改变钎焊条件，还有利于多条钎缝或大批量工件同时或连续钎焊。

2. 钎焊的分类

按照加热方法的不同，钎焊可分为火焰钎焊、电阻钎焊、感应钎焊、真空钎焊、盐浴钎焊及烙铁钎焊等。具体的钎焊加热方法应根据工件材质、工件形状与尺寸、接头质量要求与生产批量等因素综合考虑进行选择。钎焊接头的承载能力在很大程度上取决于钎料及钎焊加热方法。根据所用钎料的熔点不同，钎焊可分为硬钎焊和软钎焊两大类。

1) 硬钎焊

熔点高于 450℃的钎料称为硬钎料，相应的钎焊方法称为硬钎焊(brazing)。常用的硬钎料有铜基、铝基、银基、镍基等合金。硬钎焊钎剂主要有硼砂、硼酸氟化物、氧化物等。加热方法有火焰加热、电阻加热、盐浴加热、高频感应加热等。

硬钎焊接头的强度较高，工作温度高，主要用于受力较大的钢铁件、铜合金构件以及工具、刀具的焊接，如钎焊自行车车架、切削刀具等。

2) 软钎焊

熔点低于 450℃的钎料称为软钎料，相应的钎焊方法称为软钎焊(soldering)。常用的软钎料有锡基、铅基、镉基和锌基合金等。软钎焊钎剂主要有松香、氯化锌溶液等。软钎料多采用烙铁加热。

软钎焊接头强度低，受钎料熔点限制，其工作温度也低。经常使用的 Sn-Pb 钎料焊接电源导线等俗称锡焊，接头具有良好的导电性。软钎焊主要应用于受力不大的电子线路元件、电器仪表等的连接。

3. 钎焊的应用范围

钎焊具有加热温度低、生产效率高、焊件变形小、钎缝成形美观、焊件尺寸精确等特点。钎焊既可用于同种金属，也可用于异种金属，甚至用于非金属和复合材料，大多数钎焊方法使用设备简单，易于实现生产过程自动化。钎焊的应用范围非常广泛，主要用于机械制造、航空航天、电工电子、仪器仪表、日常生活中的一些受力不大、工作温度不高的薄板结构、蜂窝结构以及异种金属、复合材料的连接，如硬质合金刀具、铝和铜质热交换器、压气机部件、异种不锈钢电磁阀、电机、容器、各种电子元器件及导线的连接等。

4.3　其他焊接方法

1. 扩散连接

扩散连接(dffusion bonding)是依靠界面原子相互扩散而实现结合的一种精密的连接方法。

1)扩散连接的原理

扩散连接是指在一定的温度和压力下，在真空条件下（或在保护气氛中)被连接表面相互靠近、相互接触，通过使局部发生微观塑性变形，或通过被连接表面产生的微观液相而扩大被连接表面的物理接触，然后结合层原子之间经过一定时间的相互扩散，形成结合界面可靠连接的过程。扩散连接基本上是一种固态连接。

2)扩散连接的分类

根据不同的准则对扩散连接方法进行分类，一般可分为固相扩散连接和液相扩散连接两大类。固相扩散连接所有的界面反应均在固态下进行，液相扩散连接是在异种材料之间发生相互扩散，使界面组分变化导致连接温度下液相的形成，在液相形成之前，固相扩散连接和液相扩散连接的原理相同，而一旦有液相形成，液相扩散连接实际上就变成钎焊加扩散连接。根据扩散连接的定义，扩散连接也可以按照是否添加中间层分类，如图 4-32 所示。

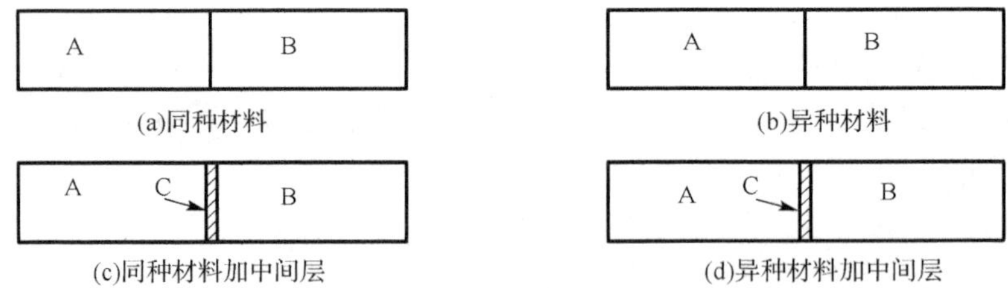

图 4-32　扩散连接接头的四种组合类型

(1)同种材料扩散连接。同种材料扩散连接通常是指不加中间层的同种金属直接接触的扩散连接。这种类型的扩散连接一般要求待焊表面制备质量较高，焊接时要求施加较大压力，焊后扩散接头的化学成分、组织和母材基本一致，对于金属来说，Ti、Cu、Zr、Ta 等最容易实现同种材料扩散连接。

(2)异种材料扩散连接。异种材料扩散连接是指两种金属、合金或者金属与陶瓷、石墨等非金属材料的扩散连接。异种金属的化学成分、物理性能等有显著差异，如熔点、线膨胀系数、电磁性、氧化性等。

(3) 加中间层的扩散连接。对于采用常规扩散连接方法难以焊接或焊接效果较差的材料，可在被焊材料之间加入一层过渡金属或合金(称为中间层)，这样就可以焊接很多难焊的或冶金上不相容的异种或同种材料。

(4) 固相扩散连接。固相扩散连接是指在扩散连接过程中，母材和中间层均不发生熔化或产生液相的扩散连接方法，是常规的扩散连接方法。固相扩散连接通常在扩散连接设备的真空室中进行。被焊材料或中间层合金中含有易挥发元素时不宜采用这种方法。

(5) 液相扩散连接。液相扩散连接是指在扩散连接过程中接缝区短时出现微量液相的扩散连接方法。换句话说，它是利用在某一温度下待焊异种金属之间会形成低熔点共晶的特点加速扩散过程的连接方法。

(6) 超塑性成形扩散连接。这种扩散连接工艺的特点是：扩散连接压力较低，与成形压力相匹配，扩散时间较长，可长达数小时。在高温下具有相变超塑性的材料可以在高温下用较低的压力同时实现成形和扩散连接。采用此方法的条件之一是材料的超塑性成形温度与扩散连接温度接近，该方法在低真空度下完成。

(7) 热等静压扩散连接。热等静压扩散连接是指在热等静压设备中实现扩散连接。焊前应将组装好的工件密封在薄的软质金属包囊中并将其抽真空，封焊抽气口，然后将整个包囊置于加热室中进行加热，利用高压气体与真空气囊中的压力差对焊件施加各向均衡的等静压力，在高温高压下完成扩散连接过程。

3) 扩散连接的特点

(1) 可以进行内部及多点、大端面构件的连接(如异种复合板制造、大端面圆柱体的连接等)，以及电弧可达性不好或用熔焊方法不能实现的连接。不存在具有过热组织的热影响区。焊接参数易于精确控制，在批量生产时接头质量和性能稳定。

(2) 扩散连接是一种高精密的连接方法。用这种方法连接后的焊件精度高、变形小，可以实现精密接合，一般不需要再进行机械加工，可获得较大的经济效益。

(3) 可以连接用熔焊和其他方法难以连接的材料，如活性金属、耐热合金、陶瓷和复合材料等。对于塑性差或熔点高的同种材料，以及对于不互溶或在熔焊时会产生脆性金属间化合物的异种材料，扩散连接是一种可靠的方法。在扩散连接的研究与实际应用中，70%涉及异种材料的连接。

(4) 对零件被连接表面的制备和装配质量的要求较高，特别对接合表面要求严格。

(5) 生产设备一次性投资较大，且被连接焊件的尺寸受到设备的限制；无法进行连续批量生产。

4) 扩散连接的应用

近年来随着航空航天、电子和能源等工业部门的发展，扩散连接技术在尖端科学技术部门起着十分重要的作用，是异种材料、耐热合金材料和新材料(高技术陶瓷、金属间化合物、复合材料等)连接的主要方式之一。特别对用熔焊方法难以连接的材料，扩散连接具有明显的优势。

2. 气焊

气焊是利用可燃气体与助燃气体混合燃烧形成的火焰作为热源的一种焊接方法，气焊原理如图 4-33 所示。

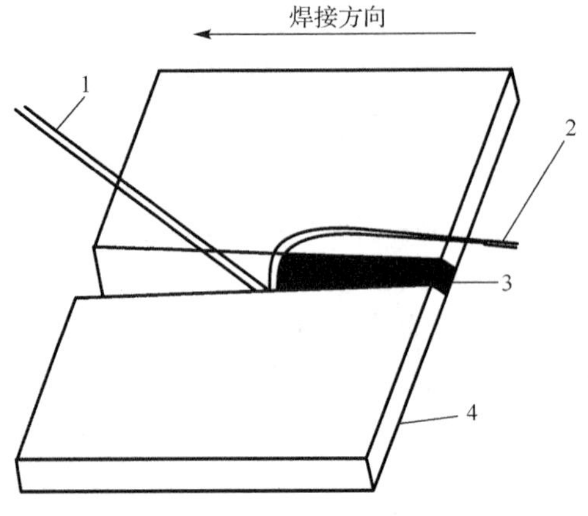

图 4-33　气焊原理

1-焊丝；2-焊炬；3-焊缝；4-焊件

1) 气焊的特点

(1) 火焰的温度比焊条电弧温度低，火焰长度(火焰温度)与火焰对熔池的压力及热输入调节方便。

(2) 焊丝和火焰是各自独立的。熔池的温度、形状，以及焊缝尺寸、焊缝背面成形等容易控制，同时便于观察熔池，有利于焊缝成形，确保焊接质量。

(3) 在焊接过程中利用气体火焰对工件进行预热和缓冷。

(4) 气焊设备简单、焊炬尺寸小、移动方便、便于无电源场合的焊接。适合薄件及要求背面成形的焊接。

(5) 气焊焊接温度低，加热缓慢，因此生产率不高、焊接变形较大、过热区较宽、焊接接头的显微组织粗大、力学性能也较差。

2) 气焊的应用范围

气焊常用于薄板焊接，熔点较低的金属(铜、铝、铅等)焊接、薄壁的钢管焊接，需要预热和缓冷的工具钢及铸铁的焊接(焊补)。

3. 高频焊

高频焊是利用高频电流给工件的结合处加热，同时施加压力而进行焊接的方法。它利用高频电流的趋表效应和邻近效应，使电流高度集中在待焊边上，在极短的时间内加热金属。因此，具有焊接热影响区小、加热速度快、焊缝质量好等优点。

1) 高频焊的原理

(1) 高频电阻焊原理。高频电阻焊加热焊件的高频电流是直接通过触头导入焊件的。待焊工件的两边缘必须预制成 V 形会合角。焊接时，高频电源通过会合角两边的一对滑动触头导入工件，由于高频电流的集肤效应，电流沿着会合角两边的表面层形成往复回路，产生电阻热，在会合角附近电流密度最大，工件被快速加热到焊接温度，在挤压滚轮的作用下将管坯两边挤在一起，挤出氧化物和熔化金属，并在管坯周长上留有一定的挤压量，产生强烈的顶锻，促使金属原子之间形成牢固的结合。挤压滚轮旋转使管坯沿 V 形尖角方向前移，然后由焊接机组前边设置的刨刀将挤出的氧化物和部分金属切除。若焊接产生金属火花喷溅，则为闪光焊，此方法易于排除金属氧化物，焊接质量高且稳定。

(2) 高频感应焊原理。高频感应焊加热焊件的高频电流是由感应线圈通过磁场感应在焊件上产生的。由感应线圈中的高频电源感应出一个绕管子外周表面并沿管子 V 形会合角表面的焊接电流 I_1，使管坯边缘极快地加热到焊接温度，之后经过挤压进行焊接；感应电流的另一部分 I_2 由管坯外周流经内周表面构成回路，由此产生的电阻加热管坯内表面，实际它的加热对焊缝成形是无关的，故为无效电流。为了减小无效电流，需在管坯内放置由铁氧体组成的阻抗器，来增加管内壁的电抗，从而提高焊接效率。

2) 高频焊的特点

与普通电阻焊及其他焊接方法比较，高频焊有以下特点。

(1) 焊接接头的热影响区比电阻焊更窄，接头强度高。在焊接热循环的顶锻或锻压阶段，所有熔化金属会从接头处挤出，可消除引起焊接裂纹的低熔点相。

(2) 用摩擦接触或感应导电，其电能的利用率较高。热影响区窄且没有铸造组织，可使一些合金不必进行焊后热处理。焊接薄材料工件不易被压弯或压溃。

(3) 高频焊设备投资费用较高，对工件装配的要求严格，且对连续焊要求制备适当形状的 V 形坡口。对高频电流必须采取防护措施并避免电波辐射干扰。

3) 高频焊的应用

高频焊可用于碳钢、铜、铝、锆、钛、镍等多种材料和多种结构类型工件的焊接；能生产各种端面的型材、双金属板和一些机械产品，如汽车轮圈、汽车车厢板、工具钢和碳钢组成的锯条等；广泛应用于管材的制造，如各种材料的有缝管、异型管、散热片管、螺旋散热片管、电缆套管等。

思 考 题

1. 什么是焊接化学冶金？它的主要研究内容和学习目的是什么？
2. 调控焊缝化学成分有哪几种手段？它们是怎样影响焊缝化学成分的？
3. 焊接区气体的主要来源是什么？它们是怎样产生的？对焊缝金属产生怎样的影响？
4. 什么是焊接热循环？其主要参数有哪些？对焊接接头的质量影响如何？
5. 焊接接头熔池结晶特征是什么？热影响区组织分区及性能是什么？
6. 焊接接头最薄弱的区域是哪个？为什么？
7. 什么是焊接应力？有哪些焊接应力？
8. 什么是焊接变形？其分类有哪些？
9. 综合分析焊接残余应力的原因及其分布。
10. 什么是材料的焊接性？
11. 什么是焊接？熔焊、压力焊、钎焊的概念是什么？
12. 什么是焊条电弧焊？其焊接特点是什么？主要应用在哪些方面？
13. 什么是埋弧焊？其焊接原理是什么？有什么特点？
14. 氩弧焊可分为哪两种氩弧焊？为什么？其焊接过程是怎样的？
15. 电子束焊的特征是什么？
16. 什么是电阻焊？有哪些电阻焊？

17．什么是钎焊？钎焊的基本原理是什么？

18．扩散连接有哪些？其特点及应用范围有哪些？

19．金属陶瓷既保持陶瓷的高强度、高硬度、耐磨损、耐高温、抗氧化和化学稳定性等特性，又具有较好的金属韧性和可塑性，因此在航空航天中应用非常广泛。目前常将陶瓷与金属进行连接。请结合相关焊接方法特征，综合分析采用哪种焊接方法较为合适。为什么？

第 5 章　薄膜的制备技术

5.1　薄膜材料基础

薄膜是由离子、原子或分子沉积形成的二维材料。薄膜也可理解为采用一定方法，使处于某种状态的一种或几种物质(原材料)的基团以物理或者化学方式附着于某种物质(衬底材料)表面，在衬底材料表面形成的一层新物质。

薄膜的基本特征是具有二维延展性，即其厚度方向的尺寸远小于其他两个方向的尺寸；衬底材料是制备薄膜的前提条件，即只有在衬底表面才能获得薄膜。广义上，薄膜包括气态、液态和固体三种形态，分别称为气态薄膜、液态薄膜和固体薄膜。本书的薄膜仅指固体薄膜。

薄膜按结晶状态分为非晶态薄膜与晶态薄膜，晶态薄膜又可进一步分为单晶薄膜和多晶薄膜。单晶薄膜是指在单晶衬底材料上进行同质或异质外延，且要求外延薄膜连续、平滑，与衬底材料的晶体结构存在对应关系。单晶薄膜是一种定向生长，要求单晶薄膜不仅在厚度方向有晶格的连续性，而且在衬底材料表面方向有晶格的连续性。多晶薄膜是指在一种衬底材料上生长的由许多取向相异单晶集合体组成的薄膜。相对于晶态薄膜，非晶态薄膜是指在薄膜结构中原子的空间排列表现为短程有序和长程无序。

厚度是薄膜的一个重要参数，它不仅影响薄膜的性能，而且与薄膜质量有关。薄膜厚度的范围尚没有确切的定义，一般认为小于几十微米，通常为 1μm 左右。

薄膜的制备方法如图 5-1 所示。从物理作用和化学反应角度，可分为物理成膜、化学成膜，以及物理与化学方法复合的制膜技术。代表性的薄膜制备方法有物理气相沉积(physical

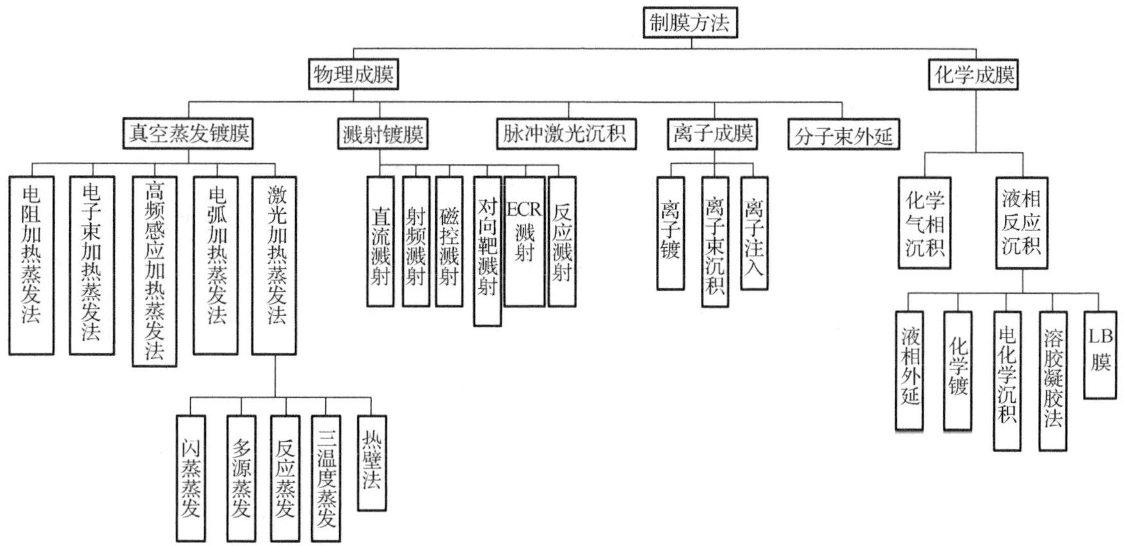

图 5-1　薄膜的制备方法

vapor deposition，PVD）、化学气相沉积（chemical vapor deposition，CVD）等。通常，薄膜制备中需考虑的主要问题有：①制备方法的选择与制备技术的提高；②工艺流程的优化及其与平面工艺的兼容性；③降低制备成本与提高薄膜器件性能之间的平衡；④制备过程的安全性及其对环境的影响。

5.2　物 理 成 膜

物理成膜是指在薄膜沉积过程中不涉及化学反应，薄膜的生长基本是一个物理过程。这类方法以物理气相沉积为代表。

5.2.1　真空蒸发镀膜

1. 真空蒸发镀膜的物理原理

在真空室内加热，使固态原材料蒸发、汽化或升华，并凝结沉积到一定温度的衬底表面，形成薄膜，这就是真空蒸发镀膜技术。它是一种非常简单的薄膜制备技术。真空蒸发镀膜包括被蒸发材料的加热蒸发，即通过一定加热方式使被蒸发材料受热蒸发或升华，由固态或液态转变为气态；气态原子或分子由蒸发源到衬底的输运；衬底表面的沉积三个基本过程。

大多数蒸发材料的蒸发是液相蒸发，也有一些属于直接固相蒸发。根据 Knudsen 理论，在 $\mathrm{d}t$ 时间内，从表面 A 蒸发的最大粒子数为 $\mathrm{d}N$。

$$\frac{\mathrm{d}N}{\mathrm{d}t}=\left(2\pi mkT\right)^{-\frac{1}{2}}P \tag{5-1}$$

式中，P 为平衡压强（Pa）；m 为粒子质量（kg）；k 为玻尔兹曼常量（J/K）；T 为热力学温度（K）。

在真空中，单位面积清洁表面上粒子的自由蒸发率由 Langmuir 表达式给出。

$$m_g=5.83\times10^{-2}P(M/T) \tag{5-2}$$

式中，M 为气体的分子量；P 为平衡蒸气压，约为 1.33Pa。

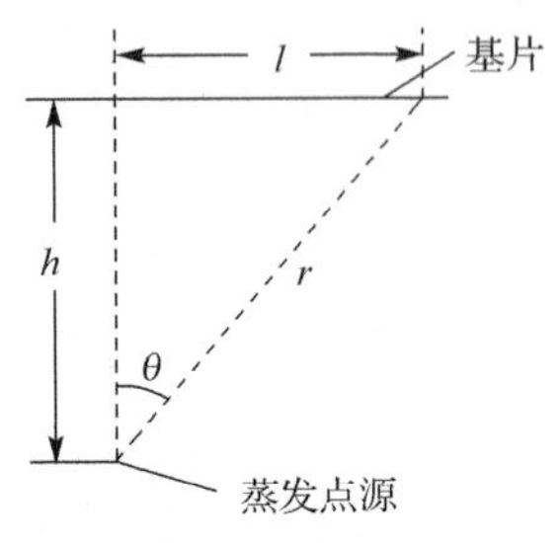

图 5-2　蒸发点源的发射

蒸发粒子在衬底上的沉积率取决于蒸发源的几何尺寸、蒸发源相对于基片的距离以及凝聚系数等因素。

在理想情况下，蒸发源是一个清洁、均匀发射的点源，基片为一个平面，由 Knudsen 余弦定律所确定的沉积率随 $\cos\theta/r^2$ 变化而变化，其中 r 为蒸发源到接收衬底的距离，θ 为径向矢量与垂直于基片方向的夹角，如图 5-2 所示。

$$\frac{d}{d_0}=\frac{1}{\left[1+\left(\frac{l}{h}\right)^2\right]^{3/2}} \tag{5-3}$$

式中，d_0 为在距点源正上方中心 h 处的沉积厚度；d 为偏离中心 l 处的厚度。

如果蒸发源为平行于衬底的小平面蒸发源，则

$$\frac{d}{d_0}=\frac{1}{\left[1+\left(\frac{l}{h}\right)^2\right]^2} \tag{5-4}$$

在蒸发过程中，衬底不仅受到蒸发粒子的轰击，而且受到真空中残余气体的轰击。在真空蒸发过程中，残余气体对薄膜生长和薄膜性质皆有重要影响。

首先，蒸发粒子在蒸发源到衬底的输运过程中可能与气体分子发生碰撞，碰撞次数取决于分子的平均自由程，没有发生碰撞的分子数为 N，如式(5-5)所示：

$$N=N_0\mathrm{e}^{-\frac{l}{\lambda}} \tag{5-5}$$

式中，N_0 为分子总数；l 为通过的距离；λ 为残余气体的平均自由程。

通常薄膜沉积在 1.33×10^{-3}Pa 或更高的真空下进行，蒸发粒子与残余气体分子的碰撞数可以忽略不计，因而蒸气粒子会沿直线行进。

其次，薄膜会被真空系统中残余的气体严重污染，这一污染源于沉积过程中残余气体分子对衬底表面的撞击。残余气体分子的撞击率 N_g 由气体的运动学给出：

$$N_g=3.513\times10^{22}\frac{P_g}{(M_gT_g)^{\frac{1}{2}}} \tag{5-6}$$

式中，P_g 为温度为 T_g 时的平衡气体压强；M_g 为气体的原子量或分子量。

2. 真空蒸发技术

真空蒸发镀膜(简称真空蒸镀)是指在真空腔室中加热源材料，使其以原子或分子的形式逸出(熔化、升华)，形成蒸气流，入射到基片表面并凝结成连续薄膜的方法。真空蒸发系统一般由真空室、蒸发源或蒸发加热装置、衬底及给衬底加热的装置三部分组成。图 5-3 为真空蒸发装置示意图，通过机械泵、分子泵对右侧蒸发源及衬底(基片)所在的装置进行抽真空，对加热器通电使蒸发源蒸发并沉积在上方的基片上。

在真空条件下，为了蒸发待沉积的材料，需要用容器来支撑或盛装蒸发物。同时需要提供蒸发热，使蒸发物达到足够高的温度，以产生所需的蒸气压。为避免污染薄膜材料，蒸发源中所用的支撑材料在工作温度下必须具有可忽略的蒸气压。通常所用的支撑材料为难熔金属或氧化物。当选择某一特殊支撑材料时，一定要考虑蒸发物与支撑材料之间可能发生的合金化和化学反应等问题。

重要的蒸发方法有电阻加热蒸发、电子束加热蒸发、高频感应加热蒸发、电弧加热蒸发、激光加热蒸发等。

1) 电阻加热蒸发法

电阻加热蒸发法是指采用钽、钼、钨等高熔点金属，制作成适当形状的蒸发源，在其上装入待蒸发材料，让电流通过，直接加热待蒸发材料，或者把待蒸发材料放入 Al_2O_3、BeO 等坩埚中进行间接加热蒸发。在蒸发温度下，蒸发源材料一般应具有足够低的蒸气压、良好的热稳定性、不发生高温蠕变、不与被蒸发材料反应；丝状蒸发源与被蒸发材料间润湿良好，易成形为便于薄膜材料蒸发的形状。电阻加热使用的蒸发源材料主要有 Al、W、Mo、Nb、Ta 及石墨等，其优点是设备简单、操作方便；缺点是不能蒸发高熔点的薄膜材料，蒸发源材料易对薄膜造成污染。

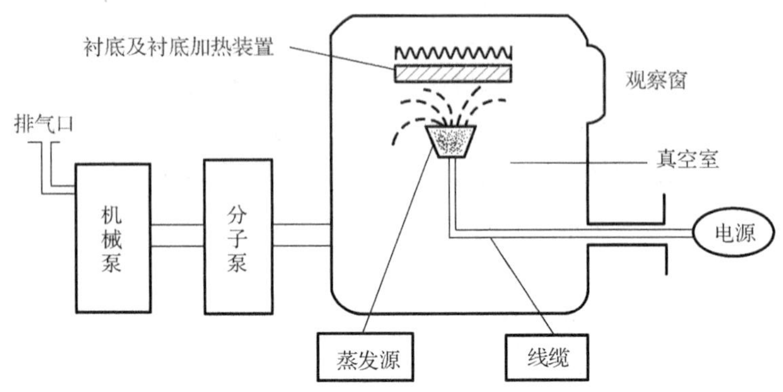

图 5-3　真空蒸发装置示意图

2) 电子束加热蒸发法

电子束加热蒸发即利用电子枪产生电子束，通过电子轰击待蒸发材料使之受热蒸发。电子束加热蒸发可克服电阻加热蒸发存在的蒸发物易与坩埚发生反应、蒸发速率较低等缺点。

电子束加热蒸发的原理是将一束电子通过 5～10kV 的电场加速后聚焦到蒸发材料表面。当电子束打到待蒸发材料表面时，电子会迅速将能量传递给待蒸发材料，使其熔化并蒸发。电子束加热蒸发时，盛装在坩埚中的待蒸发材料一直以固态形式存在，从而将待蒸发材料与坩埚发生反应的可能性降到最低。对于活性难熔材料的蒸发，可采用对坩埚进行水冷的方法来避免蒸发材料与坩埚壁的反应，从而制备出高纯度的薄膜。

电子束加热蒸发的基本设备组成为热阴极(电子枪)、电子加速极和薄膜材料构成的阳极。依据电子束的轨迹，电子枪分为直枪、环枪和 e 型枪(磁偏转电子枪)。直枪较细、能量密度高、加热位置可调、蒸镀面积大，但结构复杂、体积大；环枪结构简单，但电极间距小、易击穿、灯丝易被污染；e 型枪是最常用的电子枪(图 5-4)，灯丝发射的热电子由聚焦极聚焦后，被阴极与阳极间的高压电场加速，在磁场作用下偏转并轰击坩埚中的薄膜材料，电子束的空间轨迹呈 e 形。

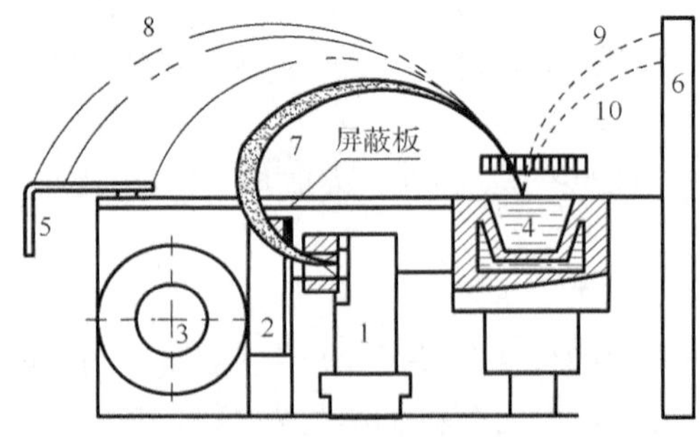

图 5-4　e 型枪的工作原理

1-发射体；2-阳极；3-电磁线圈；4-水冷坩埚；5-收集极；6-吸收极；7-电子轨迹；8-正离子轨迹；9-散射电子轨迹；10-等离子体

电子束加热蒸发法具有能量集中，可获得局部高温，热效率高；蒸发温度可控，且调节范围较大；可以对坩埚进行水冷而不影响薄膜材料的蒸发；能有效抑制二次电子的产生，减少因二次电子导致的残余气体离化，从而提高薄膜材料的质量；可避免灯丝的污染等优点。但电子束加热蒸发也存在一些缺点，如由于存在高压，易引起放电；电子束轰击会使被蒸发的化合物分解，使薄膜偏离化学计量比；有可能产生 X 射线，需有防护措施；体积较大，价格较高。

电子束加热蒸发法特别适合制作高熔点薄膜材料和高纯薄膜材料。

3) 高频感应加热蒸发法

高频感应加热蒸发法是将装有待蒸发材料的坩埚放在高频线圈的中央，使蒸发材料在高频电磁场的感应下产生强大的涡流损失和磁滞损失(对铁磁体)，致使蒸发材料升温，直至气化蒸发。

高频感应加热蒸发具有坩埚体积大、蒸发面积大、蒸发速率高、一次装料多、生产率高、蒸发温度易控制、操作简单、装置简单、加热功率可通过调节高频电流而改变等优点。高频感应加热蒸发的缺点是需配备昂贵的大功率电源，高频频率一般在 0.1 MHz 至几兆赫，会对外界产生电磁干扰，需进行电磁屏蔽。

4) 电弧加热蒸发法

电弧加热蒸发法(图 5-5)用被蒸发材料作为阴极，用端部为尖状的耐高温钼杆作为阳极，在高真空下通电，使两电极间产生一定电压，移动阳极使其尖端与阴极接触，待接触处温度升高至阴极局部熔化并发射热电子时，分开两个电极，则在两电极间会产生弧光放电，使阴极材料蒸发。电弧加热蒸发法中移动电极并与阴极接触是为了使起弧电压降低。电弧加热蒸发法是一种自加热蒸发法，可分为直流电弧放电和交流电弧放电两种。

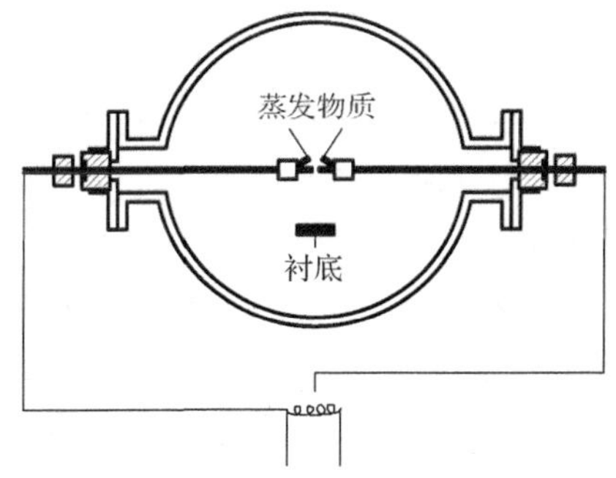

图 5-5　电弧加热蒸发法示意图

电弧加热蒸发法具有蒸发源和加热装置较简单；蒸发速率极高；简单、快速制膜且污染小；不会导致衬底温度过高等优点，可用于高熔点金属等导电材料的沉积。但电弧加热蒸发法同时具有蒸发速率不易控制、重复性差，放电时阴极溅出微米级颗粒，造成薄膜损伤、表面粗糙等缺点，故沉积的薄膜质量较差。

5) 激光加热蒸发法

激光加热蒸发法是指用激光束作为热源使被蒸发材料汽化。激光加热蒸发时激光源放置在真空室外部，激光光束经聚光透镜聚焦和反射镜后，由真空室窗口打到待蒸发材料表面，使之受热蒸发，最后在衬底上沉积。常用的激光器主要有 CO_2 激光器、氩离子激光器(连续激光)、掺钕钇铝石榴石(YAG)激光器、钕玻璃激光器、红宝石激光器等大功率激光器。CO_2激光蒸发装置如图 5-6 所示，应用CO_2激光器制备陶瓷涂层的装置如图 5-7 所示。

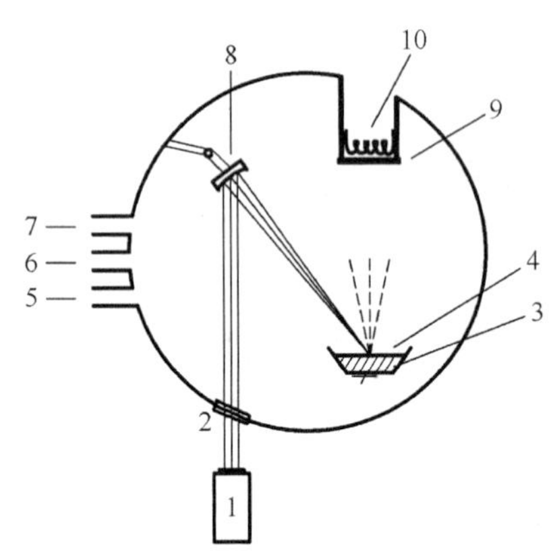

图 5-6　激光蒸发装置示意图

1-CO_2激光器；2-ZnSe 窗口；3-钼蒸发盘；4-源材料；5-真空泵；6-真空计；7-质量过滤器；8-凹面镜；9-基片；10-红外加热器

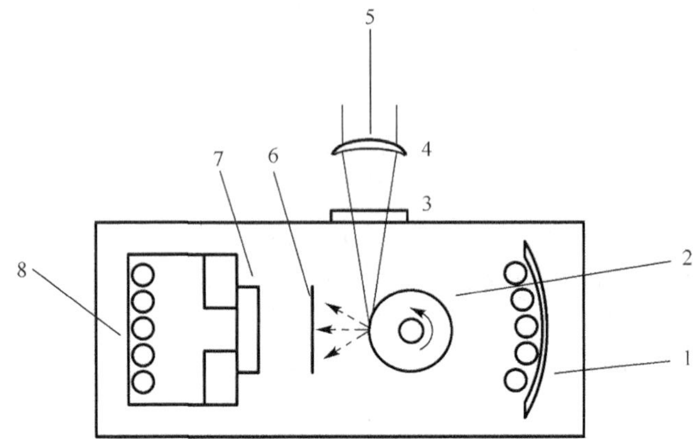

图 5-7　应用CO_2激光器制备陶瓷涂层的装置示意图

1-电加热器；2-陶瓷环；3-KCl 窗口；4-ZnSe 透镜；5-激光束；6-挡板；7-基片；8-电加热器

激光加热蒸发法具有激光束功率密度高(通过聚焦可使激光束功率密度提高到$10^6W/cm^2$以上)，可加热到极高温度，适用于任何高熔点材料的蒸发；属于非接触加热，加热区域小，可以减小污染；温度高且加热迅速，有利于化合物材料的蒸发沉积，防止其分解和成分改变等优点。但激光加热蒸发法具有大功率激光器价格高、制备成本高等缺点。

对于二元以上合金或化合物，由于各成分饱和蒸气压不同，蒸发速率不同，易引起薄膜成分偏离。因此利用激光加热蒸发法制备化合物与合金材料薄膜时，常使用以下这些特殊方法控制组分，以获得与蒸发材料化学比相同的薄膜。

(1) 闪蒸蒸发(瞬间蒸发)是把要制备成薄膜的材料制作成细小颗粒或粉末状，通过一定装置使其以极小的流量逐渐进入高温蒸发源，使每个颗粒都在瞬间完全蒸发，以保证薄膜的组分比例与合金相同。其优点是可以获得成分均匀的薄膜，方便进行掺杂；缺点是蒸发速率难以控制，蒸发速率不能太快。闪蒸蒸发主要用于Ⅲ-Ⅴ族及Ⅱ-Ⅵ族化合物半导体薄膜的制作。

(2) 多源蒸发是将合金薄膜所需的元素各自置于单独的蒸发源中，同时加热，并独立控制各蒸发源的温度和蒸发速率，以使薄膜的组分比例满足合金要求。要求各蒸发源参数能独立控制和指示，蒸发源间分隔开，避免相互污染。采用多源蒸发时，为使薄膜厚度分布均匀，基板常需要进行转动。

(3) 反应蒸发是把活性气体导入真空室，使活性气体的原子、分子与来自蒸发源的原子、分子在衬底表面反应，生成所需化合物。一般用金属或低价化合物反应生成高价化合物。反应蒸发的反应位置包括蒸发源表面、蒸发空间和衬底表面，反应通常在后两个位置发生，最重要的反应位置是衬底表面。反应蒸发的主要参数是蒸发速率、蒸发温度、反应气体分压及衬底表面温度。反应蒸发法的主要特点是反应温度较低，易得到均匀分散的化合物薄膜。反应蒸发法主要用于制备高熔点的绝缘介质薄膜，如氧化物、氮化物、硅化物等。

(4) 三温度蒸发。对某些化合物薄膜(如Ⅲ-Ⅴ族化合物)，如果组成元素蒸气压差别大，当加热温度高于沸点时，材料会发生热分解，导致组成元素分馏，从而使薄膜组成偏离化学计量。三温度蒸发实际上是一种双源蒸发，它采取对不同蒸气压元素的蒸发温度、蒸发速率和衬底温度分别控制的方法，在衬底表面沉积所需的化合物薄膜。但该方法难以实现外延生长。三温度蒸发主要用于制备单晶半导体化合物薄膜，特别是Ⅲ-Ⅴ族化合物半导体薄膜。

(5) 热壁法是应外延薄膜生长要求而发展起来的。热壁法的基本原理是利用加热的石英管(热壁)把蒸发分子或原子由蒸发源输向衬底，进行薄膜生长。热壁法的主要结构是在热管(热壁)的上端安装基片，在热管下端安装蒸发源(图 5-8)，热管起输运蒸气和使蒸气温度保持均匀两个作用。热管的结构是封闭的，因此可以防止蒸气向外部散失，并可控制组分的蒸气压。热壁法蒸镀时，蒸发源蒸发的分子由缓冲器射出，经过与高温的热壁碰撞，达到近平衡温度而升至顶部，并在顶部发生再蒸发再沉积。

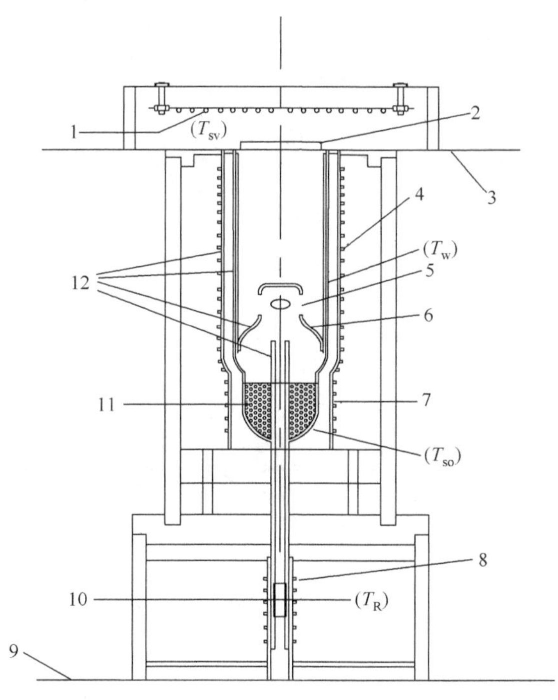

图 5-8　热壁外延生长装置

1-基片加热器；2-基片；3-滑动板；4-壁加热器；5-开口；6-缓冲器；7-源加热器；8-Te 储槽加热器；9-座板；10-Te 储槽；11-$(Pb_{1-x}Sn_x)_{1+\delta}Te_{1+\delta}$ 蒸发源；12-石英管

热壁法的主要特点是：①在接近平衡状态下生长，容易获得单晶薄膜；②材料损失小；③适用于Ⅱ-Ⅵ族、Ⅳ-Ⅵ族化合物半导体；④操作相对简单，价格也较低；⑤可控性和重复性差。

5.2.2 溅射镀膜

溅射是指在某一温度下，当固体或液体受到适当的高能粒子(通常为离子)的轰击时，固体或液体中的原子通过碰撞可能获得足够的能量从表面逃逸的现象，如图 5-9 所示。利用气体放电产生的正离子，在电场作用下加速成为高能粒子，撞击固体(靶)表面，进行能量和动量交换后，固体表面的原子或分子在轰击下离开表面并在衬底上沉积成膜的过程，称为溅射镀膜，如图 5-10 所示。溅射镀膜与真空蒸发镀膜的区别是溅射镀膜以动量转换为主，真空蒸发镀膜以能量转换为主。溅射镀膜具有镀膜过程中无相变，使用的薄膜材料非常广泛；沉积粒子能量大，对衬底有清洗作用，薄膜附着性好；薄膜密度高、杂质少；膜厚可控性、重复性好；可以制备大面积薄膜；设备复杂，需要高压，沉积速率低等特点。

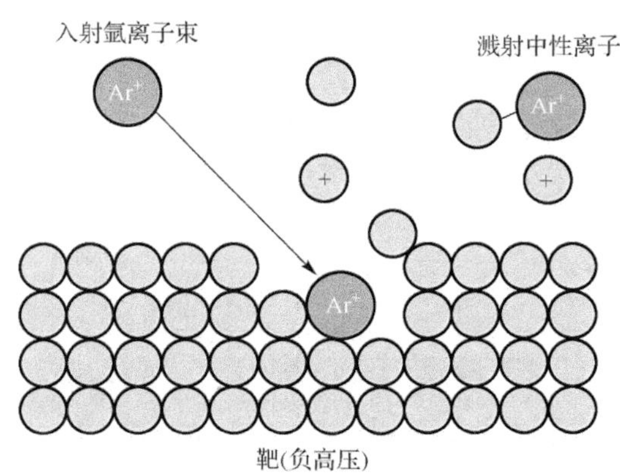

图 5-9　溅射原理示意图

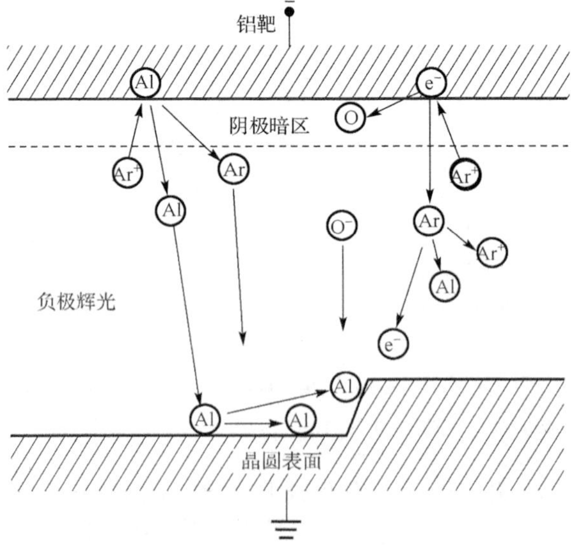

图 5-10　溅射镀膜示意图

1. 溅射的概念与气体放电原理、特性

溅射是在辉光放电中产生的，因此辉光放电是溅射的基础。根据辉光放电方式的不同，可将辉光放电分为直流辉光放电、射频辉光放电及电磁场中的气体放电。

1) 直流辉光放电

直流辉光放电是指在两电极间加 1～5kV 直流电压，充入真空室的中性气体(分压在 1.33～13.3Pa)产生的放电现象。在气体放电的整个过程中，电极间的电压与电流之间的关系不能用简单的欧姆定律来描述。图 5-11 为直流辉光放电的伏安特性曲线图。由伏安特性可见，整个放电过程中，根据电流密度与电压的关系，可将图 5-11 分为 6 个区域。

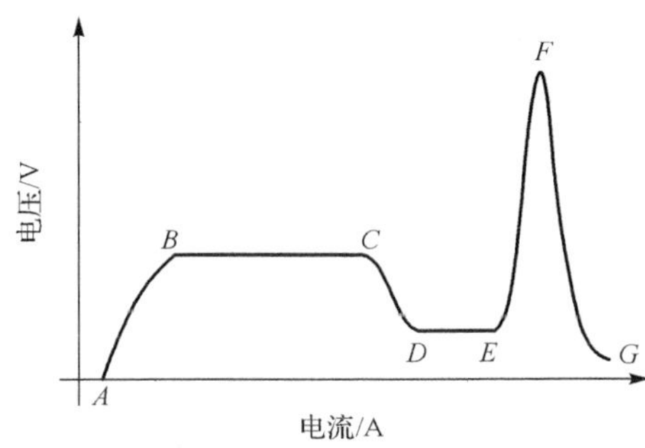

图 5-11 直流辉光放电伏安特性曲线图

无光放电区(*AB* 区)：在两极间加上电压，系统中的气体因宇宙射线辐射会产生一些游离粒子和电子，但其数量是很有限的，因此形成的电流非常微弱，一般情况下仅有 10^{-16}～10^{-14}A。此区域中，电流随电压的增大而增大。由于此区导电而不发光，故称为无光放电区。

汤森放电区(*BC* 区)：随两极间电压逐渐升高，带电粒子(电子/正离子)获得足够高的能量，运动速度逐渐加快，与系统中的中性气体分子发生碰撞并产生电离，产生正离子与电子，新产生的带电粒子和原有带电粒子继续被电场加速，使更多的气体分子被电离，使电流持续增加，此时由于电路中的电源有高输出阻抗限制，电压为恒定值。

上述两种放电都以有自然电离源为前提，如果没有游离的电子和正离子，则放电不会发生。因此，这两种放电方式又称为非自持放电。

过渡区(*CD* 区)：在汤森放电区，电流可在电压不变情况下增大。当电流增至 *C* 点时，发生雪崩点火。此时离子开始轰击阴极，释放出二次电子，二次电子与中性气体分子发生碰撞，产生更多的离子，这些离子再轰击阴极，又产生新的更多的二次电子。一旦产生足够多的离子和电子，放电达到自持，气体开始起辉，两极间电流突然增大，电压迅速下降，同时出现带有颜色的辉光，放电呈现负阻特性。此过程称为气体的击穿，放电称为辉光放电或正常辉光放电。图中 *B* 点电压为击穿电压。

正常辉光放电区(*DE* 区)：*D* 点以后，电流平稳增加，电压维持不变。这时电子和正离子来源于电子的碰撞和正离子的轰击，即使自然游离源不存在，导电也将继续下去。在这一区域，随着电流的增加，轰击阴极的区域逐渐扩大，到达 *E* 点后，离子轰击已覆盖至整个阴极表面。

异常辉光放电区(*EF* 区)：在轰击覆盖整个阴极表面之后，进一步增加电源功率，放电的电压和电流密度将同时增大，因此 *EF* 区称为异常辉光放电区。在这一区域，电流可以通过电压来控制，这一区域成为溅射所选择的工作区域。

弧光放电区(*FG* 区)：*F* 点以后，继续增加电源功率，两极间的电压迅速下降，电流则几乎由外电阻所控制，电流越大，电压越小。

2) 射频辉光放电

前述的直流辉光放电中，靶材一定是金属靶。如果靶材是绝缘体则可采用射频电源，通过电容耦合在两电极之间加上射频电压，从而在电极之间产生射频辉光放电。射频辉光放电的原理是电子在变化的电场中振荡从而获得能量，并且与原子碰撞产生离子和更多的电子。射频放电可在 1～30MHz 下发生，但通常工业用频率为 13.56MHz。射频辉光放电可以在较低的气压(10^{-3}～10^{-2}Pa)下进行。射频辉光放电过程中正离子质量大，运动速度低，跟不上电源极性的变化，可以近似地认为正离子在空间不动，形成更强的正空间电荷，对放电起增强作用。

射频辉光放电时放电空间产生的电子获得足够的能量，足以产生碰撞电离，减少对二次电子的依赖，降低击穿电压。射频电压能够通过任何一种类型的阻抗耦合进去，所以电极不一定是导体，可以溅射包括电介质在内的任何材料。

3) 电磁场中的气体放电

若在放电空间加上磁场，放电空间中的电子在加速飞向基片的过程中受到磁场洛伦兹力的影响，被束缚在靠近靶面的等离子区域内，并在磁场的作用下围绕靶面做半径为 $eB/(mv)$ 的圆周运动。在电磁场作用下，电子运动路径变长，在运动过程中不断地与氩原子发生碰撞，电离出大量的氩离子轰击靶材，经过多次碰撞后电子的能量逐渐降低，摆脱磁力线的束缚，远离靶材，最终沉积在靶材上。磁场对放电的影响效果因磁场和电场的相互位置不同而有很大的差别。二次电子在正交电磁场中的运动如图 5-12 所示。

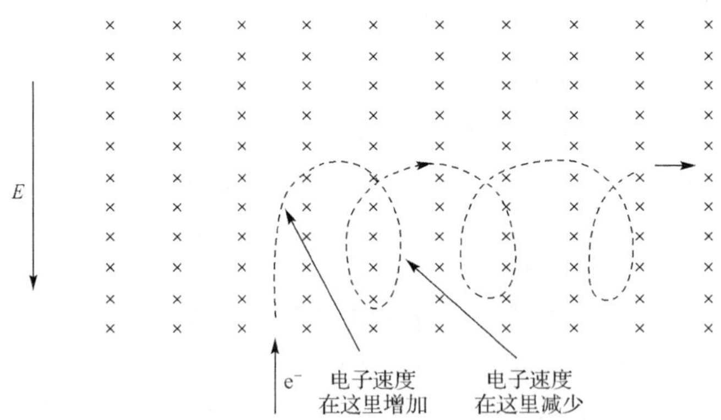

图 5-12　二次电子在正交电磁场中的运动

在平行平板电极结构中，若磁场的方向与电场的方向相互平行，放电空间的电子被束缚在磁力线周围，一般情况下，放电区会封闭在电极之间，使放电更加稳定。

2. 溅射的一般特性

表征溅射特性的参数包括溅射阈值、溅射率、溅射粒子(指从靶材上被溅射下来的物质微粒)的速度和能量分布、溅射粒子的角度分布等。

溅射阈值是指使靶材原子发生溅射的入射离子所必需的最小能量。溅射阈值与离子质量无明显关系，主要取决于靶材。对于处于元素周期表中同一周期的元素，溅射阈值随着原子序数增加而减小。对于大多数金属，溅射阈值为 10～20eV。

溅射率表示正离子轰击阴极靶时，平均每个正离子能从阴极靶上打出的粒子数，又称溅射产额或溅射系数(*S*)。溅射率是衡量溅射效率的重要参量，在很大程度上决定了薄膜生长速率。溅射率与入射离子种类、能量、入射角及靶材种类、晶格结构等因素有关。入射粒子的相对原子质量越大，溅射率越高。溅射率随入射离子的原子序数增加而发生周期性变化。每一周期中，凡电子壳层填满的元素就有最大的溅射率，因此惰性气体的溅射率最高。在入射离子能量超过溅射阈值后，随着入射离子能量的增加，在 150eV 以下，溅射率与入射离子能量的平方成正比；在 150～10000eV，溅射率变化不明显；若入射能量继续增加，溅射率将呈下降趋势。溅射率随入射离子与靶材法线方向夹角(入射角 θ)的增加而逐渐增加。入射角在 0°～60°，溅射率与入射角服从 $1/\cos\theta$ 规律；当入射角为 60°～80°时，溅射率最大，入射角再增加时，溅射率将急剧下降；当入射角为 90°时，溅射率为零。溅射率一般随靶材的原子序数增大而增大，元素相同、结构不同的靶材具有不同的溅射率。溅射率也受到靶材温度的影响，当靶材温度高于某一与靶材物质的升华能相关的温度时，溅射率急剧增加，低于此温度时，溅射率几乎不变。一般情况下，溅射率可通过式(5-7)计算：

$$S = \frac{W \times 10^5}{mIt} \tag{5-7}$$

式中，S 为溅射率；W 为靶材的损失量，可由式(5-8)计算；m 为原子量；I 为离子电流，可由式(5-9)计算；t 为溅射时间。

$$W = RtAd \tag{5-8}$$

式中，R 为刻蚀速率(cm/s)；A 为样品面积(cm^2)；d 为材料密度(g/cm^3)。

$$I = JA \tag{5-9}$$

式中，J 为离子电流密度(A/cm^2)。

因此，溅射率最终可由式(5-10)计算得出

$$S = \left(\frac{Rd}{mJ}\right) \times 10^5 \tag{5-10}$$

溅射原子所具有的能量和速度也是溅射的重要参数。在溅射过程中，溅射原子所获得的能量比热蒸发原子能量大 1～2 个数量级，能量值为 1～10eV。溅射原子所获得的能量与靶材、入射离子的种类、能量等因素有关。溅射原子序数越大，溅射逸出时能量越高；溅射原子序数越小，溅射逸出时速度越大；轰击能量相同时，溅射原子逸出能量随入射离子的质量线性增加；溅射原子平均逸出能量随入射离子能量的增大而增大，但当入射离子能量达到某一较高值时，平均逸出能量趋于恒定。溅射原子的能量一般呈麦克斯韦分布。

溅射粒了的角度分布。早期研究认为，溅射原子的角度分布符合克努森余弦定律，与入射离子的方向性无关，即溅射是由高能量的轰击离子产生局部高温，从而导致靶材料的蒸发，因此逸出原子呈余弦分布。但进一步研究发现，在用低能离子轰击时，逸出原子的分布不服从克努森余弦定律。垂直于靶表面方向逸出的原子分布并不服从克努森余弦定律，而是明显地少于按余弦分布时应有的逸出原子数。这表明溅射原子的角度分布与入射离子的方向有关。

进一步的研究表明，溅射原子的逸出角分布与晶体结构有关。单晶材料原子密排面是溅射原子最主要的逸出方向，溅射原子有明显的择优取向的角度分布；多晶靶材溅射原子显示出近似于余弦分布的角度分布。

3. 典型的溅射镀膜方法

根据溅射装置的不同，可将溅射方法分为直流溅射、射频溅射、磁控溅射、对向靶溅射、电子回旋共振(electron cyclotron resonance，ECR)溅射、反应溅射。

1)直流溅射

直流溅射是一种最简单的溅射技术，通常采用的是平行板装置，图 5-13 为直流二极溅射系统示意图。靶材为阴极，基片放在阳极上，在两极之间加上 1～3kV 的直流高压，真空室内工作气压在 1Pa 至几百帕就能发生直流辉光放电，放电气体的离子被直流电场加速，轰击靶材表面，溅射粒子沉积在基片表面形成薄膜。典型的直流溅射工作气压为 10Pa，溅射电压为 3kV，靶电流密度为 0.5mA/cm^2，工作气体为 Ar 气，薄膜沉积速率低于 0.1μm/min。直流溅射时沉积速率与溅射功率(或者溅射电流的平方)成正比，与靶材和衬底之间的间距成反比。

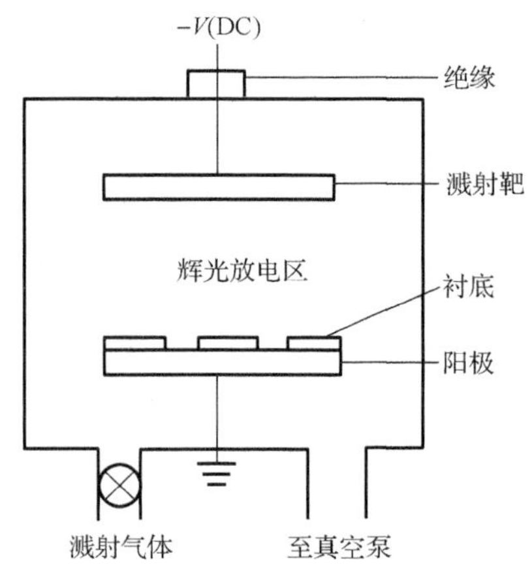

图 5-13　直流二极溅射系统示意图

与真空蒸镀相比，直流溅射具有应用更广，可用于熔点高、蒸气压低的元素的沉积，制备的薄膜膜层与基片的附着力强等优点。直流溅射适用于溅射导体材料，不适用于溅射绝缘材料，因此直流溅射只适用于制备金属薄膜。此外，直流溅射还有一个很大的缺点，就是其各个工艺参数(包括阴极电压、电流以及溅射气压等)均不能独立控制，且直流溅射使用的气体压力较高，故直流溅射制备的薄膜中一般含有较多的气体分子且成膜速度较慢(仅为真空蒸镀的 1/10)，因此目前直流溅射方法已较少采用。

在直流二极溅射的基础上增加一个发射电子的热阴极和一个辅助阳极，即构成三极(或四极)溅射装置。热阴极发射电子的能力较强，可使放电气压维持在较低的水平上，有利于提高沉积速率、减少气体杂质对薄膜的污染；提高辅助阳极的电流密度即可提高等离子体的密度和薄膜的沉积速率，且轰击靶材的离子流可得到独立调节。

2)射频溅射

将直流溅射装置中的直流电源部分改由射频发生器、匹配网络和电源代替，即可得到射频溅射装置，如图 5-14 所示。射频电源的频率可以在 1～30MHz，通常使用的是 13.56MHz。在交变电场的负半周，靶材为阴极，基片为阳极，正离子轰击靶材，溅射正常进行；在交变电场的正半周，靶材为阳极，基片为阴极，电子质量比离子质量小，迁移率高，很快飞向靶面，中和正电荷，且能迅速积累大量电子，使靶表面空间电荷呈现负电性，即正半周也可实现离子轰击。

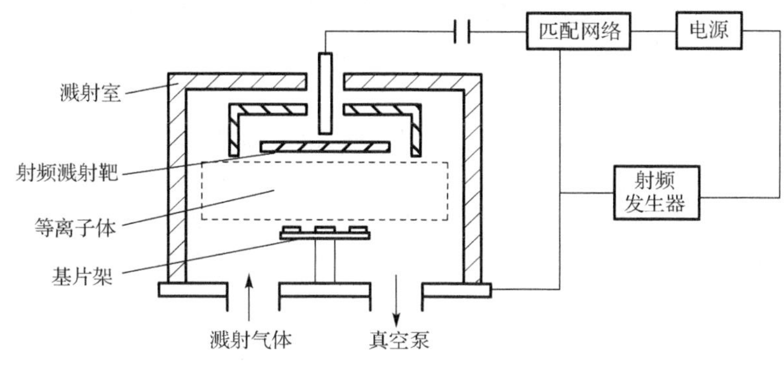

图 5-14　射频溅射系统示意图

射频溅射可沉积包括导体、半导体、绝缘体在内的几乎所有材料，且具有薄膜与衬底间附着性好；薄膜结构致密、针孔少、纯度高；薄膜成分可控；溅射参数确定后重复性好；工作气压范围较宽(从 10^{-2}Pa 到几百帕)等优点。但射频溅射设备复杂，需要高压装置，且在沉积过程中受荷能离子的轰击，因此会影响衬底温度及薄膜的结构。

3) 磁控溅射

直流溅射和射频溅射具有沉积速率过低、电子使基片温度升高的缺点，为此发展了一种新的溅射技术——磁控溅射。磁控溅射与直流二极溅射装置大体相同，所不同的是在阴极靶的后面设置了磁场，磁场在靶材表面形成一个闭合的环形磁场，与电场形成正交电磁场，如图 5-15 所示。大部分磁控源在气压为 0.133～2.66Pa、阴极电压为 300～700V 的条件下工作。

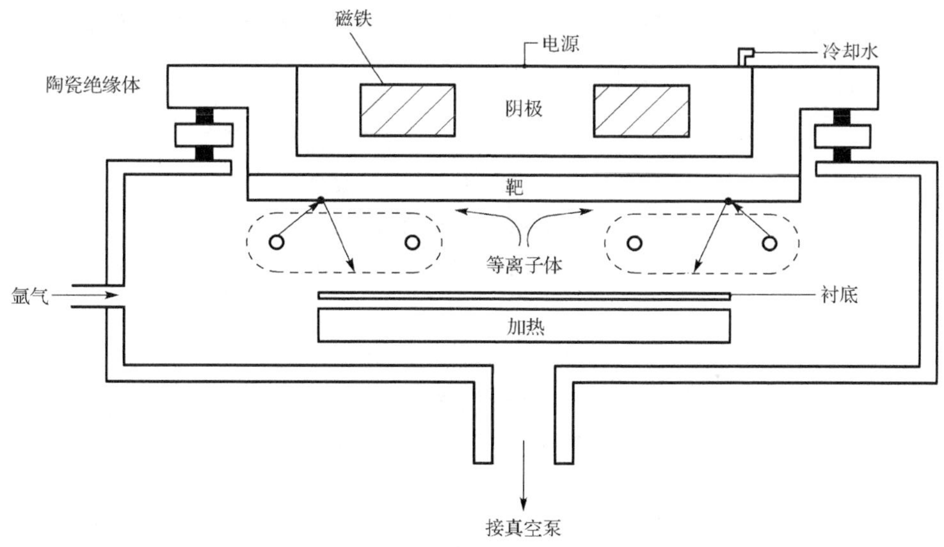

图 5-15　磁控溅射原理示意图

磁控溅射的溅射率基本由靶上的电流密度，靶与基片距离、靶材、压强、溅射气体组分等决定。磁控溅射具有沉积速率高、基片温度低、可控性和重复性好等优点，但靶材的利用率不高。

4）对向靶溅射

对向靶溅射装置如图 5-16 所示，将两个具有相同尺寸的盘状靶平行安置，当在垂直靶平面方向加上磁场时，磁场会使高能电子局限在对靶之间的空间中来回运动，形成柱状等离子体，增强气体离化程度，提高溅射中的离子密度。其特点是溅射速率高，衬底温度低，可沉积磁性薄膜。在真空室外部，在垂直于靶平面方向，可以施加 0.12T 的磁场。溅射靶为 Ni 和 Fe（纯度为 99.9%）盘，它们的直径为 60mm，厚度为 3mm。对于坡莫合金沉积，复合靶由 Ni、Fe 盘和 Mo 片构成，如图 5-16（c）所示。薄膜组分可以通过改变 Fe 盘的直径和 Mo 片的数量来控制。靶间距离保持在 50mm，基片（玻璃：20mm×3mm×1mm）在离双靶公共轴 40～70mm 处竖直放置。溅射压强为 6.65×10^{-2}～1×10^{-1}Pa，放电电流为 1.5A 时可以维持稳定的辉光放电。实验表明，应用这一装置可以在温度低于 180℃时在基片上沉积磁性膜且沉积率比直流二极溅射系统高 50 倍。

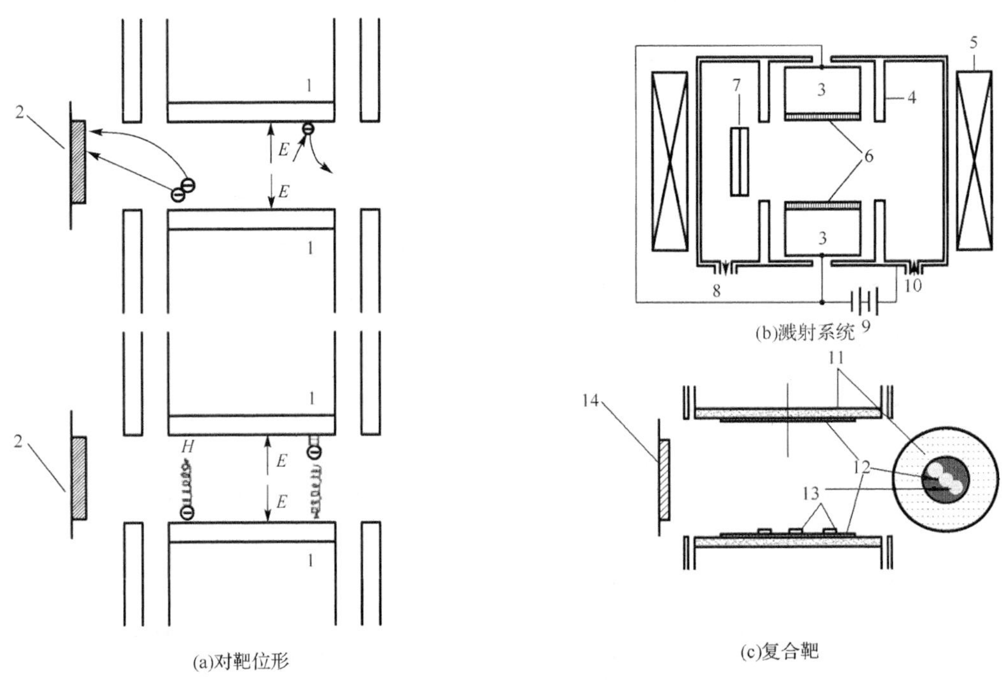

图 5-16　对向靶溅射系统示意图

1-靶；2-基片；3-铁柱；4-接地；5-励磁线圈；6-靶；7-基片；
8-接真空泵；9-直流高压源；10-入气口；11-Ni 靶；12-Fe 靶；13-Mo 片；14-基片

5）ECR 溅射

ECR 溅射是利用 ECR 原理在真空室内产生等离子体，使靶材暴露于等离子体，利用等离子体对靶材的轰击产生活性粒子，在衬底上成膜。它利用 ECR 等离子体密度高但能量低、电子温度高的特点，使薄膜在生长过程中所受高能粒子轰击变小。

6）反应溅射

反应溅射适于化合物的溅射沉积。反应溅射分两种类型：一种是溅射中靶材与气体反应生成化合物沉积，另一种是化合物靶在溅射气体轰击下分解，使膜中组分缺失，需在溅射气体中掺入该组分的活性气体，以补偿损失。反应溅射的反应进行部位有 3 处：衬底表面、靶表面和气相中。对反应溅射影响较大的工艺参数为反应气体分压、衬底温度、气体温度、溅射电压与电流。

5.2.3　脉冲激光沉积

激光被固体吸收的方式有三种，分别为晶格电子、声子的体吸收，表面自由载流子的吸收，羽辉的吸收。脉冲激光沉积(pulsed laser deposition，PLD)技术出现于 20 世纪 60 年代，但直到 20 世纪 80 年代末期，伴随激光器技术的成熟，它才得到发展。它是利用脉冲聚焦激光束烧蚀靶材，使靶的局部在瞬间受高温汽化，在真空室内惰性气体羽辉等离子体作用下活化，并沉积到衬底的制膜方法。PLD 的组件有激光源、透镜-平面镜组、真空室、靶控制系统、激光窗口、衬底架和加热、真空泵组、气体流量计和真空规等。图 5-17 是 PLD 原理示意图。一般认为 PLD 过程分靶材的蒸发、蒸气羽辉的输运和薄膜的沉积三步。

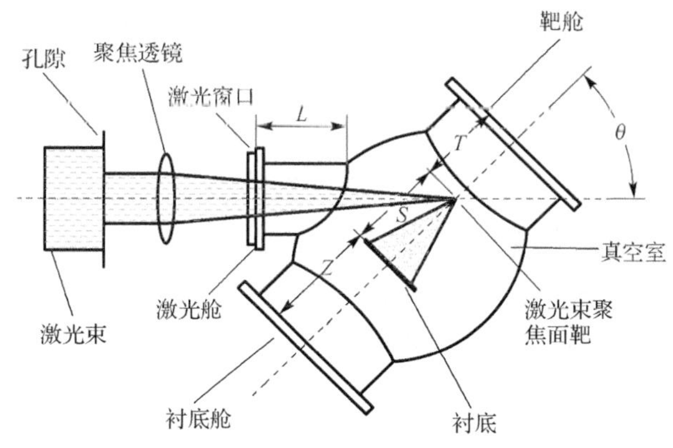

图 5-17　PLD 原理示意图

PLD 的优点为：①与分子束外延相比，成本低得多，同样质量的薄膜，其成本仅为分子束外延的 1/10；②激光源与沉积系统分开，可以通过将激光向不同靶聚焦，在衬底上直接生长多层薄膜。

5.2.4　离子成膜

离子成膜可分为离子镀、离子束沉积和离子注入三种方式。

1. 离子镀

离子镀是在真空条件下，利用气体放电使气体或被蒸发物质部分离化，在气体离子或被蒸发物质离子轰击作用的同时把蒸发物质或者反应物沉积在基片上的方法。因此，离子镀是一种将真空蒸发与溅射相结合的技术，是“辉光放电中的蒸发法”。

离子镀原理如图 5-18 所示。其工艺过程为将系统抽至 10^{-4}Pa 的高真空后，通入惰性气体(如 Ar)，使真空度达到 0.1～1Pa，接通电源，在蒸发源与基片之间建立一个低压气体的等离子体区，使镀材蒸发，蒸发粒子进入等离子区，与其中的正离子和被激活的惰性气体原子及电子发生碰撞，其中一部分蒸发粒子被电离成正离子，正离子在负高压电场加速作用下，到达并沉积在基片表面成膜。影响离子镀膜质量的参数主要包括工作时的真空度(含残余气体的成分与分压)、放电气体种类与压强、蒸发源的物质供给速率与蒸气流大小、衬底负偏压和离子电流、衬底温度、衬底与蒸发源的相对距离。

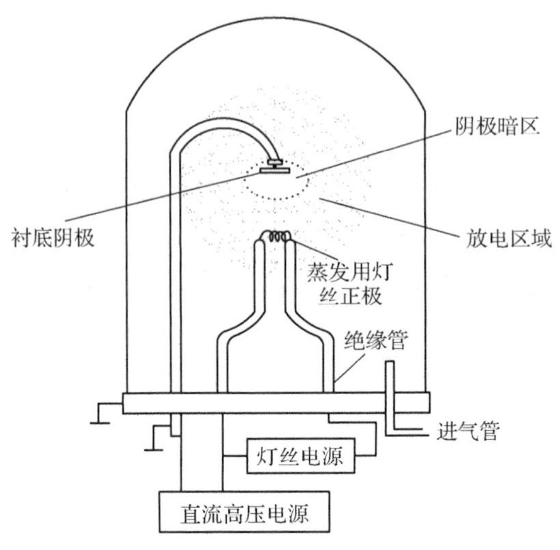

图 5-18　离子镀原理图

离子镀具有膜层附着性好、膜层密度高、绕镀性好、沉积温度较低、沉积速率大、有利于化合物膜的形成、膜材广泛等优点。但离子镀制备的薄膜中缺陷密度高，薄膜与基片的过渡区较宽，应用中受到限制(特别是电子器件和集成电路)；受高能粒子轰击，基片温度较高，有时必须对基片进行冷却；薄膜中含有较高的气体量。

2. 离子束沉积

离子束沉积是指将固态物质的离子束直接打在衬底上沉积成膜。根据离子束功能的不同，可将离子束沉积分为一次离子束沉积(低能离子束沉积或离子束沉积)和二次离子束沉积(离子束溅射)。一次离子束沉积中的离子束由膜层材料离子组成，二次离子束沉积中的离子束由惰性气体或反应气体的离子组成。

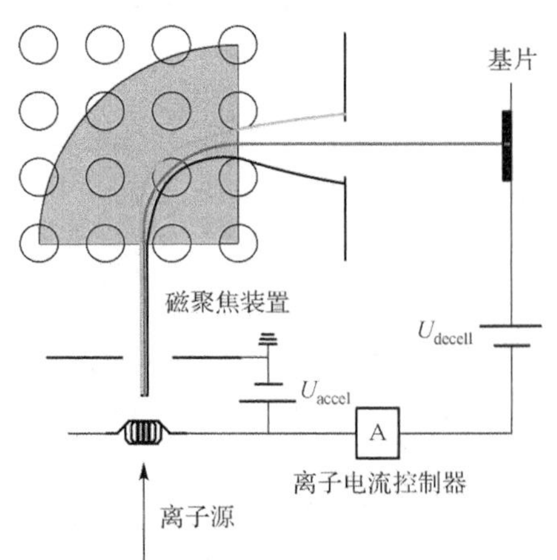

图 5-19　离子束沉积装置示意图

离子束沉积设备主要包括离子源、离子引出极、沉积室三部分。图 5-19 为离子束沉积装置示意图。对于化合物，可用反应离子束溅射沉积。离子束沉积的优点是：①衬底与离子束源间距离较大；②离子束流、离子束能及离子束入射角易独立控制。

3. 离子注入

离子注入是将大量高能离子注入衬底成膜的技术。当衬底中注入的气体离子浓度接近衬底物质的原子密度时，因衬底固溶度的限制，注入离子与衬底元素发生化学反应，形成化合物薄膜。此法要求离子束能量高，为 20～400 keV。

5.2.5 分子束外延

分子束外延(molecular beam epitaxy，MBE)是在真空蒸发技术基础上改进而来的，是在超高真空下，使具有一定热能的一种或多种分子(原子)束流喷射到晶体衬底，在衬底表面发生反应的过程，以分子在“飞行”过程中几乎与环境气体无碰撞，以分子束的形式射向衬底进行外延生长而得名。

MBE 是一种可在原子尺度上精确控制外延厚度、掺杂和界面平整度的薄膜制备技术，因此最大的优点是可以生长极薄的单晶层，可用于制备超晶格、量子点等，在固态微波器件、光电器件、超大规模集成电路等领域广泛应用，其装置如图 5-20 所示。此外 MBE 还具有在超高真空下生长，薄膜所受污染小；生长过程和生长速率严格可控；膜的组分和掺杂浓度可通过溅射源的变化迅速调整；生长速率低，可实现单原子层的控制生长；衬底温度低，有利于减小自掺杂；衬底与离子溅射源分开，有利于生长过程、表面成分、晶体结构的实时观察，研究生长机制；能有效利用平面技术等优点。同时，生长速率低也是 MBE 的一个缺点，因此不适于厚膜生长和大量生产。

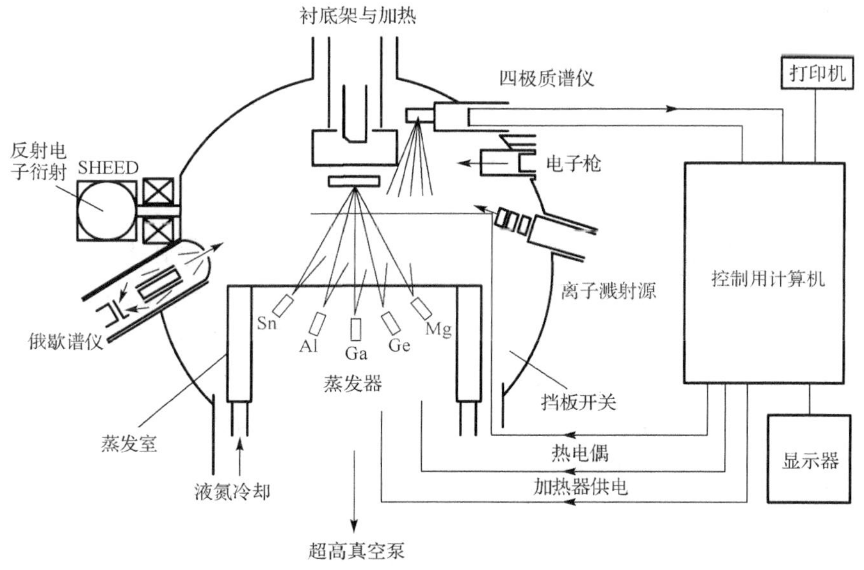

图 5-20　MBE 装置示意图

SHEED 指扫描高能电子衍射(scanning high energy electron diffraction)

5.3 化学成膜

化学镀膜技术中有化学反应的使用和参与，通过物质间的化学反应实现薄膜的生长。此类方法的代表性技术有 CVD 原理及特点、液相反应沉积(如液相外延)、电化学沉积等。本节重点介绍 CVD。

5.3.1 CVD 原理及特点

1. CVD 原理

CVD 是指利用流经衬底表面的气态物料的化学反应生成固态物质，在衬底表面形成薄膜的方法。CVD 与 PVD 的区别就在于 CVD 依赖于化学反应生成固态薄膜。

CVD 是建立在化学反应基础上的，要制备特定性能的薄膜材料首先要选定一个合理的沉积反应。用于 CVD 技术的沉积反应通常有如下六种类型。

(1) 热分解反应是最简单的沉积反应，利用热分解反应沉积材料一般在简单的单温区炉中进行。热分解反应过程如下：首先在真空或惰性气体气氛下将衬底加热到一定温度，然后导入反应气态源物质使之发生热分解，最后在衬底上沉积出所需的固态材料。热分解反应可应用于制备金属、半导体以及绝缘材料等。最常见的热分解反应包括氢化物分解、金属有机化合物的热分解、氢化物和金属有机化合物体系的热分解、其他气态络合物及复合物的热分解四种类型，其典型的反应如式(5-11)～式(5-16)所示：

$$CH_4(g) \longrightarrow C(s) + 2H_2(g) \tag{5-11}$$

$$WF_6 \longrightarrow W(s) + 3F_2(g) \tag{5-12}$$

$$TiI_4(g) \longrightarrow Ti(s) + 2I_2(g) \tag{5-13}$$

$$Ni(CO)_4(g) \longrightarrow Ni(s) + 4CO(g) \tag{5-14}$$

$$SiH_4(g) \longrightarrow Si(s) + 2H_2(g) \tag{5-15}$$

$$B_2H_6 \longrightarrow 2B(s) + 3H_2(g) \tag{5-16}$$

(2) 氧化还原反应沉积包括氧化沉积和还原沉积。氧化沉积是指一些元素的氢化物、有机烷基化合物常常是气态或者易于挥发的液体或固态，当在反应器中通入氧气时，氧气与氢化物或有机烷基化合物发生氧化反应，从而沉积出该元素的氧化物薄膜的过程，其典型反应如式(5-17)～式(5-19)所示。还原沉积是指许多金属和半导体的卤化物是气体化合物或具有较高的蒸气压，在反应器中通入氢气对其进行还原，从而得到相应元素的薄膜的方法，其典型反应如式(5-20)和式(5-21)所示。氢还原法是制取高纯度金属膜的好方法，且工艺温度低、操作简单，因此有很大的实用价值。

$$SiH_4 + 2O_2 \xrightarrow{325\sim475℃} SiO_2 + 2H_2O \tag{5-17}$$

$$2SiH_4 + 2B_2H_6 + 15O_2 \xrightarrow{300\sim500℃} 2B_2O_3 \cdot SiO_2 + 10H_2O \tag{5-18}$$

$$Al_2(CH_3)_6 + 12O_2 \xrightarrow{450℃} Al_2O_3 + 9H_2O + 6CO_2 \tag{5-19}$$

$$WF_6 + 3H_2(g) \longrightarrow W(s) + 6HF(g) \tag{5-20}$$

$$SiCl_4(g) + 2H_2 \longrightarrow Si(s) + 4HCl(g) \tag{5-21}$$

(3) 化学合成反应沉积是由两种或两种以上的反应原料气在沉积反应器中相互作用合成得到所需要的无机薄膜或其他材料形式的方法，其典型反应如式(5-22)和式(5-23)所示。无机材料原则上都可以通过合适的反应合成，因此化学合成反应沉积应用较热分解反应更广泛。

$$3SiCl_4 + 4NH_3 \xrightarrow{850\sim900℃} Si_3N_4 + 12HCl \tag{5-22}$$

$$3SiH_4 + 4NH_3 \xrightarrow{750℃} Si_3N_4 + 12H_2 \tag{5-23}$$

(4)化学输运反应沉积是把所需要沉积的物质作为源物质，使之与适当的气体介质发生反应并形成一种气态化合物，生成的气态化合物经化学迁移或物理载带而输运到与源区温度不同的沉积区，再发生逆向反应生成源物质而沉积出来的过程，其典型反应如式(5-24)所示：

$$6GaAs(s)+6HCl(g)\xrightarrow{T_1}As_4\uparrow+As_2\uparrow+6GaCl\uparrow+3H_2\uparrow \tag{5-24}$$

(5)等离子体增强的反应沉积是指在低真空条件下，利用直流电压、交流电压、射频、微波或 ECR 等方法实现气体辉光放电，在沉积反应器中产生等离子体，从而沉积薄膜的方法。由于等离子体中正离子、电子和中性反应分子相互碰撞，可以大大降低沉积温度。例如，硅烷和氨气反应沉积氮化硅，通常需要在约 850℃下进行，但在等离子体增强反应的条件下，该沉积过程所需温度仅为 350℃。其典型反应如式(5-25)～式(5-27)所示：

$$SiH_4+2N_2O\xrightarrow{250\sim350℃,\ N_2}SiO_2+2N_2+2H_2 \tag{5-25}$$

$$3SiH_4+4NH_3\xrightarrow{\sim350℃}Si_3N_4+12H_2 \tag{5-26}$$

$$SiH_4\xrightarrow{\sim350℃}Si+2H_2 \tag{5-27}$$

(6)随着高新技术的发展，采用其他能源增强反应沉积的技术也得到不断发展，如采用激光增强 CVD 就是一种常用的其他能源增强反应沉积。其典型反应式如式(5-28)所示：

$$W(CO)_6\xrightarrow{\text{激光束}}W+6CO \tag{5-28}$$

CVD 包括反应气体向衬底表面的输运扩散(图 5-21(a))；反应气体在衬底表面的吸附(图 5-21(b))；衬底表面气体间发生化学反应生成固态和气态产物，固态生成物粒子经表面扩散成膜(图 5-21(c))；气态生成物由内向外的扩散和表面解吸(图 5-21(d))；气态生成物向表区外的扩散和排放(图 5-21(e))五个主要阶段。

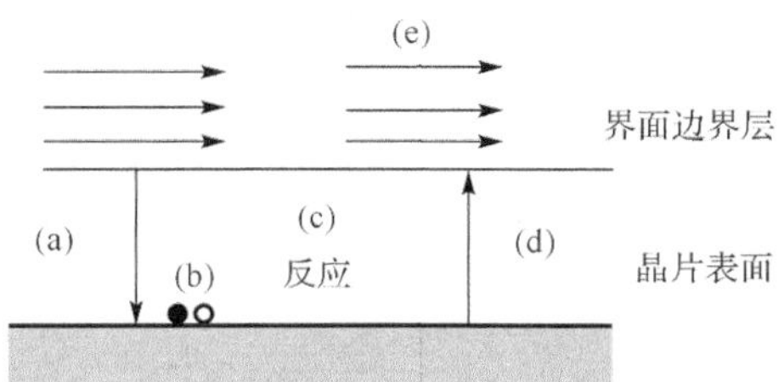

图 5-21　CVD 的五个阶段

2. CVD 的特点

CVD 的优点如下：设备、操作简单，可通过气体原料流量的调节，在较大范围控制产物组分，可制备梯度膜、多层单晶膜及实现多层膜的微组装；薄膜晶体质量好，薄膜致密，膜层纯度高；适用于金属、非金属及合金等多种膜的制备；可在远低于熔点或分解温度下实现难熔物的沉积，且薄膜黏附性好；反应所需原材料易获得；可进行可控杂质掺杂；绕镀性好，可在复杂形状工件上镀膜；辐射损伤低，这对金属-氧化物-半导体场效应晶体管(metal-oxide-semiconductor)MOS 器件非常重要；可获得平滑沉积表面，且易实现外延；可在常压和低真空下进行。

CVD 的缺点是反应温度较高，一般在 1000℃；反应气体及挥发性产物常有毒、易燃爆、有腐蚀性，须采取防护和防止环境污染措施；对衬底的掩模操作困难；局部镀膜时困难；沉积速率较低。

5.3.2 CVD 装置

CVD 设备的“心脏”在于其用以进行反应沉积的反应器。CVD 反应器种类繁多。按操作压力的不同可将 CVD 分为常压 CVD 及低压 CVD 两种；根据反应器的结构可将 CVD 分为水平式 CVD、直立式 CVD、直桶式 CVD、管状式 CVD、圆盘式 CVD 及连续式 CVD 等；按照反应器器壁的温度可将 CVD 分为热壁式 CVD 与冷壁式 CVD；若考虑 CVD 的能量来源及所使用的反应气体种类，可将 CVD 进一步划分为等离子增强 CVD(plasma-enhanced CVD，PECVD)、有机金属 CVD(metal-organic CVD，MOCVD)等。

CVD 装置通常由气源控制部件、沉积反应室、沉积温控部件、真空排气和压强控制部件等部分组成。一般而言，任何 CVD 系统均包含一个反应器、一组气体传输系统、排气系统及工艺控制系统。CVD 的沉积反应室内部结构及工作原理变化最大，常常根据不同的反应类型和不同的沉积物要求来专门设计。

1. 流通式 CVD

流通式 CVD 多在常压下进行，在反应过程中存在气体的流入与排出，主要由气体净化系统、气体测量与控制系统、反应器、尾气处理系统和抽真空系统组成。流通式 CVD 的特点是能连续进行反应气供应和气态产物的排放，反应始终处于非平衡状态；通常以不参与反应的惰性气体为载体实现输运；气态反应产物可连续排出反应区；反应进行的气压条件一般为一个大气压左右。按反应器结构的不同，流通式 CVD 可分为水平式 CVD、直立式 CVD、圆盘式 CVD、圆桶式 CVD 及连续式 CVD 等；按反应器壁、原料区和反应区加热与否，流通式 CVD 可分为冷壁反应器(反应器壁无须加热)CVD 和热壁反应器(对反应器壁加热)CVD；按放置方式不同，流通式 CVD 有立式反应器 CVD、卧式反应器 CVD 两种，其中立式反应器 CVD 制备的薄膜均匀性好，卧式反应器 CVD 制备的薄膜均匀性较差。

2. 封闭式 CVD

封闭式 CVD 的反应器为热壁式，存在两个温区，在反应进行过程中反应器封闭，与外界无质量交换。实际操作时，事先将反应物、衬底及输运气体置入反应器中，放入的反应物料在反应器中两个温区的温度梯度推动下，从反应器一端向另一端传输并沉积成膜。封闭式 CVD 反应器内的反应平衡常数接近于 1。封闭式 CVD 的特点是反应器内真空度的保持无须连续抽气，反应物和生成物不易被外界污染；可用于高蒸气压物质的沉积；材料生长速率小，生产成本因反应管不能多次使用而较高。

3. 常压 CVD

常压 CVD 反应器内压强近于大气压，其他条件与一般 CVD 相同，可有流通式常压 CVD、封闭式常压 CVD 两种反应器，两种常压 CVD 反应器的比较见表 5-1，多用于半导体集成电路制造。

表 5-1　两种常压 CVD 反应器的比较

反应器	特点
流通式常压 CVD	沉积工艺参数易控制，重复性好，适合于批量生产，反应始终处于非平衡状态，废气能及时排出系统
封闭式常压 CVD	外界气氛污染少，原料转化率高，但对温度、压强需严格控制，不适于批量生产

4. 低压 CVD

低压 CVD 的工作气压为 10～1000Pa，整个系统由气体的控制与测量、反应室、真空抽气系统三个子系统组成。低压 CVD 具有反应温度比常压 CVD 低；载气用量少，反应气体/载气比高；低压有利于加快反应气向衬底的扩散速率，因而生长速率大；膜厚的均匀性比常压 CVD 高，膜的质量高等特点。低压 CVD 与常压 CVD 的性能比较如表 5-2 所示。

表 5-2　低压 CVD 与常压 CVD 的性能比较

指标	低压 CVD	常压 CVD
质量	均匀性好，稳定	均匀性差，不稳定
温度/℃	高温：600～700；低温：＜450	高温：600~1200；低温：200-500
生产效率	10	1
经济效益	生产成本降到常压 CVD 的 1/5 左右	1
操作	方便、简单	繁琐
氧化物夹层	无	有
单片均匀性	±(3～5)%	±(8～10)%
片与片均匀性	±5%	±10%
批与批均匀性	≤±8%	无法测量
晶粒结构	细而致密	颗粒疏松
表面位错密度/cm^{-2}	≤6.5%×10^{10}	10^{10}～10^{12}

5. 触媒 CVD

触媒 CVD 又称热丝 CVD，其工作原理是在一定真空度下，将反应气体由气体入口通入钟罩，当气体流过大电流的热丝附近时，在热丝释放的热电子的作用下，气体原子由基态变为激发态或离化，并相互反应而生成所需固态反应物，沉积于热丝附近的衬底上。触媒 CVD 由供气系统、反应钟罩、热丝电极和真空抽气系统等部分组成，反应气压一般为 10Pa 至几百帕，其装置如图 5-22 所示。触媒 CVD 中热丝通常为单根或多根的钨丝或其他难熔金属合金，与衬底间距在 1cm 左右，工作时热丝温度可高达 2000℃以上，起激发气体和加热衬底两个作

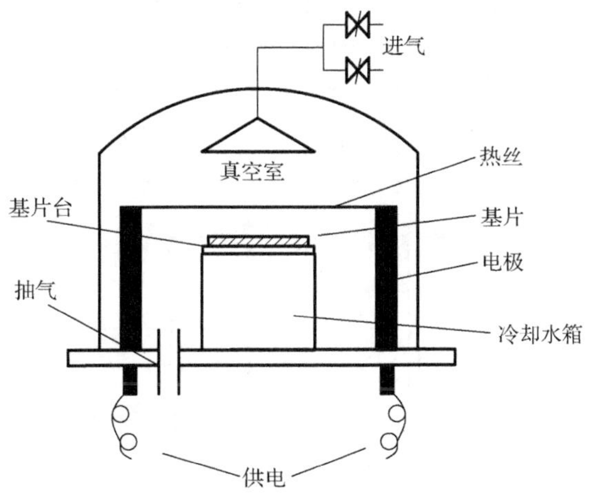

图 5-22　热丝 CVD 装置示意图

用。为延长热丝的使用寿命，使用前通常要在碳浓度较高的条件下，将热丝加热到 1000℃左右并保温 0.5h 以上使热丝表面生成一层碳化钨(WC)，从而使热丝钝化，增加其高温强度。为保证热丝 CVD 制备薄膜的质量，通常需要控制的主要参数包括热丝温度或热丝电流、热丝温场分布、热丝与衬底间的距离、反应气体及载气流量、衬底温度。

热丝 CVD 具有设备简单，操作方便；高的热丝温度有利于气体原子的激发，反应局部能量较高；可通过流量计控制气体流量，从而控制反应速度；生长速度较快等优点，但热丝在高温下会蒸发而造成薄膜的污染。热丝 CVD 常用于金刚石、立方氮化硼等薄膜的合成。

由于热丝对反应气体的激发有限，现在常用其他手段来增强，典型的是射频辅助热丝 CVD，即在热丝 CVD 基础上加入两个平板电极。

6. PECVD

将等离子体引入 CVD 技术是 20 世纪 70 年代才发展起来的新工艺。利用辉光放电等离子体对低压 CVD 施加影响的技术称为 PECVD 技术。在 PECVD 装置中，工作气压为 5～500Pa，电子和离子的密度达 10^9～10^{12} 个/cm^3，平均电子能量可达 1～10eV。

PECVD 中等离子体的存在可以促进气体分子的分解、化合、激发和电离过程，促进反应活性基团的生成，因此显著降低了反应沉积的温度。同时，PECVD 还具有成膜温度低；成膜压力低，膜的均匀性好，质量较高；等离子体对衬底及薄膜表面清洗作用大，膜对衬底的黏附性强等优点，从而扩大了 CVD 的应用范围，为在不同衬底上制取金属、非晶态、有机聚合物薄膜提供了可能性。

PECVD 主要应用于一些绝缘介质薄膜的低温沉积，因而其等离子体的产生方法多采用射频方法。射频电场可以采用两种耦合方式，即电感耦合和电容耦合。电容耦合的射频 PECVD 装置的典型结构如图 5-23 所示。射频电压被加在相对安置的两个平板电极上，在其间通过反应气体并产生相应的等离子体。在等离子体各种活性基团的参与下，在衬底上实现薄膜的沉积。

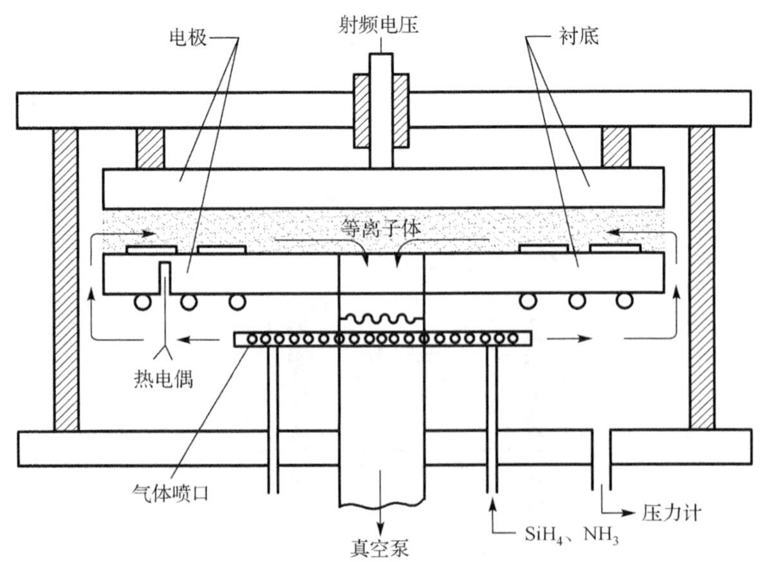

图 5-23　电容耦合的射频 PECVD 装置

电感耦合的射频 PECVD 装置中高频线圈放置于反应容器之外(图 5-24)，产生交变磁场，在反应室内诱发交变感应电流，从而形成气体的无电极放电，可避免电极放电可能产生的电极材料污染。

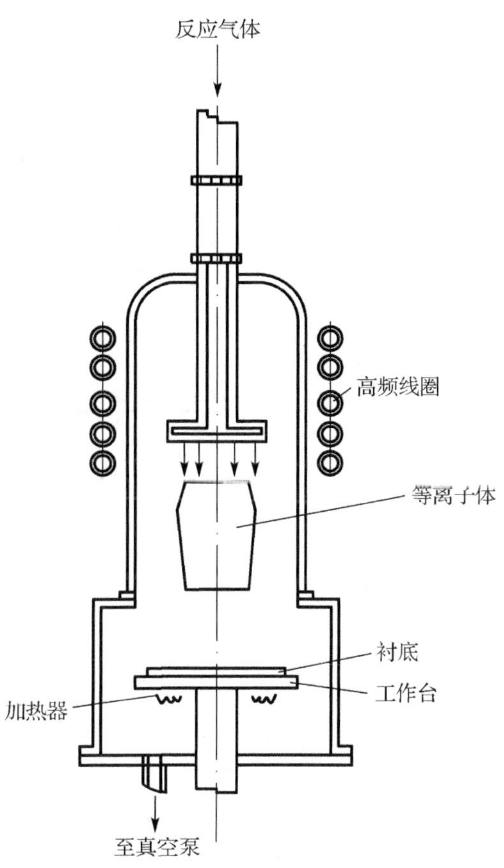

图 5-24　电感耦合的射频 PECVD 装置

ECR 是一种改进的 PECVD，如图 5-25 所示。ECR 的工作原理是采用微波频率的电源激发产生等离子体，2.45GHz 的微波能量由微波波导耦合进入反应容器并使得其中的气体产生等离子体击穿放电。为了促进等离子体中电子从微波场中的能量吸收过程，在装置中还设置了磁场线圈以产生一定分散分布的磁场。电子在微波场和磁场中运动时发生回旋共振现象，其共振频率 w_{m} 与磁感应强度 B 之间满足下述关系：

$$w_{\mathrm{m}}=\frac{qB}{m} \tag{5-29}$$

式中，q 和 m 分别为电子电量和质量。为了满足上述共振条件，需要调整等离子体源出口处的磁感应强度 $B=8.75\times10^{-2}\mathrm{T}$。

ECR 方法所使用的真空度高(为 $10^{-3}\sim10^{-1}\mathrm{Pa}$)，获得的等离子体的电离度比一般的 PECVD 方法要高出三个数量级，即其等离子体具有很高的活性，可作为一个等离子源。加上 ECR 方法具有低气压低温沉积、等离子体可控性好、沉积速率高、无电极污染等特点，ECR 技术广泛应用于薄膜沉积以及刻蚀方面。

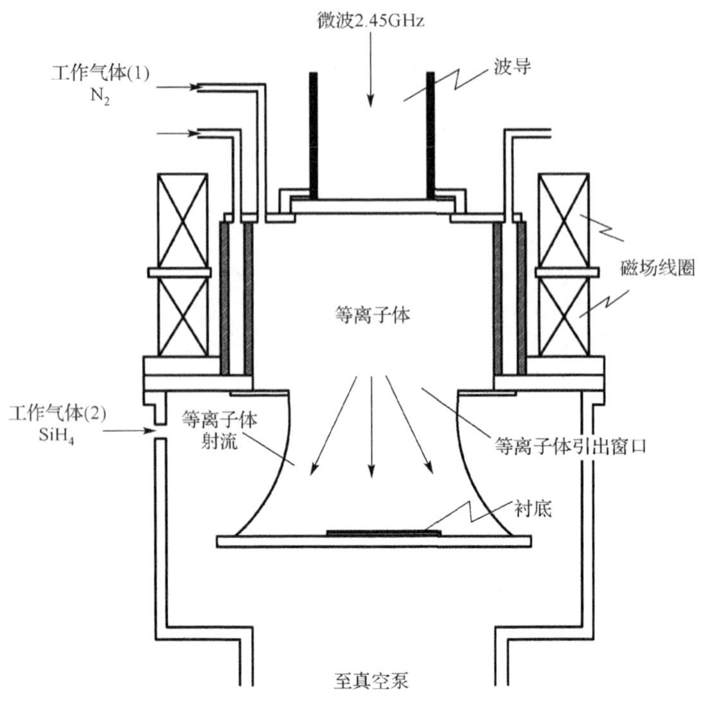

图 5-25　ECR 系统示意图

7. MOCVD

MOCVD 是一种利用低温下易分解、易挥发的金属有机化合物作为源物质进行 CVD 的方法，主要用于Ⅲ-Ⅴ族、Ⅱ-Ⅵ族化合物半导体的 CVD 生长。MOCVD 的工作原理是用氢气或惰性气体作为载气，将具有高蒸气压的Ⅲ族、Ⅱ族元素的有机化合物(多为烷基化合物)与Ⅴ族、Ⅵ族元素的氢化物混合作为原料，通入反应器，使其以热分解的形式在衬底上进行气相外延生长。

MOCVD 装置如图 5-26 所示，反应器由气体处理系统、CVD 反应室、加热及控温系统、尾气排放系统四部分组成。为确保 MOCVD 顺利进行，要求 MOCVD 的原料在常温下较稳定且易处理；反应副产物不影响晶体生长，不污染生长层；室温下蒸气压大于 133Pa。

MOCVD 的主要特点是：①外延膜的组分及掺杂剂均以气态进入反应器，有利于对生长膜层参量的精确控制。②属于单温区外延生长，只需控制衬底温度，故设备简单，易于大片和多片外延生长。③沉积温度较低，改善了膜的纯度和质量，可获得超薄层单晶膜和超晶格材料。④外延生长速率可通过改变III族、Ⅱ族源的输运量控制。⑤源及反应物中无腐蚀性卤化物，对生长设备和衬底腐蚀小。⑥其缺点是大多数有机金属化合物有毒、易燃，气相中的反应会造成薄膜中杂质颗粒的出现，破坏膜的完整性。

8. 光 CVD

在薄膜沉积过程中，必须有一定的激活能量才能使反应物发生化学反应。光 CVD 技术利用光子作为沉积过程的能量提供方式，当气体 M 与光子相互作用时，M 吸收光子后处于激发态 M^*，化学活性大，促进了气体之间的化学反应，从而达到沉积薄膜的目的。

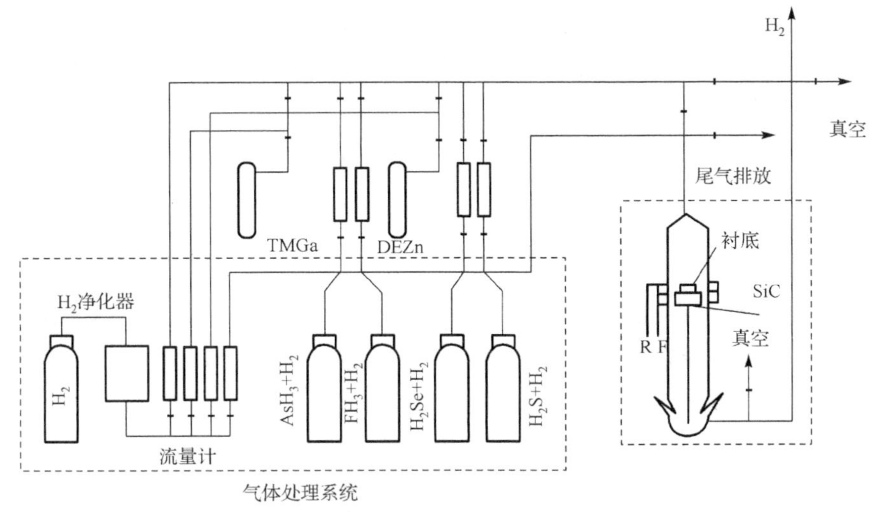

图 5-26　MOCVD 装置(竖式反应炉)

TMGa 为三甲基镓；DEZn 为二乙基锌

5.4　液相反应沉积

通过液相中进行的反应而沉积薄膜的方法为液相反应沉积。有多种液相反应沉积工艺，这里举 5 个例子。

5.4.1　液相外延

外延是指在单晶衬底上按衬底晶向生长单晶薄膜的工艺过程。液相外延是指衬底在液相中，液相中析出的物质以单晶形式淀积在衬底表面的过程，常用于Ⅲ-Ⅴ族(GaAs、InP)化合物半导体的生长。液相外延有倾斜法、浸渍法、滑舟法等多种方法。液相外延的优点是：①生长设备简单；②外延膜纯度高，生长速率快；③重复性好，组分、厚度可精确控制；④外延层位错密度比衬底低；⑤操作安全，无有害气体。但对薄膜与衬底的晶格常数匹配要求较高。

5.4.2　化学镀

化学镀是指在没有外电流通过的情况下，利用化学方法使溶液中的还原剂被氧化而释放自由电子，把金属离子还原为金属原子并沉积在基体表面，形成镀层的一种表面加工方法。化学镀中被镀金属本身就是反应的催化剂，所以化学镀也称自催化镀、无电解镀，其装置如图 5-27 所示。

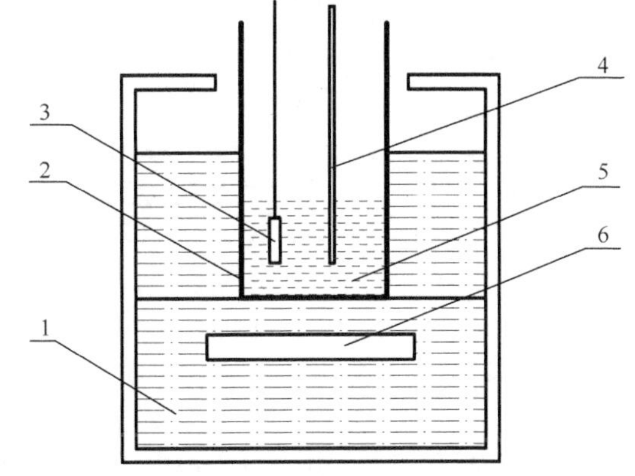

图 5-27　化学镀装置示意图

1-水浴；2-烧杯；3-试样；4-温度计；5-化学镀液；6-电阻加热器

化学镀能够持续进行必须满足镀液中还原剂的还原电位要显著低于沉积金属的电位；镀液不

产生自发分解；调节溶液 pH、温度，控制金属的还原速率，从而调节镀层覆盖率；被还原析出的金属也具有催化活性，使得氧化还原沉积过程持续进行；溶液具有足够的使用寿命等条件。化学镀的特点是：①可在复杂的镀件表面形成均匀的镀层；②不需要导电电极；③通过敏化处理活化，可直接在塑料、陶瓷、玻璃等非导体上镀膜；④镀层孔隙率低；⑤镀层具特殊的物理、化学性质。

5.4.3　电化学沉积

电化学沉积是指在电场作用下，在一定的电解质溶液(镀液)中由阴极和阳极构成回路，通过发生氧化还原反应，使溶液中的离子沉积到阴极或者阳极表面上而得到所需镀层的过程。这里简要介绍两种方法。

1. 阳极氧化法

Al、Ta、Ti、V 等金属或合金在适当的电解液中作为阳极，石墨或金属本身作为阴极，加直流电压，阳极金属表面形成稳定的氧化物薄膜的过程称阳极氧化。其反应原理如图 5-28 所示，阳极发生氧化反应(式(5-30))并溶解(式(5-31))，阴极发生还原反应(式(5-32))。阳极氧化中外加电场对薄膜的持续生长是必需的。

$$M + nH_2O \longrightarrow MO_n + 2nH^+ + 2ne^- \tag{5-30}$$

$$M \longrightarrow M^{2n+} + 2ne^- \tag{5-31}$$

$$MO_n + 2nH^+ \longrightarrow M^{2n+} + nH_2O \tag{5-32}$$

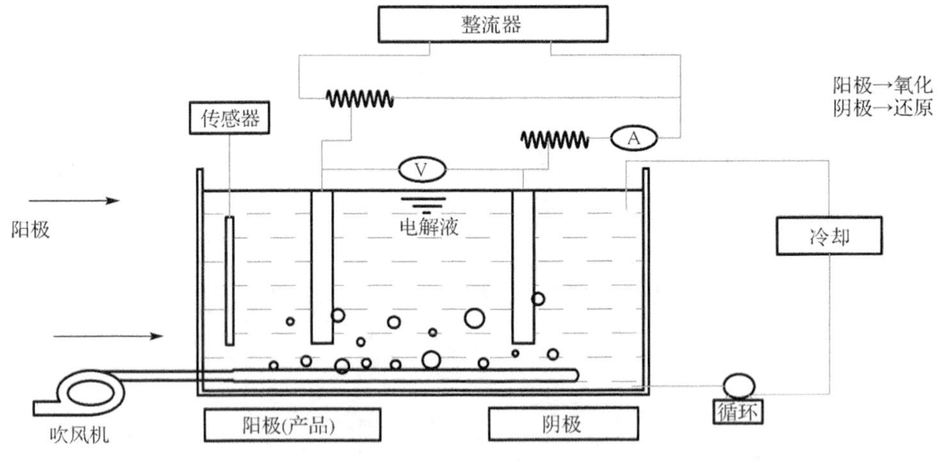

图 5-28　阳极氧化反应原理示意图

2. 电镀

电镀是电流通过导电液(称为电解液、电镀液)中的流动而产生化学反应，最终在阴极上(电解)沉积某一物质的过程。电镀原理如图 5-29 所示，电镀时镀层金属或其他不溶性材料作为阳极，待镀的工件作为阴极，镀层金属的阳离子被加速，奔向与其极性相反的阴极，从而在待镀工件表面被还原形成镀层。

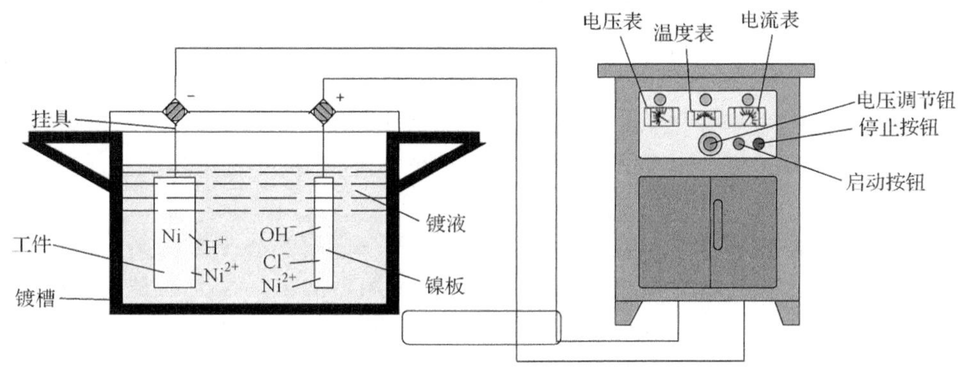

图 5-29　电镀原理示意图

电镀法制备的薄膜性质取决于电解液、电极和电流密度。电镀时所用的电镀液有单盐和络盐两类。单盐使用安全，便宜，但膜层粗糙；络盐贵，毒性大，但膜层致密。所获得的薄膜大多是多晶的，少数情况下可以通过外延生长获得单晶。电镀法的特点是薄膜的生长速度较快，在电流密度为 $1A/cm^2$ 时，膜的生长速度为 1μm/s；可以在任意形状的基片上进行电镀。电镀方法只适用于在导电的基片上沉积金属和合金，在 70 多种金属元素中，有 33 种元素可以通过电镀法来制备，但常使用电镀法制备的金属只有 14 种，即 Al、As、Au、Cd、Co、Cu、Cr、Fe、Ni、Pb、Pt、Rh、Sn、Zn。

5.4.4　溶胶-凝胶法

用适当的溶剂将无机材料或高分子聚合物溶解，制成均质溶液，将干净的玻片或其他基片插入溶液，滴数滴溶液在基片上，用离心甩胶等方法涂敷于基体表面形成胶体膜，然后进行干燥处理，除去溶剂制得固体薄膜的方法，称溶胶-凝胶法。溶胶-凝胶法种类包括胶体型、无机聚合物型及络合物型，如图 5-30 所示。溶胶-凝胶法具有成膜结构均匀、成分和膜厚易控制、能制备较大面积的膜、生产成本低、设备简单、周期短、易于工业化生产、应用广泛等优点，在氧化物敏感膜或功能陶瓷薄膜的制备领域中占重要地位。溶胶-凝胶法的缺点是对某些高分子材料难以选取适当的溶剂，且其操作在空气中进行，故沉积的膜易受氧的污染。

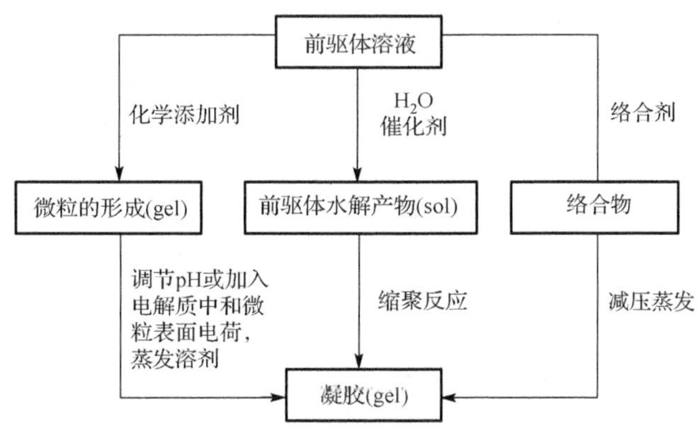

图 5-30　溶胶-凝胶法种类

5.4.5　LB 膜法

LB 膜法是利用有机分子的表面活性(存在亲水基与疏水基)，在液-气界面形成分子定向排列的单层分子膜，并将该膜层逐次转移到固体衬底表面，形成单层或多层类晶薄膜的方法，由 Langmuir 和 Blodett 首先使用，称 Langmuir-Blodett 膜法，简称 LB 膜法。

如果要形成起始的单层或多层膜，待沉积的分子一定要小心平衡其亲水性和不亲水性区，也就是说，长链一端应为亲水性(如羧基(—COOH))，另一端为不亲水性(如甲基(—CH_3))。脂肪酸分子结构适合于 LB 膜法，例如，$CH_3(CH_2)_{16}COOH$ 有 16 个—CH_2—在一端形成 CH_3 链体，而在另一端形成 COOH 链体。

在 Langmuir 原始方法中，将清洁亲水基片在待沉积单层扩散前浸入水中，然后单层扩散并保持在一定的表面压力状态下，基片沿着水表面缓慢被抽出，则在基片上形成单层膜。在 LB 膜法中，也可以将金属引入水中得到金属盐。例如，为了获得锰硬脂酸，Pomerantz 和 Segmuller 使用包含 Mn^{2+}的水，其浓度为 10^{-3}mol/L。当清洁的固态基片通过表面插入和抽取时，在基片的表面即可形成单层膜，所形成的膜可以黏着在亲水基片(如 Al_2O_3、MgO、SiO_2)或不亲水基片(如纯 Au、Ag、Ge)上。LB 膜法制备的膜分为 X、Y 和 Z 三种类型，只有在基片下降时才能得到的沉积层为 X 型膜；在基片下降或抽取时均可得到的沉积层为 Y 型膜(最常见)；只有在基片抽取时才能得到的沉积层为 Z 型膜(不常见)。

制备 Y 型膜时，首先将不亲水的基片通过单分子层插入水中，单分子层在基片运动的方向上折起，然后平铺在基片上(图 5-31(a))；当抽取基片时，分子层沿基片运动方向卷起，形成第二层(图 5-31(b))；基片向下运动沉积第三层(图 5-31(c))，依次类推，最后得到膜的上、下表面均由不亲水的甲基组成的偶数层的分子膜层。

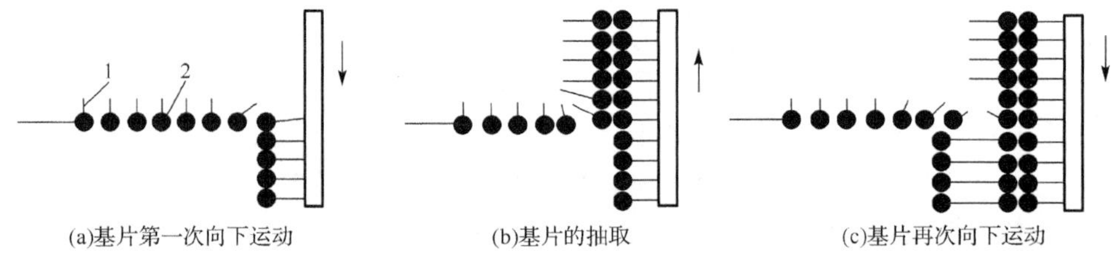

(a)基片第一次向下运动　(b)基片的抽取　(c)基片再次向下运动

图 5-31　在不亲水基片上 Y 型膜的沉积示意图

当亲水基片浸入水中时会完全润湿，形成如图 5-32(a)所示的弯液面，抽取基片时弯液面沿基片运动方向卷曲沉积在基片上(图 5-32(b))，分子亲水点附在基片表面的亲水点处，使基片表面变成非亲水性；在第二个浸入过程中，发生薄膜沉积，导致表面变成亲水性。重复这一过程，最终形成由奇数个分子层构成的多层膜(图 5-32(c))。该法中薄膜不是第一次浸润时形成的，而是在抽取和随后的插入时沉积形成的，故所获得膜仍为 Y 型膜。

用于制备 LB 膜的装置称为 Langmuir 槽，包括一个铺展单分子层的水槽，槽表面通常用惰性材料涂覆，以方便清洗；一个独立可动屏带，作为形成一定面积单分子层的屏障；一个膜天平，用来监测液体表面膜层面积与表面压的关系；一个速度可调的沉积提拉机构，用来固定衬底片，使其平稳、往复穿过单分子膜-水界面；一个电路控制反馈系统，把表面压的测试、屏带驱动马达及沉积提拉机构等相联系，实现在拉膜过程中表面压恒定和漂浮的单分子膜面积的自动调整，如图 5-33 所示。

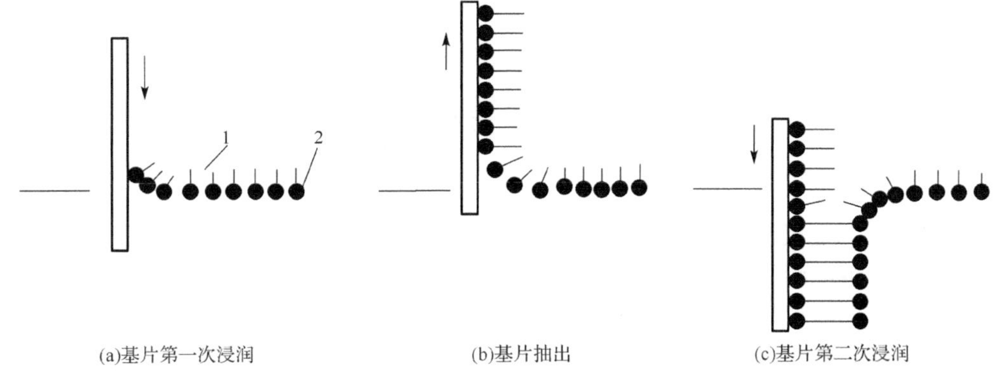

图 5-32　在亲水基片上沉积 Y 型膜

1-甲基；2-羧基

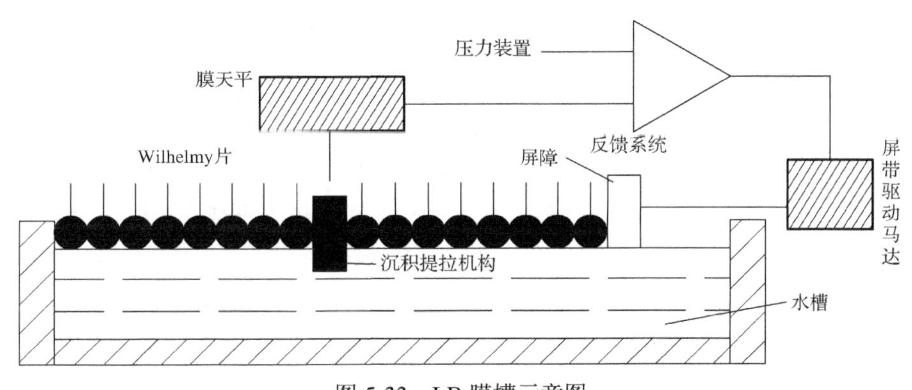

图 5-33　LB 膜槽示意图

思 考 题

1．什么是薄膜？
2．什么是物理气相沉积？
3．什么是离子镀、化学镀、电镀？简述这三种镀膜方法的区别。
4．真空蒸发镀膜包括哪三个基本过程？
5．分子束外延的原理是什么？
6．什么是 CVD？CVD 包括哪几个阶段？
7．脉冲激光沉积的原理是什么？
8．简要说明溶胶-凝胶法制备固体薄膜的概念。
9．简要说明 LB 膜法的概念。
10．写出 CVD 制备 Si、SiO_2、Si_3N_4、GaAs 薄膜的反应方程。
11．简述常压 CVD、低压 CVD、PECVD 的原理和特点。
12．简述磁控溅射的机理及特点。
13．什么是直流溅射？什么是射频溅射？
14．溅射镀膜与真空镀膜相比有何特点？

第 6 章　材料的复合

根据国际标准化组织的定义，复合材料是由物理或化学性质不同的有机高分子、金属或无机非金属等两种或两种以上材料，经一定的复合工艺，使其在相态与性能相互独立的形式下共存于一体中的新材料。制备复合材料的目的是提高组成材料的某些性能，或互补组成材料的缺点，或获得组成材料不具有的新性能(或新功能)。例如，金属材料通常具有优良的延展性和可加工性，但强度较低，耐热、耐磨、耐腐蚀性能较差；陶瓷材料通常具有强度高，耐磨、耐蚀性好等优点，但韧性差、加工性能极差。在铝合金中加入适量的陶瓷颗粒(如 SiC、AlN 等制备的陶瓷颗粒增强的铝基复合材料则既可保持铝合金低密度、良好的加工性，又可大幅度地提高其弹性模量、强度、耐磨和耐热性能。又如纯铝具有良好的导电性和耐蚀性，但强度很低。采用铝包钢线制成的高压架空输电电缆既可确保电缆的强度和安全性，延长使用寿命，又可获得较好的输电性能，降低线缆损耗。由此可知，材料的复合在国民经济建设中具有十分重要的地位，并因此形成独立的复合材料学科和相应的工程领域。

本章主要介绍复合材料的基本理论、常用金属基复合材料的制备与加工方法。

6.1　复合材料基础

6.1.1　概述

1. 复合材料的发展

复合材料的发展可分为早期复合材料发展和现代复合材料发展两个阶段。

早期复合材料发展历史较长。中国西安半坡村原始人遗址(原仰韶文化)中发现的以草拌泥制作的墙体和地面，就是草与黏土的复合材料，其中草是一种天然纤维状材料，在复合材料中作为黏土的增强剂，用来阻止黏土的干裂和剥落，提高墙体和地面耐侵蚀的能力；中国春秋战国时期著名的越王勾践剑，即采用含锡量较低的青铜作为剑身，在其刃部复合一层含锡量较高的青铜，并在锡青铜表面涂覆一层硫化铜(含铬和镍)制成花纹，从而使该剑内柔外刚，刚柔相济；中国古代漆器是以丝和麻作为增强材料，用大漆作为黏结剂的复合材料。公元前 3000 年，古埃及和美索不达米亚人用芦苇、纸莎草加沥青或树胶制造小艇；古埃及人将用香料处理过的尸体缠绕亚麻布带后再浸渍天然树脂制备木乃伊；日本绳纹文化中期以后，在矾土中加云母和砂粒来改进陶器性能，防止烧结时龟裂。

现代复合材料一般公认为可以追溯到 1942 年，即美国 Pittsburgh Plate Glass 公司将玻璃纤维织网含浸于芳基酯系非饱和聚酯树脂中，然后将含浸网叠合起来，施以固化处理，意外地制得一种在性能上从未有过的高弹性率、高强度的树脂板，俗称玻璃钢。这一结果激发了世界规模的复合材料研究热潮，到现在为止，现代复合材料的发展已历经三代。玻璃纤维增强塑料(俗称玻璃钢，glass-fiber-reinforced plastic，GFRP)比强度高、耐蚀性好，是第一代现代复合材料。20 世纪 50～60 年代开发的用硼纤维、碳纤维和芳纶纤维增强的塑料基复合材料(硼纤维增强塑料(boron-fiber-reinforced plastic，BFRP)、碳纤维增强塑料 (carbon-fiber-reinforced plastic，CFRP)、芳纶纤维增强塑料(Kevlar-fiber-reinforced plastic，KFRP))最高使用温度长期可达 150℃以上，兼具高比刚度和比强度，称为第二代现代复合材料；20 世纪 70 年代，开发了耐热性更高的氧化铝纤维和碳化硅纤维及各种晶须(如碳化硅晶须和氧化铝晶须等)，使现代复合材料的性能向耐热、高韧性和多功能方向发展，称为第三代现代复合材料。20 世纪 80 年代以后研发出了宏观-微观复合于一体的各种新型复合材料，如功能梯度复合材料、机敏复合材料、智能复合材料。

2. 复合材料的命名及分类

复合材料在世界上还没有统一的名称和命名方法，比较共同的趋势是根据增强体(也称增强相、强化相，本书不作区分)和基体的名称来命名，一般有以下三种情况。

(1)强调基体时，以基体的名称为主，如树脂基复合材料、金属基复合材料、陶瓷基复合材料等。

(2)强调增强体时，以增强体的名称为主，如玻璃纤维增强复合材料、碳纤维增强复合材料、陶瓷颗粒增强复合材料等。

(3)基体名称与增强体名称并用，这种命名方法常用以表示某一具体的复合材料，习惯上把增强体的名称放在前面，基体的名称放在后面，如玻璃纤维增强环氧树脂复合材料，简称为玻璃纤维/环氧树脂复合材料，或玻璃纤维/环氧。

国外还常用英文编号来表示复合材料的名称，如 MMC(metal matrix composite)表示金属基复合材料，FRP(fiber reinforced plastic)表示纤维增强塑料，而玻璃钢/环氧树脂则可表示为 GF/Epoxy 或 G/Ep(G-Ep)。

复合材料的种类按分类方法的不同而异。

按照用途，可将复合材料分为结构复合材料和功能复合材料两大类。结构复合材料由承受载荷的增强体组元与基体组元构成，主要用于承力和次承力结构。通常情况下，结构复合材料中增强体承担结构使用中的各种载荷，基体则起到黏结增强体、赋形、传递应力和增韧的作用。功能复合材料是指除力学性能以外还提供其他物理性能的复合材料，是由功能体和基体组成的。功能复合材料中功能体是提供物理性能的基本组成单元，基体起赋形、协同和辅助作用。

复合材料按基体类型可分为树脂基复合材料、金属基复合材料、陶瓷基复合材料和碳基复合材料。树脂基复合材料的基体主要包括环氧树脂、酚醛树脂、乙烯基树脂、不饱和聚酯树脂等热固性树脂及热塑性树脂，其中不饱和聚酯树脂使用最广泛，如图 6-1 所示；增强体多为玻璃纤维及其织物、碳纤维或石墨及其织物、芳纶纤维和硼纤维。金属基复合材料的基体主要包括铝、镁、钛及铜等，增强体则以硼、碳或石墨及陶瓷为主。金属基复合材料最高使用温度受金属基体本身熔化温度或熔点所限，约 800℃。陶瓷基复合材料的基体主要为陶瓷材料，包括硅-碳化合物、铝氧化物、玻璃陶瓷及硅-氮化合物，此类复合材料使用温度较高，可达 1000℃。碳基复合材料以碳或石墨为基体，石墨纤维及其织构为增强体，此类复合材料使用温度极高，可达 2600℃。

根据增强体的几何形状可将复合材料分为颗粒增强复合材料、薄片增强复合材料、纤维增强复合材料。颗粒增强复合材料中比基体坚硬的增强微粒均匀地分散在基体中，用以增强基体抗位错的能力，因而提高材料的强度和刚度，但同时增大了脆性。薄片增强复合材料

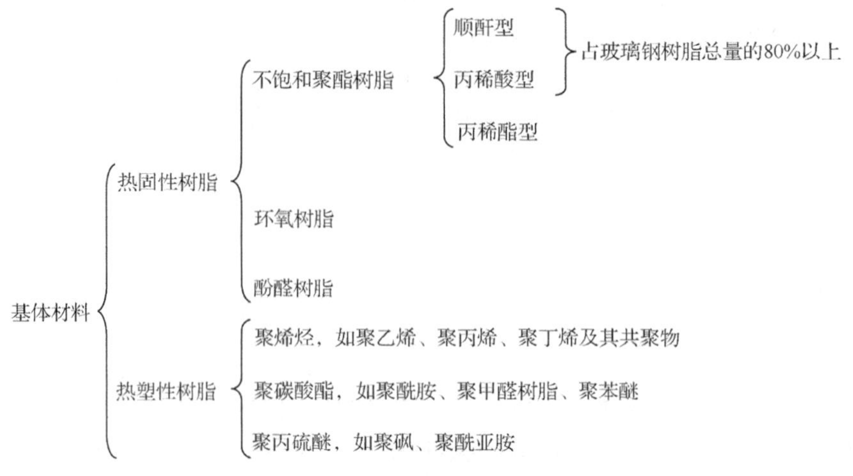

图 6-1　树脂基复合材料用基体材料

中用于增强基体的薄片在面内任意两个方向都起增强作用，即在 x 和 y 方向是同性的，但薄片增强复合材料的力学性能往往不如纤维增强复合材料，因此很少用作结构材料。纤维增强复合材料由增强纤维和基体组成，增强纤维直径很小，一般在 10μm 以下。增强纤维均匀分散在基体中，在纤维方向增强基体，起最主要的承载作用。基体的作用是把纤维黏结成一个整体，保持纤维间的相对位置，使纤维能起协调作用，保护纤维免受化学腐蚀和机械损伤；减少环境的不利影响，传递和承受剪切应力，在垂直于纤维的方向承受拉、压应力等。

若按组成复合材料的各组分在复合材料中的集散(分布)情况，复合材料可分为分散(掺和)强化型复合材料、层状复合材料(或称接合型复合材料)、梯度复合材料(或称梯度功能复合材料)等。

(1)分散强化型复合材料。分散强化型复合材料是指一种或一种以上的材料(强化相)分散在另一种材料(基体)中的一类复合材料。按强化相的形态可将分散强化型复合材料分为颗粒(粒子)弥散强化复合材料、晶须强化复合材料、纤维强化复合材料三类，如图 6-2 所示。

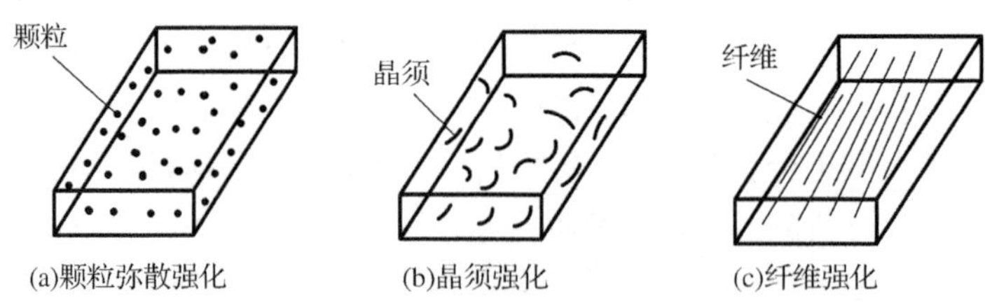

图 6-2　分散强化型复合材料

此外，按照强化相(粒子或纤维)是以定型形状直接加入基体中，还是在基体中通过反应生成的，分散强化型复合材料又可分为掺入型与原生复合(或称自生复合)型。

(2)层状复合材料。与分散强化型复合材料不同，层状复合材料不是一种材料分散于另一种材料中，而是各组元自成一个或数个整体、组元之间通过界面接合而复合成一体。传统的包覆材料(如铝包钢线、复合钢板(多层复合板))是典型的层状复合材料，如图 6-3 所示。

(3)梯度复合材料。复合材料中组元的含量沿着某一方向(如厚度方向)产生连续或非连续变化的复合材料称为梯度复合材料。组元连续变化的称为连续梯度复合材料，组元非连续变化的称为非连续梯度复合材料，如图 6-4 所示。组元梯度化的目的是实现材料性能的梯度化，赋予材料多种功能，以满足一些特殊的使用需要。例如，内层为陶瓷、外层为金属，具有中间过渡层的梯度复合管，可以满足燃气涡轮机、航天与航空飞行器发动机燃烧器等部件耐高温、耐腐蚀，且作为结构材料进行加工的综合性能要求。

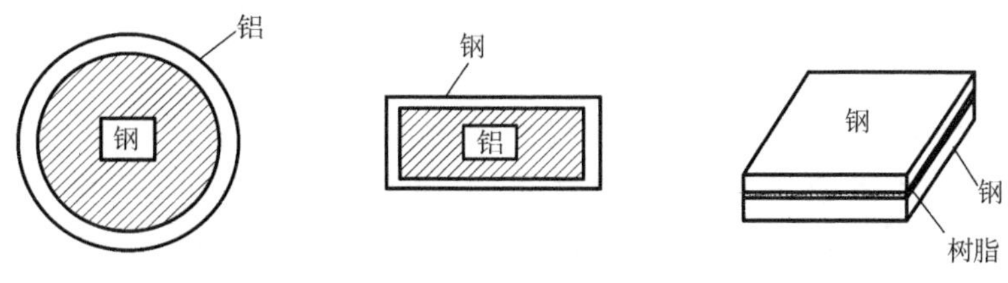

图 6-3　层状复合材料

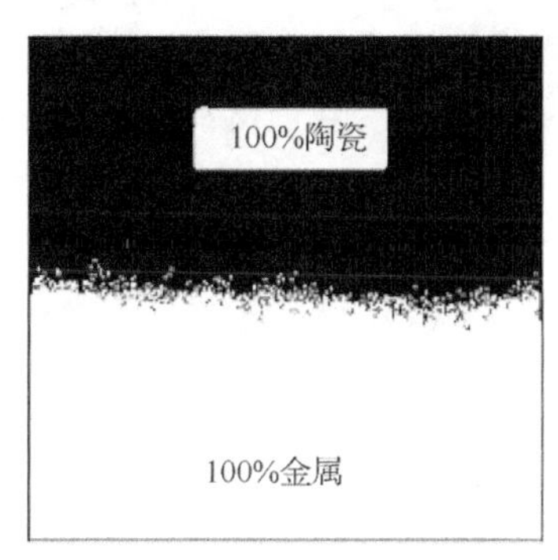

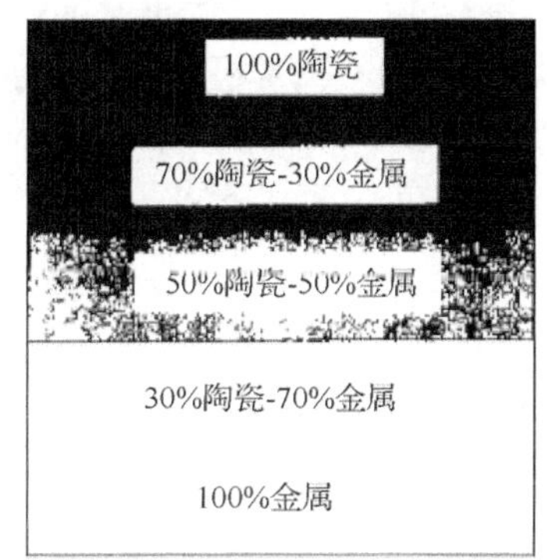

图 6-4　梯度复合材料

6.1.2　复合材料的界面

复合材料中增强体与基体接触构成的界面，是一层具有一定厚度(纳米以上)、结构随基体和增强体而异的，与基体和增强体有明显差别的新相。界面相可以是基体与增强体在复合材料制备和使用过程的反应产物层，也可以是两者的扩散结合层，还可以是基体和增强体之间的成分过渡层；可以是基体与增强体之间由于物性参数不同而产生的残余应力层，也可以是人为引入的用于控制复合材料界面性能的涂层，还可以是基体和增强体之间的间隙。

复合材料内界面的结合强度是影响复合效果的最主要因素。结合强度良好的界面具有传递作用、阻断作用及保护作用。传递作用是指界面能将外力传递给增强体，起到基体和增强体之间的桥梁作用。阻断作用是指界面有阻止裂纹扩展、中断材料破坏、减缓应力集中的作用。保护作用是指界面相可以保护增强体免受环境的侵蚀、防止基体与增强体之间的化学反应，以免损伤增强体。

1. 界面对复合材料性能的影响

界面对复合材料的力学性能及力学行为起到非常重要的作用。例如，对于碳纤维与碳化硅基体直接结合的碳纤维增韧碳化硅复合材料、碳纤维中引入一定厚度热解碳界面的碳纤维增韧碳化硅复合材料，尽管其基体与增强体都相同，但两种复合材料的强度、断裂模式及断裂韧性都相差很大。

界面结合强度和界面滑移阻力是最重要的两个界面性能。界面结合强度决定增强体与基体之间的载荷传递程度，同时影响裂纹与界面相互作用时裂纹的运动方式，即决定裂纹是直接穿过纤维、使纤维产生断裂；还是在界面处发生裂纹偏转、避免纤维过早断裂，从而使得复合材料既有较高的强度，又有较高的韧性。界面滑移阻力主要影响纤维拔出过程中所消耗的能量，影响脱黏面上增强体与基体之间的载荷传递，影响纤维的拔出长度，从而影响韧化效果。

影响界面结合强度的因素主要有复合材料的组成、结构形式、组元的性能、制备与成形工艺等。一般认为纤维状的强化相与基体之间的结合强度比颗粒状的强化相与基体之间的结合强度要好；表面粗糙的强化相与基体之间的结合度较表面光滑的强化相与基体之间的结合度高；当强化相与基体之间的热膨胀系数相差较大时，复合材料在热循环工况中易在界面产生微裂纹；强化相与基体界面能否产生界面浸润、扩散或化学反应等都会影响界面结合强度。

值得指出的是，从提高强度和韧性的要求来看，界面结合强度并非越高越好。由于强化相多为强度高而塑性差的材料，当界面结合强度过高时，复合材料往往容易产生脆性断裂，从而会使复合材料的强度与韧性下降。

2. 界面结合形式

界面结合形式是影响界面结合强度的重要因素之一。一般地讲，复合材料界面结合形式包括黏结结合、溶解结合及反应结合三种类型。

1) 黏结结合

黏结结合是指基体与增强相之间通过黏结作用而形成的一种界面结合形式，基体与增强相之间既不发生化学反应，也不产生相互溶解。黏结结合的机理主要有以下四种理论。

(1) 润湿理论。润湿理论认为，界面的结合主要依靠液态基体对增强相的润湿作用，其界面结合模式主要有机械黏结与物理吸附两种。机械黏结模式(图 6-5)认为，固态增强相的表面存在许多微小的凹凸、孔隙与裂纹，液态基体浸入这些微小缺陷中形成机械铆钉式的结合作用。物理吸附模式认为，润湿作用的实质就是基体与增强相之间发生了具有范德瓦耳斯力的物理吸附作用，范德瓦耳斯力所形成的偶极-偶极键、偶极-诱导偶极键、氢键等构成黏结界面的物理结合力。可以认为，在许多情形下，上述两种模式同时存在，共同产生作用，只不过两者作用的主次有所不同。润湿理论适用于解释增强相为固体、基体为液体(如树脂、熔融金属)时的一些复合行为，例如，增加纤维表面粗糙度和表面积，有利于提高高分子基复合材料界面结合力。

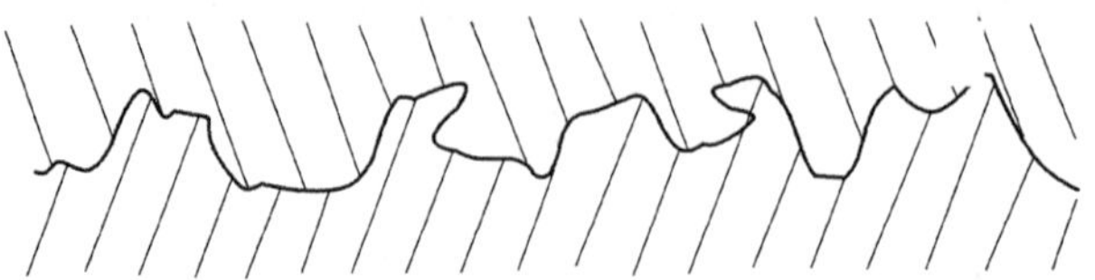

图 6-5　机械黏结模式示意图

(2) 化学键理论。化学键理论认为黏结界面上的结合力是由化学键所引起的。对强化相表面进行处理(如对玻璃纤维表面进行的偶联剂处理，对碳纤维表面进行的高温氧化处理，对芳纶纤维表面进行的冷等离子体改性处理)后，再用于制备高分子基复合材料；对碳纤维表面进行镀层处理，在碳纤维的表面形成能与基体和碳纤维产生化学作用(如形成共价键)的涂/镀层，再用于制备金属基复合材料，使复合材料具有理想的界面结合强度。

(3) 可形变层理论。对增强相进行某种处理，使其表面形成一层可有效松弛复合材料制备过程中界面附加应力的塑性层，从而使复合材料的性能得以改善的理论为可形变层理论。实际上，可形变层除起到应力松弛作用外，还可通过前述的机械黏结机制发挥作用，即塑性变形层的存在可改善基体与增强相之间的“啮合”状态。

(4) 扩散层理论。基于高分子聚合物相互黏结时在界面上形成扩散层的现象，扩散层理论认为界面黏结是由于增强相与基体发生的扩散现象而实现的。这一理论能很好地解释经过适当温度处理而制备的金属基复合材料的许多界面现象。

2) 溶解结合

溶解结合是基体与强化相之间在充分湿润的情形下产生一定的相互溶解的界面结合形式。这种结合形式具有较好的界面结合强度，但同时溶解作用可能对强化相产生损伤作用。例如，不断的溶解容易导致纤维增强复合材料中的界面不稳定，使复合材料的强度下降。

3) 反应结合

基体与强化相发生化学反应并在界面形成反应物的结合形式称为反应结合。这类结合尤其多见于金属基复合材料和陶瓷基复合材料。反应结合的界面结合强度取决于反应物的种类和反应层的厚度。当反应物为脆性化合物且反应层较厚时，由于对强化相(如纤维)的损伤较大，往往导致复合材料强度的降低。因此，对于反应结合型复合材料，反应层厚度与界面稳定性的控制是非常重要的。

对于金属基复合材料，有些情形下对增强相的涂层、镀层处理正是为了抑制基体与增强相之间的化学反应，而不是如上所述的为了增加化学键结合力。例如，氧化铝纤维增强镍基复合材料、硼纤维增强钛基复合材料，因为氧化铝与镍或硼纤维与钛在高温下进行复合时非常容易产生化学反应，所以常对氧化铝、硼纤维进行涂/镀层处理后再与镍或钛进行复合。

6.1.3　复合准则与复合材料设计

1. 复合准则

组元材料性能与复合材料性能之间的关系称为复合准则。用于复合材料的弹性系数、强度、导电、导热等性能设计的准则主要有简单复合准则和基于弹性理论的复合准则。这里主要介绍简单复合准则。

简单复合准则假设复合材料的性能与组元的体积分数成正比：

$$P_{\mathrm{c}}^{n}=\sum_{i=0}^{N}(P_i)^n V_i \tag{6-1}$$

式中，P_{c} 为复合材料的性能指标；P_i 为各组元的性能指标；V_i 为各组元的体积分数；N 为组元的数目；n 为实验参数($-1\leqslant n\leqslant 1$)。

当 $n=1$ 且复合材料由基体和一种强化相组成($N=2$)时，简单复合准则演变为经典复合准则的并列模型(图 6-6(a))，如式(6-2)所示：

$$P_{\mathrm{c}}=P_{\mathrm{m}}V_{\mathrm{m}}+P_{\mathrm{r}}V_{\mathrm{r}} \tag{6-2}$$

式中，c 为复合材料；m 为基体；r 为强化相。

显然，组元的体积分数满足关系：

$$V_m = 1 - V_r$$

当 $n=-1$ 且复合材料由基体和一种强化相组成($N=2$)时，简单复合准则演变为经典复合准则的串列模型(图 6-6(b))，如式(6-3)所示：

$$\frac{1}{P_c} = \frac{1}{P_m}V_m + \frac{1}{P_r}V_r \quad 或 \quad P_c = \frac{P_m P_r}{P_m V_r + P_r V_m} \tag{6-3}$$

当 $n=0$ 时，式(6-1)成为常数恒等式。为此，用下述对数关系来描述 $n=0$ 时复合材料性能与组元性能的关系：

$$\ln P_c = V_m \ln P_m + V_r \ln P_r \tag{6-4}$$

或

$$P_c = (P_m)^{V_m} + (P_r)^{V_r} \tag{6-5}$$

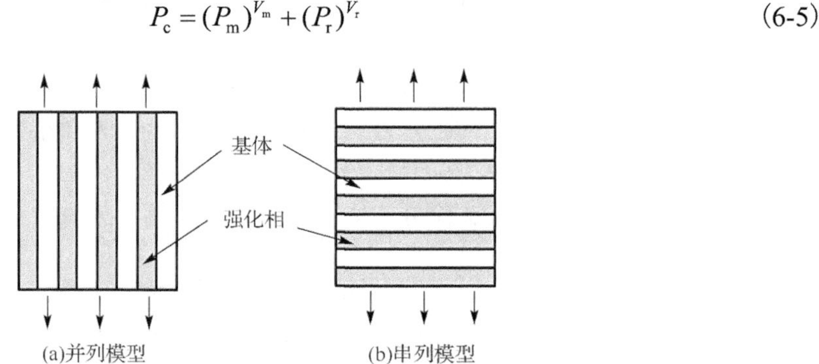

图 6-6　复合材料的并列模型与串列模型

简单复合准则的适用范围因复合材料的种类不同而异。对于层状复合材料，一般可以采取式(6-2)和式(6-3)来预测各种性能。对于分散强化型复合材料，如表 6-1 所示，对应于不同的 n 及不同的复合材料，简单复合准则可预测的性能也不同，但均可用于弹性模量的预测。

表 6-1　简单复合准则的几种特殊形式及其对于分散强化型复合材料的适用范围

n	复合准则表达式	适用复合材料类型	可预测的特性	
1	$P_c = V_m P_m + V_r P_r$	单向纤维强化	沿纤维方向	弹性模量、泊松比、强度、导热系数、电导率
0	$\ln P_c = V_m \ln P_m + V_r \ln P_r$	球形颗粒弥散强化	弹性模量、介电常数	
		不规则结构	弹性模量	
		强化相三维无序排列	弹性模量、导热系数	
−1	$\frac{1}{P_c} = \frac{1}{P_m}V_m + \frac{1}{P_r}V_r$	单向纤维强化	垂直于纤维方向	弹性模量、介电常数、导热系数、电导率

2. 弹性模量设计

弹性模量(或称弹性系数)是结构材料的一个非常重要的性能指标。因此，弹性模量的设计是复合材料设计的重要内容之一。如上所述，对于满足如表 6-1 所示复合材料结构特征的几种特例，采用简单复合准则进行弹性模量预测，一般能得到较好的近似结果。但由于强化相的确切分布状态难以把握及强化相之间的多体作用等，要精确预测复合材料的弹性模量几乎是不可能的。即使按照基于弹性理论的模型(即考虑强化相与基体之间的弹性应力场的作用)来分析，也只能通过假定强化相为无序配置，将强化相之间的相互作用效果用一定数值进行近似，最终把多体问题化解为单一强化体(一个颗粒或一根纤维)而进行计算。下面给出几种常用的弹性模量预测模型。

针对强化相为近似于球形的颗粒复合材料，Paul 推导出其弹性模量的预测表达式如下：

$$\frac{E_r E_m}{E_m V_r + E_r V_m} \leqslant E_c \leqslant \frac{1-\mu_m+2\xi(\xi-2\mu_m)}{1-\mu_m-2\mu_m^2}E_m V_m + \frac{1-\mu_r+2\xi(\xi-2\mu_r)}{1-\mu_r-2\mu_r^2}E_r V_r \tag{6-6}$$

$$\xi = \frac{\mu_m(1+\mu_r)(1-2\mu_r)V_m E_m + \mu_r(1+\mu_m)(1-2\mu_m)V_r E_r}{(1+\mu_r)(1-2\mu_r)V_m E_m + (1+\mu_m)(1-2\mu_m)V_r E_r} \tag{6-7}$$

式中，E 为弹性模量；μ 为泊松比；V 为体积分数；r 为强化相；m 为基体。

式(6-6)表示弹性模量与组元的性质和含量的关系。如果复合材料的内部存在均匀应力场，应用弹性理论可求得弹性模量的下界，此时的预测结果属于“过低估计”，相当于将式(6-6)的左半部分取等号(式(6-8))；如果复合材料的内部存在均匀应变场，应用弹性理论可求得弹性模量的上界，此时的预测结果属于“过高估计”，相当于将式(6-6)的右半部分取等号(式(6-9))。

$$E_c = \frac{E_r E_m}{E_m V_r + E_r V_m} \tag{6-8}$$

$$E_c = \frac{1-\mu_m+2\xi(\xi-2\mu_m)}{1-\mu_m-2\mu_m^2}E_m V_m + \frac{1-\mu_r+2\xi(\xi-2\mu_r)}{1-\mu_r-2\mu_r^2}E_r V_r \tag{6-9}$$

式(6-8)与基于串列模型的简单复合准则(式(6-3))相同；若取 $\mu_r=\mu_m$，则式(6-9)与基于并列模型的简单复合准则(式(6-2))相同。可见，复合材料实际的弹性模量值在由式(6-8)和式(6-9)确定的上、下界之间，而这个上界与下界分别等于简单复合准则当 n=1 和 n=−1 时的值。

针对强化相为纤维的复合材料，Halpin 与 Tsai 导出其弹性模量计算式如下：

$$E_c = \frac{E_m(1+2A_s q V_r)}{1-qV_r} \tag{6-10}$$

$$q = \frac{E_r/E_m}{E_r/E_m + 2A_r} \tag{6-11}$$

式中，A_s 为强化相的形状因子，即长径比，当 A_s 为 ∞ 时，强化相为纤维，此时 q 值为 0，$A_s q$ 为 $(E_r/E_m-1)/2$，式(6-10)与式(6-2)等同。

对于颗粒增强复合材料，如果取 A_s=1～1.5，利用 Halpin 与 Tsai 导出的式(6-10)计算其弹性模量同样可以获得满意的预测精度。

3. 强度设计

材料的强度是组织结构敏感的性能指标。因此，要从理论上正确预测复合材料的强度通常不太容易。

针对晶须或长径比 A_s 较小（A_s>2）的短纤维增强复合材料，可以利用经典的强度复合准则（Shear Lag 模型）计算复合材料的强度：

$$\sigma_{yc} = \sigma_{ym}(V_m + V_r A_s / 2) \tag{6-12}$$

式中，σ_{yc} 和 σ_{ym} 分别为复合材料和基体的屈服应力。

针对增强纤维在基体中两端受到约束的情况，复合材料的强度可用改良后的 Shear Lag 模型（式(6-13)）进行计算：

$$\sigma_{yc} = \sigma_{ym}[(V_m + V_r(A_s + 2) / 2)] \tag{6-13}$$

尽管式(6-12)或式(6-13)所示模型简单、应用方便，在某些情况下式(6-13)的预测值与实际符合得较好，但上述两个模型均没有考虑强化相尺寸（直径）的影响，也不能反映由复合所引起的基体晶粒尺寸与位错密度的变化等对材料强度的影响。

与经典复合准则的强化理论不同，近年来倾向于从微观组织来解释强度变化，即认为强化相的强化机制是位错强化、颗粒强化、晶粒与亚晶粒强化共同作用的结果。

对于由弥散微粒与基体组成的弥散增强复合材料，可采用位错绕过理论来解释其增强机理（图 6-7），复合材料中基体承担载荷，弥散微粒阻碍基体的位错运动，所以微粒阻碍基体位错运动的能力越大，增强效果越好。弥散增强复合材料的屈服强度可采用式(6-14)进行计算。弥散微粒的体积分数通常为 0.01～0.15，弥散微粒的直径为 0.001～0.1μm。

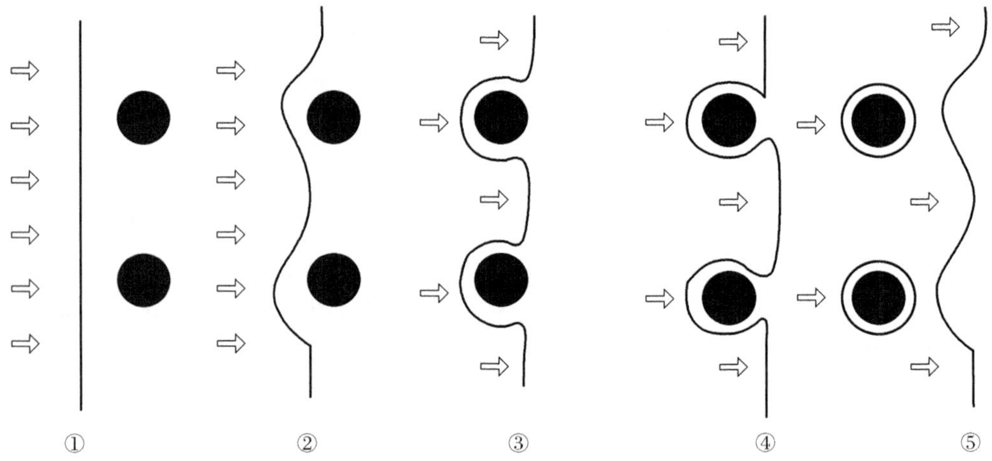

图 6-7　弥散增强原理示意图

$$\tau_c = \frac{G_m b}{\sqrt{\frac{2d_p^2}{3V_p}(1 - V_p)}} \tag{6-14}$$

式中，d_p 为微粒直径；V_p 为微粒的体积分数；G_m 为基体的剪切模量；b 为柏式矢量。

对于由尺寸较大（>1μm）的坚硬颗粒与基体组成的颗粒增强复合材料，尽管其载荷主要由基体承担，但颗粒也承受载荷并约束基体的变形，因此颗粒阻止基体位错运动的能力越大，增强效果越好。颗粒增强复合材料的屈服强度可由式(6-15)计算。增强颗粒的体积分数通常为 5%～50%，增强颗粒的直径为 1～50μm。

$$\sigma_y = \sqrt{\frac{\sqrt{3}G_m G_p b\sqrt{V_p}}{\sqrt{2}d(1-V_p)C}} \tag{6-15}$$

4. 韧性设计

对于颗粒分散强化的金属基复合材料，一般随着强化相含量的增加，材料的韧性下降；而对于晶须或纤维强化的金属基复合材料以及陶瓷基复合材料，则未必如此。在金属、陶瓷、高分子三种类型的结构材料中，陶瓷材料强度高、耐磨、耐热、耐腐蚀但韧性低的性能特点限制了其应用，因此陶瓷材料的高韧性化具有特别重要的现实意义，故这里主要讨论陶瓷材料的韧性设计问题。

陶瓷基复合材料的韧化机制分为防护机制与非防护机制两大类。防护机制是指可以缓和裂纹尖端的应力集中，从而减缓或阻止裂纹的扩展，提高材料韧性的机制，包括强化相直接承受应力作用的桥梁机制以及强化相不直接承受应力作用的非桥梁机制(相变机制、微裂纹机制和残余应力机制等)。非防护机制是指由于强化相的存在，迫使裂纹需要不断改变扩展方向，或使裂纹产生“弯曲”(类似于颗粒对位错的钉扎作用)，使得其扩展需要消耗附加能量(即提高材料的韧性)的机制，包括裂纹偏转机制和弯曲机制。

(1) 桥梁机制。桥梁机制的基本原理如图 6-8 所示，其基本特征是强化相直接承受应力作用，即通过纤维对裂纹施加一种闭合作用力(图 6-8(a))，或利用强化相与基体之间的摩擦力而阻碍裂纹的扩展(图 6-8(b))，或利用强化相在裂纹扩展时产生颈缩变形，对裂纹产生桥接作用(图 6-8(c))。

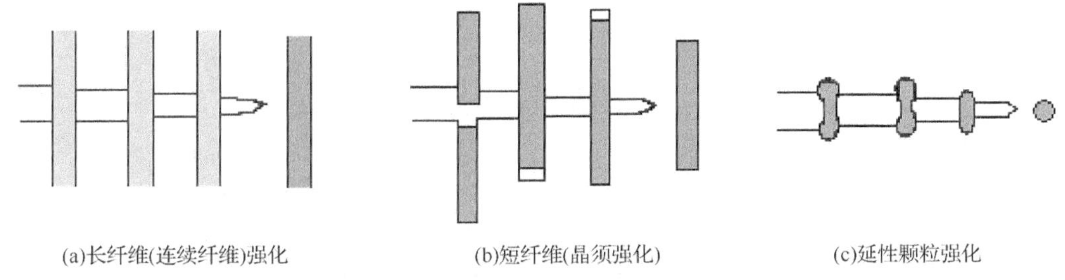

(a)长纤维(连续纤维)强化　　(b)短纤维(晶须强化)　　(c)延性颗粒强化

图 6-8　复合材料韧化的桥梁机制

(2) 相变机制。具有典型相变机制的是部分稳定 ZrO_2 复合材料(partially stabilized zirconia，PSZ)。由于在 PSZ 中存在少量不稳定的正方晶 ZrO_2，裂纹尖端附近应力集中部位的拉应力将会诱发 t-ZrO_2 相向 m-ZrO_2 相转变(应力诱发型马氏体相变)，使其体积增加约 5%。这种体积增加将在裂纹尖端附近形成膨胀压缩应变场，从而导致压应力场的产生，起到阻碍裂纹扩展的作用，如图 6-9 所示。

(3) 微裂纹机制。微裂纹将在其周围产生压应力场。如果能在主裂纹(指裂纹的长度超过临界长度而进行扩展的裂纹)尖端附近引入微裂纹，利用其所形成的压应力场，可以起到阻碍主裂纹扩展的作用，如图 6-10 所示。因此，可以适当选择强化相的种类、形状与尺寸，使得主裂纹尖端高应力区内容易产生微裂纹，达到韧化的目的。

(4) 残余应力机制。残余应力机制是指通过在复合材料内部产生一定的残余压应力场，从而提供不利于裂纹扩散的条件，达到提高韧性的目的。为此，需要正确选择强化相，使其热膨胀系数与基体之间达到最佳匹配，以便产生合适的压应力场，并使强化相与基体间具有牢固的界面结合强度。

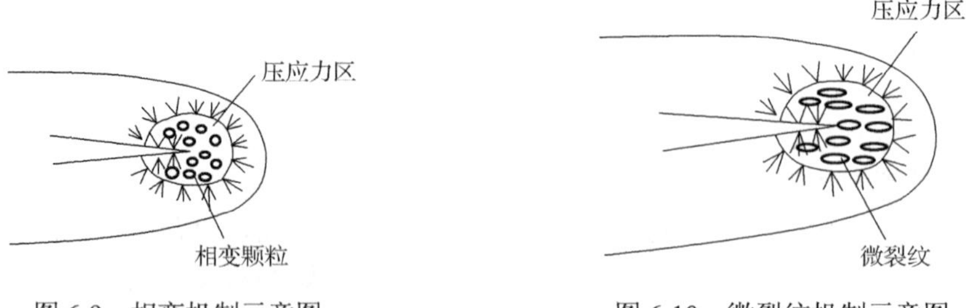

图 6-9 相变机制示意图　　图 6-10 微裂纹机制示意图

(5)裂纹偏转机制。裂纹偏转机制的模型如图 6-11(a)所示，复合材料中的强化相具有与基体不同的弹性模量、热膨胀系数，在界面效应作用下复合材料内部易产生不均匀应力场，使得裂纹在复合材料中呈锯齿状扩展。在扩展过程中，裂纹方向不断偏转及由于偏转带来的裂纹表面积增加，均导致能量消耗的增加，使裂纹扩展困难，材料的韧性提高。

(6)弯曲机制。弯曲机制由 Lange 提出，其模型如图 6-11(b)所示。复合材料中的强化相对裂纹的扩展起阻碍作用，使裂纹的先端路径产生弯曲，扩展所需能量消耗增加，材料的韧性提高。

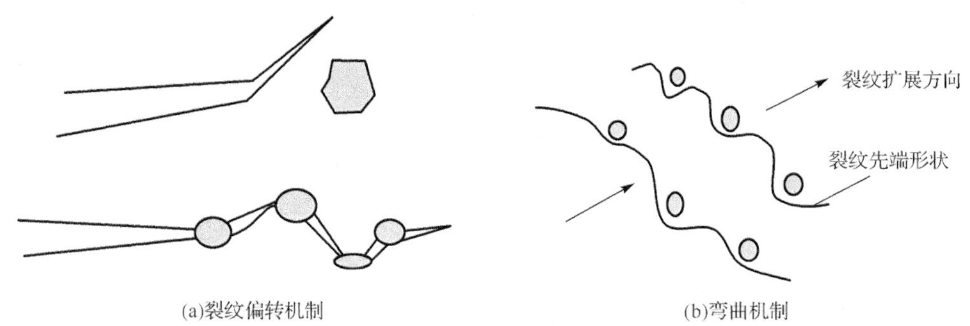

图 6-11 陶瓷基复合材料的非防护机制

金属是一种富有延性和韧性的材料，一般地讲，随着强化相含量的增加，金属基复合材料的延性与韧性降低，即强度与弹性模量的提高往往是以牺牲延性与韧性为代价的。与此相反，陶瓷塑性变形能力几乎为零(某些特殊条件下的超塑性现象除外)，多为脆性材料。如果利用以上所述的各种韧化机制，在陶瓷中加入适当的强化相(包括种类的正确选择和加入量的适量化)，则可以在提高陶瓷基复合材料强度的同时，提高其韧性，使强化与韧化同时实现。

5. 物理性能设计

复合材料的物理性能设计主要包括密度、线膨胀系数、导热系数、电磁性能、耐磨性的设计。

1)密度

一般来说，复合材料的密度可以用简单复合准则进行较精确的预测，即

$$\rho_c = \rho_m V_m + \rho_r V_r \tag{6-16}$$

当然，式(6-16)具有较高精度的前提是复合材料的致密度达到或接近 100%。

2) 线膨胀系数

颗粒强化复合材料的线膨胀系数通常与简单复合准则不太相符，这是因为当强化颗粒的线膨胀系数与基体的线膨胀系数不相等时，复合材料受热时将在颗粒的周围产生弹性应力场，使得其热膨胀行为变得较为复杂。Turner 将强化颗粒视为球形，假设温度上升时颗粒周边将产生一个球应力场，从而导出复合材料的线膨胀系数理论式为

$$\alpha_c = \frac{\alpha_m V_m K_m + \alpha_r V_r K_r}{V_m K_m + V_r K_r} \tag{6-17}$$

式中，K 为体积弹性模量，$K=E/[3(1\sim 2u)]$。Kerner 在上述假设的基础上，再考虑颗粒与基体之间剪切应力的作用，导出颗粒强化复合材料的线膨胀系数理论式为

$$\alpha_c = \alpha_r V_r + \alpha_m V_m + \frac{4G_m}{K_c}\frac{(K_c - K_r)(\alpha_m - \alpha_r)V_r}{4G_m + 3K_r} \tag{6-18}$$

式中，

$$K_c = \frac{V_r K_r (3K_r + 4G_m) + V_m K_m / (3K_m + 4G_m)}{K_r (3K_r + 4G_m) + V_m / (3K_m + 4G_m)} \tag{6-19}$$

式中，G 为剪切弹性模量，或称刚性模量，$G = E/[2(1+\mu)]$。

图 6-12 为 SiC、AlN、Si 颗粒强化 6061 铝合金复合材料线膨胀系数的理论值与实测值的比较。图中的理论值是以 AlN 的各种物理性能值为基础进行计算的，即使采用 SiC、Si 的物理性能值进行计算，其差异也很小。由图 6-12 可知，SiC、AlN、Si 颗粒强化 6061 铝合金复合材料线膨胀系数实测值与简单复合准则(式(6-2))的预测值相差稍大，在式(6-17)与式(6-18)的预测值之间。

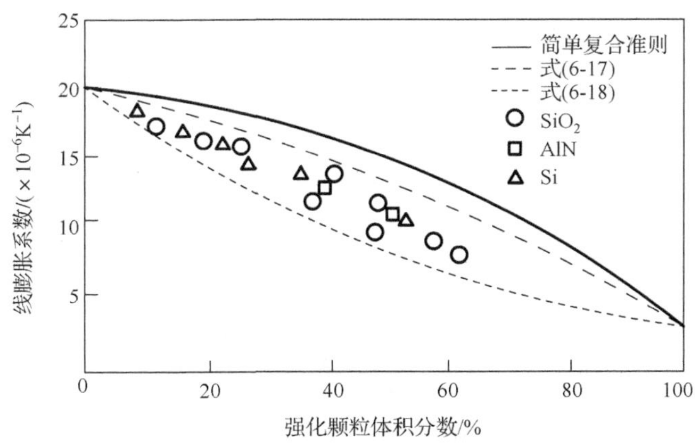

图 6-12　6061 铝合金复合材料的线膨胀系数与强化颗粒含量的关系

3) 导热系数

颗粒强化复合材料的导热系数可以用简单复合准则(式(6-2))获得较好的预测值。当强化颗粒的含量较低且假设分散相之间不产生相互作用时，采用如下的 Rayleigh-Maxwell 理论式计算复合材料的导热系数可以得到更为精确的预测值：

$$K_c = K_m \frac{K_r + 2K_m - 2V_r(K_m - K_r)}{K_r + 2K_m + V_r(K_m - K_r)} \tag{6-20}$$

当 $V_r \leqslant 0.1$ 时，式(6-20)具有令人满意的设计或预测精度；在 $0.1 < V_r \leqslant 0.35$ 时，仍可用来作为第一近似估计；而当 $V_r > 0.35$ 时，由于分散相含量较大，分散相之间的距离很小，分散相之间的相互作用增加，采用式(6-20)的预测精度较差。

4) 电磁性能

电磁性能与导热性能一样，也是材料的固有性能，一般可用与式(6-20)具有相同结构的模型来进行设计或预测。此时，上述有关式(6-20)的说明仍然成立。

5) 耐磨性

颗粒弥散强化复合材料所具有的优异性能之一是高耐磨性。通常只要在铝合金中加入少量(w=0.5%～5%)的强化颗粒，即可大幅度地提高其耐磨性。这一特性非常有用。因为少量的强化颗粒意味着对基体的延性、断裂韧性的影响较小，对复合材料的后续加工性的损害不大。

大多数的研究结果表明，强化颗粒的尺寸对复合材料耐磨性的影响很小，但将复合材料作为滑动部件时，强化颗粒尺寸小的复合材料给予配合件(滑动配合的另一方)的磨损要小一些。

6. 可加工性与加工工艺设计

一般来说，为了提高颗粒弥散强化复合材料的强度和弹性系数，降低其线膨胀系数，需要提高强化颗粒的含量。然而，强化颗粒含量的增加往往导致复合材料可加工性的大幅度降低，如延性与韧性下降、硬度增加等，将使材料的切削性能下降，挤压时模子的磨损增大，可锻造性劣化。图 6-13 为 Al_2O_3 颗粒强化 6061 复合材料与 6061 铝合金在挤压 5mm×5mm 棒材时，挤压模模孔磨损情况的比较。由图 6-13 可见，随挤压制品长度的增加，挤压 6061 铝合金时模孔磨损程度增加不明显，而挤压复合材料时模孔的磨损急剧增加。对于工业化大规模生产来说，这是一个很严重的问题。

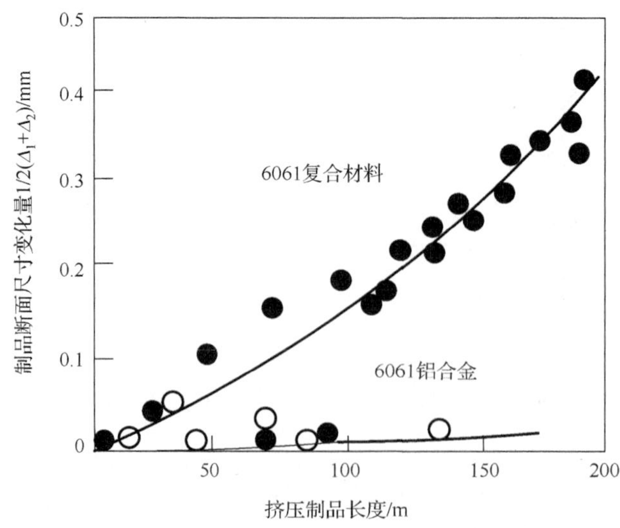

图 6-13　复合材料和铝合金挤压时模孔磨损与挤出长度的关系

以往的材料制备一般是根据金属学原理，采用尝试的方法制备出不同性能的材料，然后根据用途来选择材料，甚至不得不根据材料的性能来设计部件的形状、尺寸和使用条件。材料的可加工性往往放在次要甚至忽略的地位。未来材料科学技术发展的最终目标应该是，按照使用要求来设计材料的性能(或功能)，并在性能设计的同时设计出切实可行的制备与加工方法。

6.2　金属基复合材料制备与加工

6.2.1　非连续增强复合材料的制备与加工

1. 粉末冶金复合法

利用粉末冶金原理，将作为基体的金属粉末与作为增强体的晶须、短纤维、颗粒等按要求的比例在适当的条件下均匀混合，再压坯、烧结或挤压成型，或直接用混合粉料进行热压、热轧、热挤压成型，或将混合料压坯后加热到基体金属的固-液相温度区进行半固态成型，从而获得复合材料的方法称为粉末冶金复合法。

粉末冶金复合法的工艺过程如图 6-14 所示。

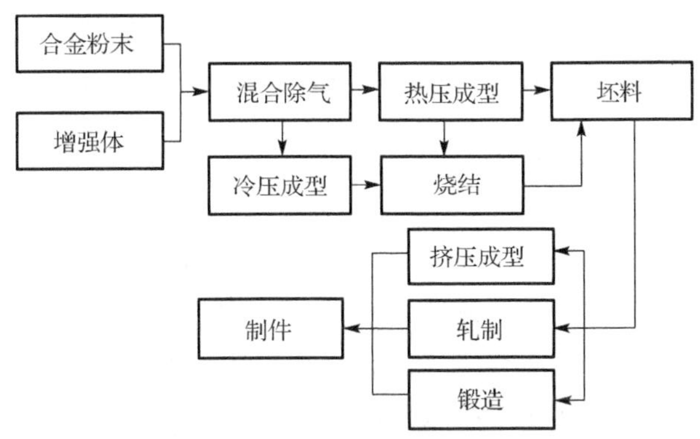

图 6-14　粉末冶金复合法的工艺过程

(1) 粉末原料。粉末冶金复合法中作为基体的金属与作为强化相的颗粒、晶须等均为粉末状原料。为提高强化相的强化效果、增加复合材料中强化颗粒的含量，通常要求基体金属粉末与强化颗粒足够细，但颗粒越细，凝聚性越大，在基体中分散越困难。通常基体金属粉末的平均粒度为十几至数十微米，强化颗粒的平均粒度为几至十几微米。

(2) 混匀。粉末混合工艺是粉末冶金复合法中最主要的工艺之一。高能量球磨机混合法是一种常用的对粉末冶金复合原料进行混匀的方法，其原理如图 6-15 所示。为防止混合过程中粉末发热、氧化，可在混合容器的内部通入惰性气体或还原性气体，在混合容器的外周通水冷却。搅拌时搅拌轴的转速一般为数百转每分钟，搅拌时间视基体金属与强化颗粒的种类、尺寸(粒度)、添加量而定，通常为一小时至数十小时。

(3) 压粉。通常采用压型模或金属包套的方法使粉体成型为一定的形状并提高其初始密度。对于在常压下烧结直接制取制品的情形，需要施加较高的压粉压力，以获得较高的初始密度，减少后续烧结过程中的收缩。

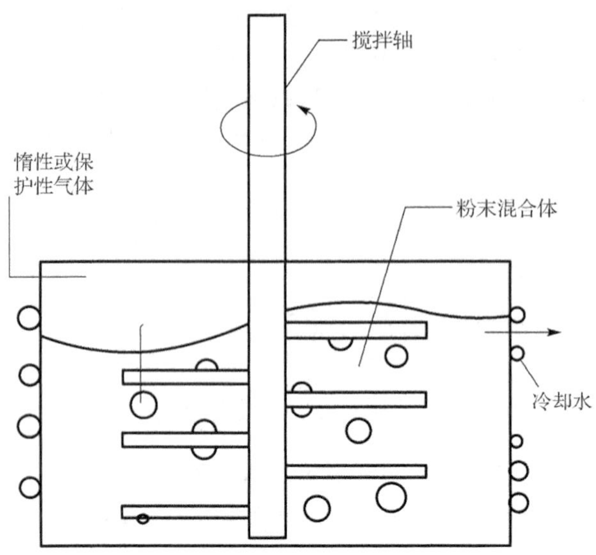

图 6-15　高能量球磨机混合法示意图

(4) 脱气。为除去粉末、颗粒表面的水分与吸附气体，防止烧结后复合材料内部产生气孔、疏松等现象，需进行脱气处理。采用热压烧结或直接采用热塑性变形烧结均需进行专门的脱气处理；采用真空热压烧结时，可首先在真空热压机内进行预脱气处理，然后压密、脱气、烧结三者同时进行。

(5) 压粉坯的致密化。可根据需要对粉末施以冷等静压处理或轧制、挤压变形，使坯料致密化。

(6) 烧结。常用的烧结方式有常压烧结、热压烧结、真空热压烧结、热等静压烧结、热塑性变形烧结。由于挤压、锻造、轧制等塑性变形工艺可破坏粉末表面的氧化膜、压合材料内部的孔隙，使粉末间的结合状态变好，提高烧结制品的致密度，故热塑性变形烧结制品性能最好，热等静压烧结次之，常压烧结最差。

(7) 塑性加工。在热加工温度条件下对烧结制品进一步塑性加工，使烧结制品变形为需要的形状和尺寸，可显著提高复合材料的性能。

(8) 粉末冶金复合法制备金属基复合材料实例。运用粉末冶金复合法制备石墨烯增强铝基复合材料，其基本步骤是先将石墨烯或其氧化物粉末与金属粉末充分混合，然后对复合粉末进行成型加工，最终得到石墨烯增强铝基复合材料(Gr/Al)。当石墨烯的质量分数为 0.3%时，其抗拉强度与屈服强度相对纯铝材料分别提升了 62%和 50%。

由于粉末冶金复合法在固态下进行材料的复合，基体金属与强化颗粒之间不易发生反应，因此粉末冶金复合法具有基体金属成分可自由选择；强化颗粒的种类、尺寸可自由选择；可采用一些只有采用快速凝固法才能制得的粉末合金作为基体；强化颗粒添加量的范围广，可同时选用不同的颗粒作为强化相，强化颗粒易均匀分散等优点。粉末冶金复合法的主要缺点是工艺较复杂、成本高；制品的尺寸与形状受限制；由于颗粒的凝聚作用，微细(1μm 以下)强化颗粒的均匀分散困难；强化颗粒表面的污染易被带入基体中，致使颗粒与基体之间的界面不如掺和铸造复合法好。

2. 掺和铸造复合法

掺和铸造复合法是指将陶瓷颗粒加入熔化的金属液中，搅拌均匀，然后浇入铸模中使其凝固获得铸坯或铸造制品的工艺，其工艺流程如图6-16所示。掺和铸造复合法制备复合材料时由于加入强化用陶瓷颗粒，需充分搅拌使颗粒均匀分散，如图6-17所示。

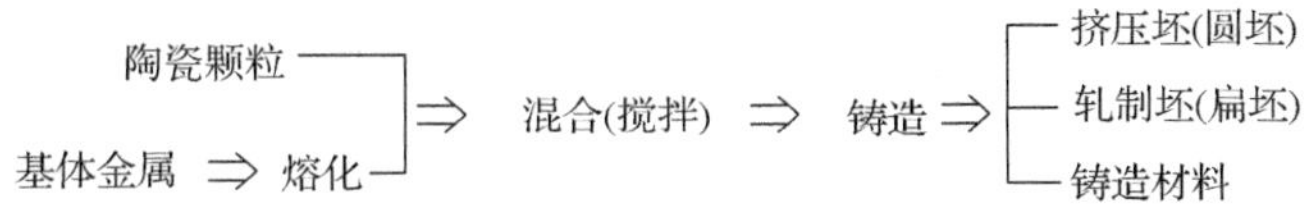

图6-16　金属基复合材料掺和铸造复合法成形工艺

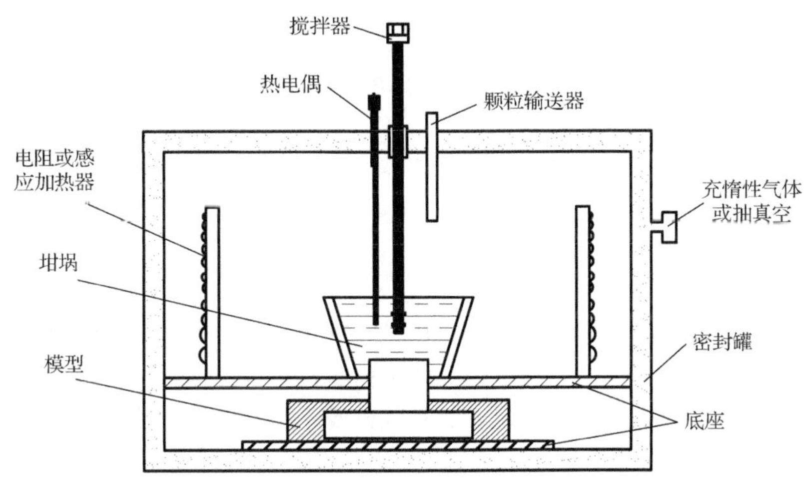

图6-17　掺和铸造复合法制备颗粒增强金属基复合材料装置示意图

掺和铸造复合法制备金属基复合材料实例如下。将石墨烯纳米薄片通过持续进给系统加入熔融状态的镁中，同时用超声波探针进行分散，可制备石墨烯增强镁基复合材料。当石墨烯纳米薄片体积分数为1.2%时，所制备的复合材料硬度较纯镁提高了78%。

掺和铸造复合法的优点是可以利用现有设备实现大批量生产，降低生产成本。掺和铸造复合法的缺点如下：①由于强化颗粒与熔融基体金属之间容易产生化学反应，掺和铸造复合法的基体金属与强化颗粒组合受限制，如在熔融铝合金中加入SiC、Al_2O_3陶瓷颗粒时，由于SiC颗粒的热力学不稳定性，容易发生如式(6-21)所示的反应；尽管Al_2O_3在纯铝熔体中是稳定的，但当熔体中含有Mg时，会产生如式(6-22)所示的反应。②陶瓷颗粒与某些合金液体(如铝/铝合金)润湿性差，容易产生颗粒吸附于坩埚表面或凝聚在一起浮于熔体表面、沉淀于底部等现象，不容易均匀地分散于合金熔体中。③陶瓷颗粒容易与溶质原子一起在凝固的枝晶间产生偏析。掺和铸造复合法所用陶瓷颗粒粒度通常为10～20μm，颗粒体积分数小于20%。为减轻掺和铸造复合法铸坯的偏析，可适当提高铸造时的凝固速度。

$$4Al + 3SiC \longrightarrow Al_4C_3 + 3Si \tag{6-21}$$

$$3Mg + 4Al_2O_3 \longrightarrow 3MgAl_2O_4 + 2Al \tag{6-22}$$

3. 熔融金属浸渗法

熔融金属浸渗法是一种将预先制备的含有较高孔隙率的强化相成形体含浸于熔融金属中，通过控制预成形体内的气氛(如负压)或在熔融金属一侧用惰性气体或外载荷施加 50～100MPa 压力(图 6-18)的方法，使熔融金属很好地浸透至预成形体内部并凝固，从而制备复合材料的方法。

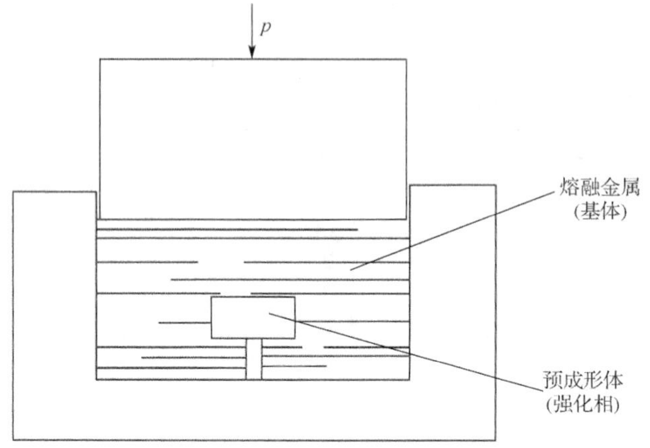

图 6-18　外加压力的熔融金属浸渗法示意图

熔融金属浸渗法具有强化相与熔体金属接触时间短，可有效抑制强化相与熔融金属之间的反应；不会产生强化相偏析；有利于提高强化相的含量(可高达 30%～80%)等优点，适宜于制备强化相与熔融金属之间润湿性很差的复合材料。熔融金属浸渗法的缺点是用颗粒作为强化相时，预成形体的制备较困难，通常采用晶须、短纤维制备预成形体；熔体金属不容易浸透至预成形体的内部，大尺寸复合材料的制备较困难。

4. 颗粒添加喷射成形法

颗粒添加喷射成形法是将雾化的熔融金属与添加颗粒混合，然后以半熔融状态堆积于基板上制备急冷凝固预成形体的方法，如图 6-19 所示。颗粒添加喷射成形法具有强化颗粒与熔融金属接触时间短，界面反应可以得到有效抑制，可以制备连续的和不连续的梯度复合材料等优点。

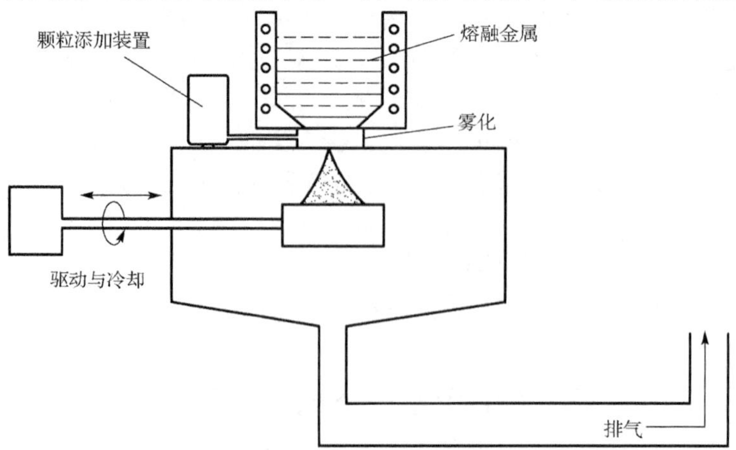

图 6-19　颗粒添加喷射成形法示意图

6.2.2　连续增强复合材料的制备与加工

1. 长纤维复合材料的制备与加工

1) 连续铸造法

连续铸造法适合于用长纤维作为强化相的复合材料成形，其原理如图 6-20 所示，分下拉法与上拉法两种。连续铸造法可用于制备棒、管及断面形状较为简单的型材，加工成本较低，但为避免增强纤维与熔体之间发生化学反应，对增强纤维种类及基体金属都有严格限制，一般只限于熔点较低的基体金属材料。

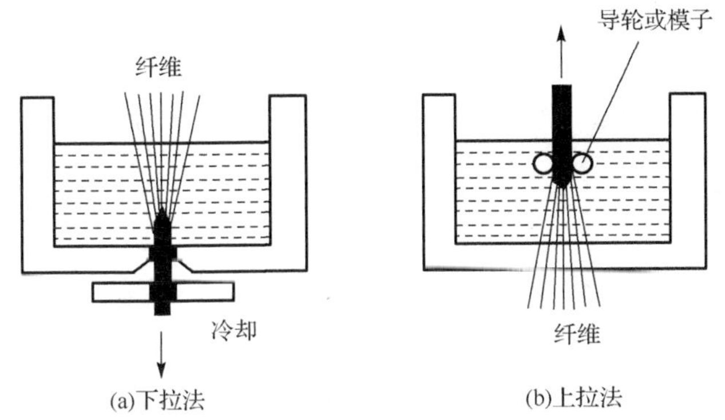

图 6-20　连续铸造法制备纤维增强金属基复合材料示意图

2) 热浸镀与反向凝固法

热浸镀法主要用于线材的连续镀层，如钢丝镀铝或镀铜，其镀层厚度一般为几至几十微米，也可达到 100μm 以上。

反向凝固法是指将薄带以一定的拉速穿过反向凝固器，熔融金属在温度远低于熔体的薄带表面开始凝固生长的工艺，其基本原理如图 6-21 所示。反向凝固器的上方配有一对轧辊，可同时起到拉坯、对复合材表面进行平整和促进凝固层与母带之间焊合的作用，提高反向凝固法制备的复合材料的质量。

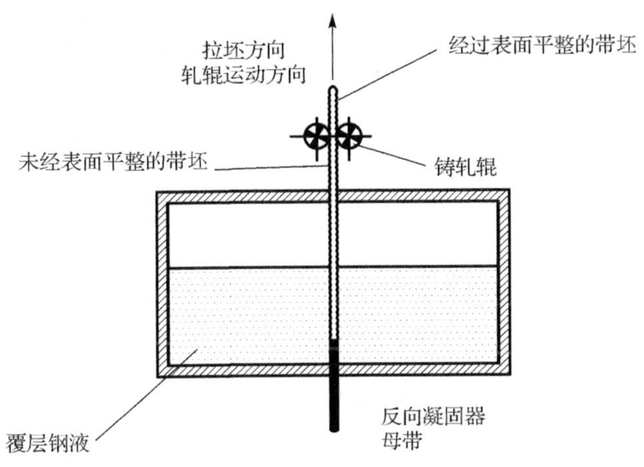

图 6-21　反向凝固法成形示意图

热浸镀与反向凝固法均适用于连续长尺寸包覆材料的制备。

3) 熔融金属喷涂缠绕法

熔融金属喷涂缠绕法的工艺因制品形状不同而异。制备连续纤维强化圆管时，如图 6-22 所示，直接将熔融金属(如熔融铝)喷涂在纤维(如 SiC)上，然后将复合纤维卷取到卷筒上，再通过热压制得圆管。如果需要成形形状较为复杂的部件，则可将纤维缠绕到圆筒上，然后喷涂熔融金属制备复合板材，再对板材进行二次成形，以获得所需形状的部件。

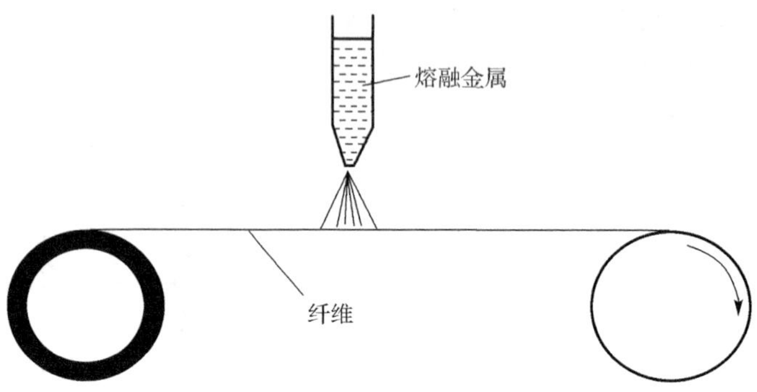

图 6-22　纤维强化金属管的制备示意图

4) 层叠热压法

层叠热压法包括热压扩散接合法与熔融金属结合法两种。

热压扩散接合法的热压温度在基体金属的熔点以下，原理如图 6-23 所示。将金属箔或薄板与纤维交替排列(图 6-23(a))，或将单层纤维复合板叠在一起(图 6-23(b))，然后升温、加压(通常在真空条件下)，使基体金属与纤维、基体金属与基体金属之间产生扩散而达到结合的目的。热压扩散接合法的优点是基体与金属之间不易产生显著的化学反应，因而基体与纤维的组合自由度较大；缺点是纤维与基体之间的润湿性差、制品性能均匀性不易控制。热压扩散接合法常用于制备在高温下非常活跃、容易与强化纤维发生化学反应的金属与长纤维组成的复合材料。

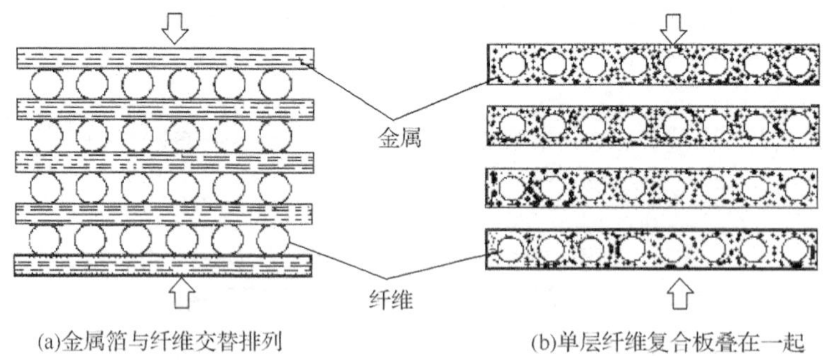

图 6-23　热压扩散接合法示意图

熔融金属结合法是在真空或惰性气体中，使金属熔化、浸透到排列整齐的纤维束之间而制得复合材料的方法(图 6-24)，其热压温度在基体金属的熔点以上。熔融金属结合法的优点是基体与纤维的润湿性好、纤维体积率高、制品性能均匀；缺点是熔融金属与纤维易产生化学反应、工艺与设备较复杂。熔融金属结合法可用于制备宇宙飞船机架空心结构件等高性能材料。

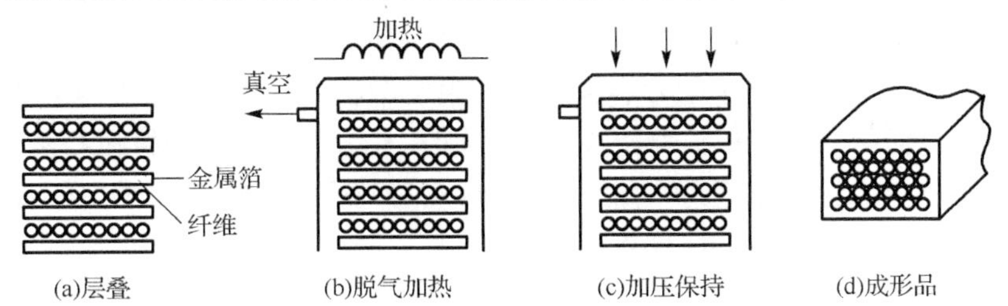

图 6-24　熔融金属结合法示意图

5) 双金属管

双金属管是指管壁为双层结构，内层或外层为不同金属或合金的一类管材，在石油、石化等领域有广泛的应用，如表 6-2 所示。

表 6-2　双金属管的种类及用途示例

应用领域	双金属管		介质	
	外层	内层	外侧	内侧
氮冷凝器	低碳钢	铜或铜合金	氨	水
氨冷冻器	铜或铜合金	低碳钢	水	氨
石油精炼器	低碳钢	海军黄铜	石油蒸气	海水
	低碳钢	铜	石油	水
石油钻探	普碳钢	耐蚀合金	土	石油
化工用冷凝器	不锈钢	白铜	化学药品	水
发电厂冷凝器	铝黄铜	钛	凝缩水	海水
焦炭冷却器	低碳钢	铜或铜合金	萘	水
水银镇流器	低碳钢	铜或铜合金	水银	水
水泵管道	低碳钢	铜合金	空气或土	水

复合坯料挤压是双金属管成形的主要方法之一，其原理如图 6-25 所示。挤压前将成形内、外层用的两个空心坯组装成一个复合坯，然后进行挤压。为了提高界面结合强度，需将内、外层坯料的接触面清洗干净，并采用焊接或包套的方法，对组装后的复合坯两端端面上内、外层之间的缝隙进行密封，以防止坯料界面在加热过程中产生氧化而影响界面结合强度。为保证复合坯料挤压双金属管的质量，要求用于挤压的两个空心坯变形抗力差尽可能小；两个空心坯界面干净；挤压工艺参数(如挤压比、挤压力、挤压温度)适宜。

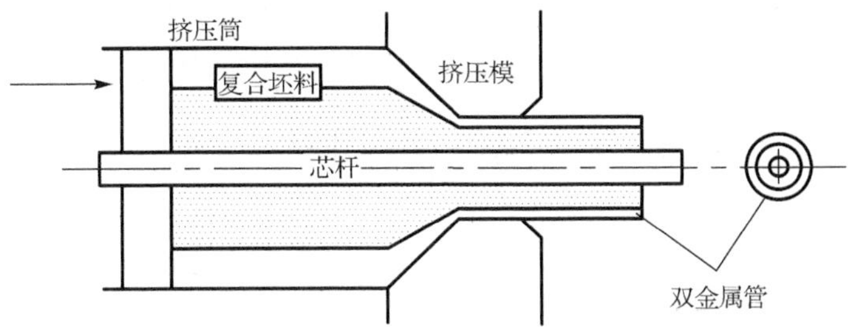

图 6-25　复合坯料挤压成形双金属管示意图

拉拔复合是制备双金属管的另一种常见方法。拉拔复合是利用内、外金属管塑性变形后均会产生弹性回复的原理，通过正确选择、控制内外层材料的材质，使外层金属与内层金属的弹性回复量存在差异，从而使外层金属管对内层金属管产生附加抱紧力实现机械接合的方法。拉拔复合包括缩管拉拔和扩管拉拔两种，如图 6-26 所示。缩管拉拔要求内层管的弹性回复量大于外层管的弹性回复量，扩管拉拔要求外层管的弹性回复量大于内层管的弹性回复量。

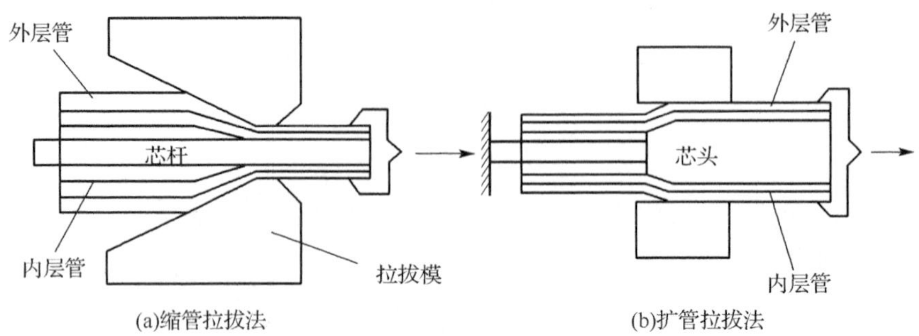

图 6-26　拉拔复合成形双金属管示意图

6) 包覆材料

包履材料分为单芯包覆材料与多芯包覆材料两大类。

单芯包覆材料包括各种包覆线材，主要采用挤压或挤压后再进行拉拔的方法成形。

普通挤压复合法是单芯包覆材料成形的最基本方法，其成形原理与复合坯料挤压成形双金属管基本相同，但普通挤压复合法采用实心复合坯料，挤压时不需要芯杆。普通挤压复合法具有生产工艺简单、复合制品的界面比较容易实现冶金结合等优点，普通挤压复合法的挤压制品沿长度方向的包覆比(定义为包覆层的厚度与制品直径之比，或包覆层的横断面积与制品横断面积之比)不均匀性较为严重。

带张力挤压法是一种在挤压机的前方对包覆制品施加张力的挤压法，包括正向挤压、侧向挤压等形式，如图 6-27 所示。正向挤压法(图 6-27(a))只需对工模具进行适当的改造，即可在一般的正向挤压机上实现成形，但挤压操作性欠佳；侧向挤压法(图 6-27(b))具有辅助设备的可配置性与挤压操作性好等优点，但对金属流动、变形区压力分布的控制要求较高。带张力挤压法具有包覆层薄(达到 0.1mm 以下)、制品芯材无偏心、包覆层沿周向和长度方向厚度均匀等特点，非常适合于铝包钢导线以及耐蚀钢线的制备。

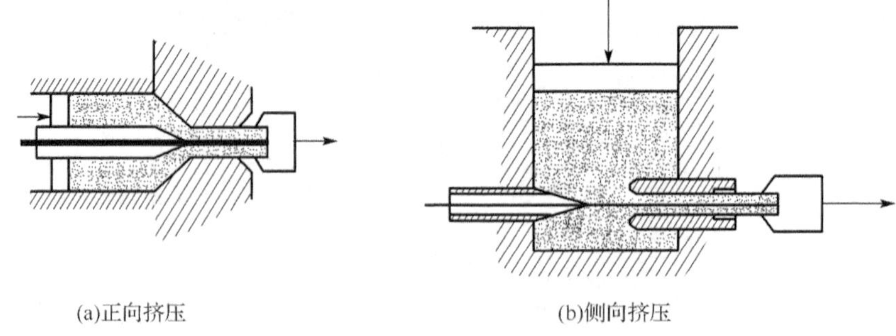

图 6-27　带张力挤压法示意图

除上述方法外，静液挤压法、连续挤压法及拉拔法也广泛应用于单芯包覆材料的成形。静液挤压法多应用于钛包铜等常规挤压法难以成形的包覆材料的制备；连续挤压法多用于铝包钢线等细小断面连续包覆材料的成形；对于较细的复合线材，常对成形后的包覆材料进行多道次拉拔，然后进行适当的扩散退火处理，从而可获得完全冶金结合的高质量界面。

典型的多芯包覆材料是低温超导多芯复合线，如 Nb-Ti 低温超导多芯复合线。Nb-Ti 低温超导多芯复合线的成形工艺过程如图 6-28 所示。首先将电弧炉熔制的 Ni-Ti 铸坯挤压或轧制成圆棒状，对表面进行研磨、清洗后插入经过清洗的铜管内进行拉拔成形，制得六角形的 Cu 包覆 Ni-Ti 复合棒。然后将复合棒切断成一定长度，经矫直、表面研磨与清洗加工后，以紧密堆积方式排列于 Cu 管内，采用电子束焊将两端封闭，制成复合坯。最后采用静液挤压法将复合坯挤压成直径为 50～80mm 的多芯复合棒。多芯复合棒经反复拉拔、退火处理，拉制成所需断面尺寸的线材。生产过程中为了尽可能地抑制 Cu 与 Ti 之间的反应，挤压温度一般选择在 600℃以下。图 6-29 为 Nb-Ti 低温超导多芯复合线的断面形状，图 6-29 中周围和中心的大块白色部分，以及白色的六角形网为纯铜，各细小黑点部分为 Nb-Ti 纤维。

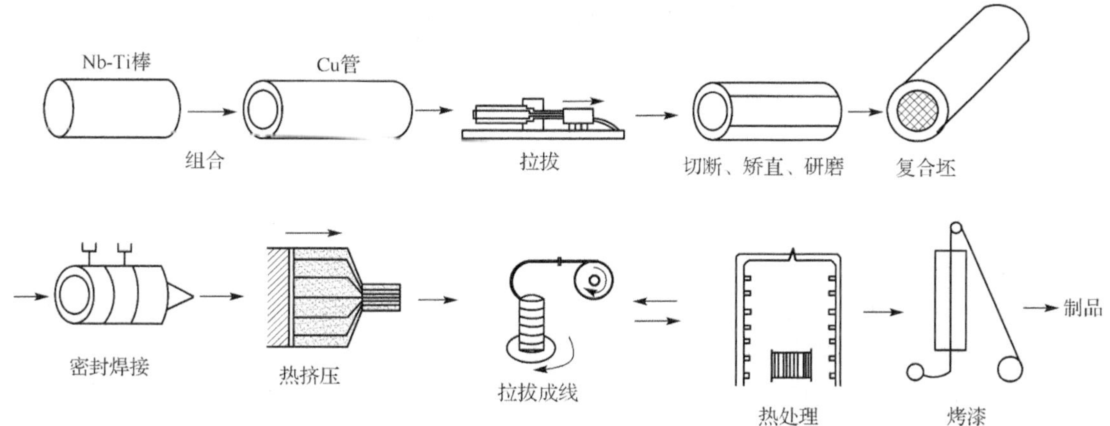

图 6-28 Nb-Ti 低温超导多芯复合线的成形工艺

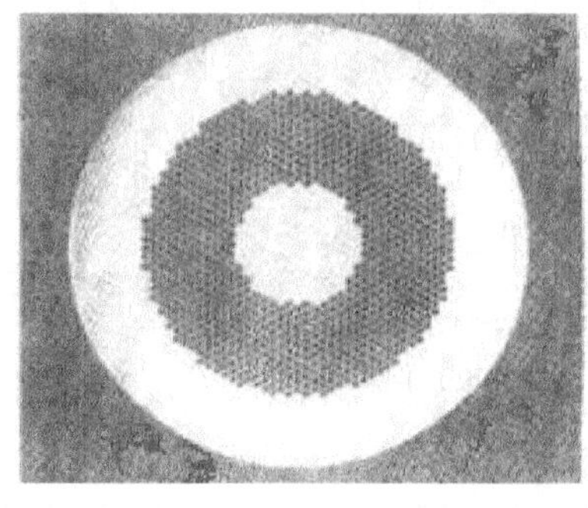

(a)ϕ1.0mm，纤维：ϕ17μm，876根

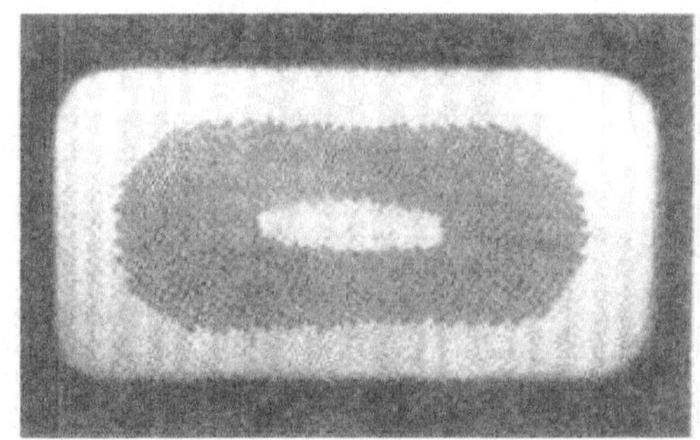

(b)1.2mm×2.4mm，纤维：ϕ30μm，1050根

图 6-29 Nb-Ti 低温超导多芯复合线的断面形状

2. 层状复合材料的制备与加工

1) 双金属层状复合材料的制备

采用离心铸造法，通过两次铸造成形可制备钢背铜套、合金轴瓦、双金属轧辊等双金属

层状复合材料。离心铸造法广泛应用于空心件铸造成形，但该法界面质量不容易控制，难以成形连续长尺寸的复合材料。

双金属板轧制复合是指将不同的金属在一定的温度、压力下通过变形接合(焊合)成一体的方法，包括热轧复合与冷轧复合，其基本原理如图 6-30 所示。热轧复合法界面结合容易，对于清洁界面，只需百分之几的压下率即可实现良好接合，但当被复合的材料为铝、钛等活性金属时，易在界面生成脆性金属间化合物；冷轧复合法界面接合较困难，为获得良好的界面结合，轧制压下率通常需达 70%以上，但冷轧没有加热带来的界面氧化，不易在界面生成化合物，无需真空焊接等坯料前处理，因而金属组合的自由度大，适应面广。

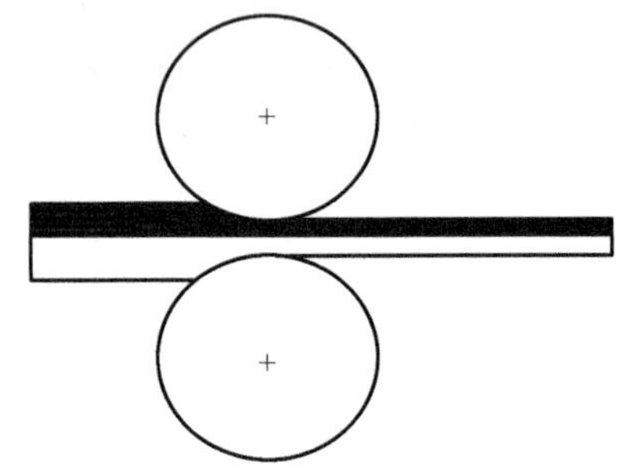

图 6-30　双金属板轧制复合成形示意图

2) 减振钢板

减振板材是在两层金属之间复合一层黏弹性树脂(高分子材料)，以达到吸收振动能量、减少结构件噪声等目的的多层结构型金属-高分子复合材料。

减振钢板是减振板材的代表，通常为钢板-树脂-钢板三层结构的层状复合材料。根据中间层树脂的形态不同，减振钢板有稀释树脂涂覆-压接法、树脂膜夹层连续复合法两种成形方法。

稀释树脂涂覆-压接法适合于用常温黏结性强的树脂作为中间层的块状减振钢板的制备。稀释树脂涂覆-压接法的工艺过程如图 6-31 所示，将块状钢板清洗、干燥后，在其复合面上涂覆一层经稀释的树脂，再经干燥后叠合，在辊式压力机上压合即得减振钢板。

脱脂、清洗 → 干燥 → 涂覆 → 干燥 → 叠加 → 辊压 → 减振钢板

图 6-31　稀释树脂涂覆-压接法工艺过程

树脂膜夹层连续复合法主要用于制备卷状减振钢板。树脂膜夹层连续复合法的工艺过程如图 6-32 所示。为使钢板与树脂接合良好，在复合前需用碱性液体喷洗或电解法等除去钢板表面的油脂、灰尘；然后采用热风循环、感应加热、红外线加热等方式将下钢板加热到树脂的热熔化接合温度；再用叠层辊(其材质多为氯丁二烯橡胶)将树脂膜贴合到钢板上；最后将上钢板与贴合了树脂膜的下钢板分别置于加热炉内加热至树脂的熔点以上，并用辊式压力机将上、下钢板压合成一体，然后冷却(通常为风冷)。用树脂膜夹层连续复合法制备减振钢卷时，为保证减振钢卷质量，要求钢板表面应十分平直；对黏合后的复合板进行加热时，加热温度不能太高，以避免树脂表面氧化；如果必须加热到较高温度，则需选择在非氧化性气氛下加热；为保证钢板与树脂间的接合性，在辊压时需施加足够的辊压力；当树脂层较厚时，可采用辊缝可调节的辊压设备，避免辊压力过大导致树脂从钢板之间挤出；冷却速度会影响

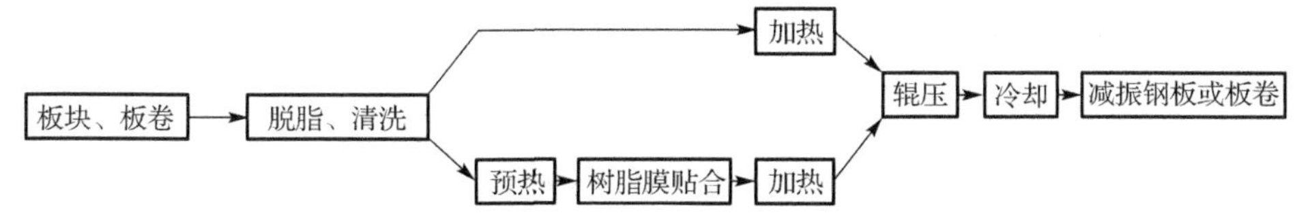

图 6-32　树脂膜夹层连续复合法的工艺过程

减振钢板的结合力，如果冷却速度低，卷取时减振钢板温度高，则树脂很软，在后续卷取时易使内侧钢板产生折断，故需冷却彻底后进行卷取。

6.2.3　原位复合材料的制备与加工

1. 原生复合法

1) 原生粉末冶金复合法

原生粉末冶金复合法是指利用烧结高温下的化学反应，在烧结体内直接生成强化颗粒的方法。例如，在 Al 固溶 Cu 合金粉末中加入 CuO 粉末，通过式(6-23)的反应，可制取粒径为 0.003～0.012μm、颗粒间隔为 0.05～0.1μm 的非常细小的 Al_2O_3 颗粒强化铜基复合材料。这是常规的粉末冶金(power metallurgical，P/M)法、铸造法(ingot metallurgy，I/M)所无法实现的。

$$2Cu\text{-}Al+3CuO \longrightarrow 5Cu+Al_2O_3 \tag{6-23}$$

2) 原生铸造复合法

原生铸造复合法是将生成强化相的原料加入熔融金属中，使熔融金属与原料在高温下发生化学反应生成强化相，然后浇铸成形。例如，将 B、Ti 颗粒加入铝合金熔体或将铝-钛合金粉末与铝-硼合金粉末混熔，使其在高温下发生反应生成 TiB_2 强化颗粒，从而制备得到 TiB_2 强化铝基复合材料，其反应分别如式(6-24)和式(6-25)所示：

$$2B+Ti+Al \longrightarrow TiB_2+Al \tag{6-24}$$

$$Al\text{-}Ti+2Al\text{-}B \longrightarrow TiB_2+3Al \tag{6-25}$$

原生铸造复合法也可用于制备石墨烯增强铝基复合材料。将金属和非金属的碳化物作为碳的添加剂，与碱金属氯化物、金属氟化物、铝等一起放入氧化铝坩埚中加热至熔融状态，可制备低成本的石墨烯增强铝基复合材料。

原生铸造复合法具有颗粒与基体材料之间结合状态良好、有利于颗粒的细化(0.25～1.5μm)和均匀弥散、提高颗粒含量(可达 40%左右)等优点，有利于获得高性能的复合材料。

3) 喷射原生沉积法

喷射原生沉积法是使强化陶瓷颗粒在雾状金属或基体中自动生成的方法，是原生复合法的一种。喷射原生沉积法生成陶瓷颗粒的反应包括液-气反应、液-液反应、液-固反应三大类。

(1) 液-气反应。其典型反应如式(6-26)和式(6-27)所示：

$$Fe\text{-}Al+(O_2+N_2) \longrightarrow Fe\text{-}Al+Al_2O_3+N_2 \tag{6-26}$$

$$Cu\text{-}Al+(O_2+N_2) \longrightarrow Cu\text{-}Al+Al_2O_3+N_2 \tag{6-27}$$

(2) 液-液反应。例如，将 Cu-Ti 合金与 Cu-B 合金熔融体同时喷雾，使其发生式(6-28)的反应，从而制得 TiB_2 弥散铜基复合材料。

$$\text{Cu-Ti} + \text{Cu-B} \longrightarrow \text{Cu} + \text{TiB}_2 \tag{6-28}$$

(3) 液-固反应。在将熔融金属雾化的同时吹入固体颗粒，使其生成陶瓷颗粒，其典型反应如式(6-29)所示：

$$\text{Cu-Al} + \text{CuO} \rightleftharpoons \text{Cu} + \text{Al}_2\text{O}_3 \tag{6-29}$$

2. 两相合金变形复合法

两相合金是指在一定组成范围或全部组成范围内，一种金属既不溶于另一种金属，也不生成化合物的一类合金。如 Cu 与 Li、Cd 与 Ge、In 与 Si 等在所有组成范围内互不固溶；大多数体心立方金属如 Nb、Bi、Fe 在 Cu 中的固溶度都很低或几乎不固溶。

在两相合金熔化后由液态开始冷却的过程中，熔点较高的金属 A(第二相金属) 首先凝固，当温度达到较低熔点金属 B 的凝固点时，金属 B 开始凝固直至合金的凝固结束。因此，两相合金在组织上为复合材料型结构，第二相金属以颗粒状或树枝状分散于金属基体中。通过控制合金的成分以及熔化、凝固工艺，可以获得第二相金属以不同粗细和形状的颗粒状或树枝状存在于基体中的铸造组织，如图 6-33 所示。

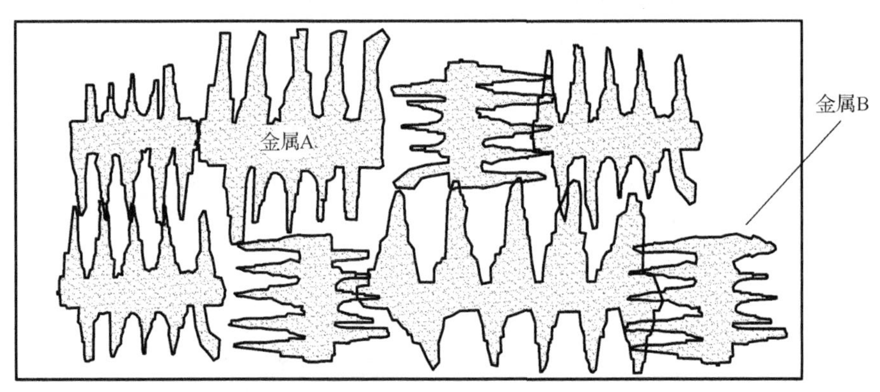

图 6-33　两相合金变形复合法铸造组织示意图

若对具有如图 6-33 所示的铸造组织的两相合金施以大压缩率的延伸加工，如使真应变达到 6%以上，则原来为颗粒状或树枝状的第二相金属变成微细纤维状存在于基体中，获得金属纤维强化金属基复合材料。采用这种方法成形的纤维强化复合材料的强度远远高于按复合准则进行预测的理论值。例如，对 Cu-Nb (w(Nb)=10%) 两相合金施以真应变 9.3 以上的延伸变形，再在 300℃下进行热处理，可以获得抗拉强度在 1000MPa 以上、电导率保持在纯铜的 70%以上的高性能线材。

思 考 题

1. 名词解释。

复合材料	梯度功能复合材料	分散强化型复合材料	层状复合材料
复合准则	简单复合准则	化学键理论	溶解结合

反应结合　界面　润湿理论　可形变层理论

扩散层理论

2. 按用途、复合材料各成分在复合材料中的集散(分布)对复合材料进行分类。
3. 简述具有良好结合强度的界面所产生的强化效应。
4. 简述影响复合材料界面结合强度的因素。
5. 简述复合材料界面结合的三种形式。
6. 简述复合材料设计包括的内容。
7. 什么是复合材料弹性模量预测模型?
8. 什么是强度设计的 Shear Lag 模型?
9. 什么是陶瓷基复合材料的韧化机制?

参 考 文 献

安阁英, 2010. 铸件形成理论[M]. 北京: 机械工业出版社.

蔡珣, 石玉龙, 周建, 2007. 现代薄膜材料与技术[M]. 上海: 华东理工大学出版社.

陈伯蠡, 1991. 焊接冶金原理[M]. 北京: 清华大学出版社.

陈家样, 2012. 钢铁冶金学[M]. 北京: 冶金工业出版社.

陈永彝, 2015. 钢冶金[M]. 北京: 冶金工业出版社.

代少俊, 2013. 高性能纤维复合材料[M]. 上海: 华东理工大学出版社.

方洪渊, 2008. 焊接结构学[M]. 北京: 机械工业出版社.

丰洪微, 2013. 铸造合金及熔炼技术[M]. 北京: 冶金工业出版社.

冯小民，张崇才, 2007. 复合材料[M]. 重庆: 重庆大学出版社.

傅杰, 王新江, 2009. 现代电炉炼钢生产技术手册[M]. 北京: 冶金工业出版社.

郝素菊, 张玉柱, 蒋武峰, 2011. 高炉炼铁设计与设备[M]. 北京: 冶金工业出版社.

侯旭明, 2003. 工程材料及成形工艺[M]. 北京: 化学工业出版社.

黄希枯, 1986. 钢铁冶金原理[M]. 北京: 冶金工业出版社.

贾成厂，郭宏，2010. 复合材料教程[M]. 北京: 高等教育出版社.

贾艳, 李文兴, 2010. 高炉炼铁基础知识[M]. 北京: 冶金工业出版社.

库德林 V A, 1988. 炼钢学[M]. 丁成勋, 刘冀琼, 译. 北京: 冶金工业出版社.

雷亚, 杨治立, 任正德, 等, 2010. 炼钢学[M]. 北京: 冶金工业出版社.

雷玉成, 陈希章, 朱强, 2007. 金属材料焊接工艺[M]. 北京: 化学工业出版社.

李绍成, 陈绍麟, 2001. 金属液态成形技术[M]. 南京: 东南大学出版社.

李新亚, 2011. 铸造手册[M]. 北京: 机械工业出版社.

李亚江, 2007. 特种连接技术[M]. 北京: 机械工业出版社.

凌爱林, 2005. 工程材料及成形技术基础[M]. 北京: 机械工业出版社.

刘金声, 2003. 离子束沉积薄膜技术及应用[M]. 北京: 国防工业出版社.

刘琳, 邢锦娟, 钱建华, 2011. 薄膜材料的制备及应用[M]. 沈阳: 东北大学出版社.

刘万辉, 于玉城, 高丽敏，2011. 复合材料[M]. 哈尔滨: 哈尔滨工业大学出版社.

刘新东, 刘伟, 2010. 复合材料力学基础[M]. 西安: 西北工业大学出版社.

陆洪祖, 俞海明, 石枚梅, 等, 2012. 电炉炼钢问答[M]. 北京: 冶金工业出版社.

吕炎, 1995. 锻造工艺学[M]. 北京: 机械工业出版社.

马东艳, 2010. 焊接应力变形的控制[J]. 现代焊接, (4): 16-17.

马怀宪, 1991. 金属塑性加工学[M]. 北京: 冶金工业出版社.

庞国星, 2015. 工程材料与成形技术基础[M]. 北京: 机械工业出版社.

日本钢铁协会, 1981. 炼铁与炼钢[M]. 上海宝山钢铁总厂资料室翻译组, 译. 上海: 上海科学技术出版社.

施月循，戴云闻，1988．普通钢铁冶金学[M]．沈阳：东北工学院出版社.

时彦林，崔衡，2013．连铸工培训教程[M]．北京：冶金工业出版社.

孙承松，1998．薄膜技术及应用[M]．沈阳：东北大学出版社.

唐伟忠，1998．薄膜材料制备原理、技术及应用[M]．北京：冶金工业出版社.

王娟，刘强，2013．钎焊及扩散焊技术[M]．北京：化学工业出版社.

王寿彭，2014．铸件形成理论及工艺基础[M]．西安：西北工业大学出版社.

王晓江，1999．铸造合金及其熔炼[M]．北京：机械工业出版社.

王耀先，2012．复合材料力学与结构设计[M]．上海：华东理工大学出版社.

王有铭，李曼云．韦光，1995．钢材的控制轧制和控制冷却[M]．北京：冶金工业出版社.

王允僖，1994．锻造与冲压工艺学[M]．北京：冶金工业出版社.

闫立懿，2011．现代电炉炼钢工艺及装备[M]．北京：冶金工业出版社.

闫庆斌，王月琴，凌爱林，2011．铸造合金熔炼及控制[M]．长沙：中南大学出版社.

严绍华，2001．材料成型工艺基础[M]．北京：清华大学出版社.

叶罗欣 A A，1981．熔焊原理[M]．赵裕民，等，译．北京：机械工业出版社.

尹洪峰，贺格平，孙可为，等，2013．功能复合材料[M]．北京：冶金工业出版社.

尹洪峰，魏剑，2010．复合材料[M]．北京：冶金工业出版社.

俞海明，2010．电炉钢水的炉外精炼技术[M]．北京：冶金工业出版社.

张济忠，胡平，杨思泽，等，2009．现代薄膜技术[M]．北京：冶金工业出版社.

张万昌，2002．热加工工艺基础[M]．北京：高等教育出版社.

张文钺，1995．焊接冶金学：基本原理[M]．北京：机械工业出版社.

张学军，郭绍庆，张文杨，等，2014．航空弧焊技术[M]．北京：航空工业出版社.

张应立，2011．现代焊接技术[M]．北京：金盾出版社.

赵浩峰，卫爱丽，游志勇，等，2008．金属基复合材料制备及在力学环境中的作用[M]．北京：中国科学技术出版社.

赵俊学，李林波，李小明，等，2012．冶金原理[M]．北京：冶金工业出版社.

郑伟涛，2008．薄膜材料与薄膜技术[M]．北京：化学工业出版社.

周美玲，谢建新，朱宝泉，2002．材料工程基础[M]．北京：北京工业大学出版社.

周世权，2005．机械制造工艺基础[M]．武汉：华中科技大学出版社.

朱张校，2001．工程材料[M]．北京：清华大学出版社.

BROWN D V, 1983. Metallurgy basics[M]. New York: Van Nostrand Reinhold Co.

CHEN L Y, HIROMI K, FEHRENBACHER A, et al, 2012. Novel nanoprocessing route for bulk graphene nanoplatelets reinforced metal matrix nanocomposites[J]. Scripta Materialia, 67(1): 29-32.

CHOUDHURY A, 1990. Vacuum metallurgy[M]. Materials Park: ASM International.

CLEGG A J, 1991. Precision casting processes[M]. Oxford: Pergamon.

DVIES D J, OELMANN L A, 1985. Metallurgical process and production technology[M]. London: Pitman publishing Ltd.

HERMAN E A, 1982. Die casting handbook[M]. Illinois: SDCE Inc.

PIERSON H O, 1999. Handbook of chemical vapor deposition(CVD) principles, technology, and applications[M]. New York: Noyes publications/William Andrew Publishing.

WANG J Y, LI Z Q, FAN G L, et al, 2012. Reinforcement with graphene nanosheets in aluminum matrix composites[J]. Scripta Materialia, 66(8): 594-597.

YOLSHINA L A, MURADYMOV R V, KORSUN I V, et al, 2016. Novel aluminum - graphene and aluminum -graphite metallic composite materials: Synthesis and properties[J]. Journal of Alloys and Compounds, 663: 449-459.